● 国家社科基金项目成果（批准号15BFX064）

民事诉讼规范与实证研究丛书

西方"立案登记"模式与中国受案程序改革研究

主编 ◎ 廖中洪

撰稿人：

廖中洪　范卫国　蒋　玮　刘秀明
张华贵　程　林　黄　磊　何　平

厦门大学出版社　国家一级出版社
XIAMEN UNIVERSITY PRESS　全国百佳图书出版单位

图书在版编目(CIP)数据

西方"立案登记"模式与中国受案程序改革研究/廖中洪主编.—厦门:厦门大学出版社,2019.10
ISBN 978-7-5615-7522-2

Ⅰ.①西… Ⅱ.①廖… Ⅲ.①立案—登记制度—研究—中国 Ⅳ.①D925.04

中国版本图书馆 CIP 数据核字(2019)第 141357 号

出 版 人	郑文礼
责任编辑	甘世恒

出版发行　**厦门大学出版社**
社　　址　厦门市软件园二期望海路 39 号
邮政编码　361008
总　　机　0592-2181111　0592-2181406(传真)
营销中心　0592-2184458　0592-2181365
网　　址　http://www.xmupress.com
邮　　箱　xmup@xmupress.com
印　　刷　厦门兴立通印刷设计有限公司

开本　720 mm×1 000 mm　1/16
印张　17.25
插页　2
字数　304 千字
版次　2019 年 10 月第 1 版
印次　2019 年 10 月第 1 次印刷
定价　81.00 元

本书如有印装质量问题请直接寄承印厂调换

厦门大学出版社
微信二维码

厦门大学出版社
微博二维码

作者分工

廖中洪,男,西南政法大学教授,博士生导师,著有《中国民事诉讼程序制度研究》,主编《民事诉讼程序改革热点问题研究》《民事诉讼立法体例及法典编纂比较研究》《民事诉讼体制比较研究》等多部专著和著作。公开发表《人权保障与我国民诉法的修改》《自由心证与法官心证来源》《检察机关提起民事诉讼若干问题研究》《民事程序立法中的国家本位主义批判》《民事诉讼基本原则立法体例之比较研究》《大陆法系当事人主义程序理论溯源》等多篇论文。撰写本书前言、第一章、第十一章。

范卫国,男,西南大学法学院讲师、法学博士,首批全国检察机关调研骨干人才。先后主持国家社科基金项目、最高人民检察院项目、中国法学会项目、重庆市社科规划项目等课题9项,参编《民事速裁程序比较研究》等著作4部,在《北方法学》《湖北社会科学》《中南大学学报》等期刊发文40余篇,荣获最高人民检察院年度检察理论研究优秀成果三等奖、中国法学会法学家论坛征文三等奖等奖项20余项。撰写本书第七章、第十章。

蒋玮,男,甘肃政法学院民商经济法学院副教授,硕士生导师,甘肃省司法科学与区域法治发展协同创新中心兼职研究员,西南政法大学民事诉讼法博士研究生。在《甘肃社会科学》《青海社会科学》《甘肃政法学院学报》《中国海洋大学学报(社会科学版)》等刊物发表论文数篇,参与国家社科基金项目两项,主持甘肃省社科规划项目、甘肃省高等学校科研项目、甘肃政法学院重大科研项目三项。撰写本书第六章、第九章。

刘秀明,男,西南科技大学法学院教授,法学博士,中国民事诉讼法学研究会理事,四川博思律师事务所律师。出版著作《民事缺席审判制度研究》《小额诉讼程序研究》,合译《欲望之狮:美国的白领犯罪与掠夺》,主持教育部项目和四川省重大招标项目各一项。在《现代法学》《政治与法律》

等刊物上发表论文40余篇。撰写本书第五章。

张华贵,女,西南政法大学民商法学院副教授,西南政法大学外国家庭法及妇女理论研究中心副主任,中国法学会婚姻法学研究会理事。主持国家社科基金项目及省部级项目三项,参与国家级与省部级项目多项。著有《典型婚姻家庭案件诉讼证据运用》《夫妻财产关系法研究》《婚姻家庭继承法学》等著作和教材,在《现代法学》《甘肃社会科学》《西南民族大学学报(哲学社会科学版)》《西南政法大学学报》《中华女子学院学报》等学术期刊公开发表学术论文30余篇。撰写本书第二章。

程林,女,杭州师范大学沈钧儒法学院讲师,浙江省法治教育研究中心研究员,法学博士。主持两项省级课题,参与多项国家级、省部级课题,公开发表学术论文十余篇,参与编写《民事间接强制执行比较研究》《民事速裁程序比较研究》等著作。撰写本书第四章。

黄磊,男,法学博士,西南政法大学人工智能法学院教师。主要从事诉讼论辩模型、证据推理、证据科学,以及自然语言处理、大数据的挖掘与分析等人工智能技术在司法中的应用研究,在《学习论坛》《天津法学》等刊物上发表论文数篇。撰写本书第三章。

何平,男,西南政法大学博士研究生。在《学习论坛》《河南财经政法大学学报》等刊物上发表论文数篇,主持重庆市研究生科研创新项目一项。撰写本书第八章。

目 录

引 言 ··· 1
第一章 民事诉讼立案受理制度比较研究的价值与意义 ··············· 5
 第一节 有利于借鉴域外构建立案受理制度的成功经验 ············ 6
 第二节 有利于吸收域外构建立案受理制度的理论思想 ············ 7
 第三节 有利于我国民事诉讼立案受理程序规范的设置与规定 ··· 9
 第四节 有利于纠正我国立案受理认识与程序设置的误区 ········ 11
第二章 法国民事诉讼立案受理制度 ·· 13
 第一节 法国民事诉讼立案受理的立法与制度构造 ·················· 13
 第二节 法国民事诉讼立案受理制度的基本特征
    及其影响制度构建的基本理论 ································· 30
第三章 德国民事诉讼立案受理制度 ·· 42
 第一节 德国民事诉讼立案受理的立法与制度构造 ·················· 42
 第二节 德国民事诉讼立案受理制度的基本特征
    及其影响制度构建的基本理论 ································· 57
第四章 日本民事诉讼立案受理制度 ·· 71
 第一节 日本民事诉讼立案受理的立法与制度构造 ·················· 71
 第二节 日本民事诉讼立案受理制度的基本特征
    及其影响制度构建的基本理论 ································· 87
第五章 韩国民事诉讼立案受理制度 ·· 96
 第一节 韩国民事诉讼立案受理的立法与制度构造 ·················· 96
 第二节 韩国民事诉讼立案受理制度的基本特征
    及其影响制度构建的基本理论 ································· 105
第六章 美国民事诉讼立案受理制度 ·· 121
 第一节 美国民事诉讼立案受理的立法与制度构造 ·················· 121
 第二节 美国民事诉讼立案受理制度的基本特征
    及其影响制度构建的基本理论 ································· 140

第七章　英国民事诉讼立案受理制度 ………………………… 150
  第一节　英国民事诉讼立案受理的立法与制度构造 ……………… 150
  第二节　英国民事诉讼立案受理制度的基本特征
　　　　及其影响制度构建的基本理论 ………………………… 169

第八章　加拿大民事诉讼立案受理制度 …………………………… 181
  第一节　加拿大民事诉讼立案受理的立法与制度构造 …………… 182
  第二节　加拿大民事诉讼立案受理制度的基本特征
　　　　及其影响制度构建的基本理论 ………………………… 198

第九章　西方民事诉讼立案受理制度的基本特征、设置理念 …… 208
  第一节　西方民事诉讼立案受理制度的基本特征 ………………… 208
  第二节　西方民事诉讼立案受理制度的设置理念 ………………… 221
  第三节　西方民事诉讼立案受理制度的社会环境条件 …………… 229

第十章　我国民事诉讼立案受理制度的历史发展与演变 ………… 235
  第一节　中国古代民事诉讼的立案受理制度 ……………………… 235
  第二节　中国近代民事诉讼的立案受理制度 ……………………… 241
  第三节　中国现代民事诉讼的立案受理制度 ……………………… 245

第十一章　中国民事诉讼立案受理制度改革研究 ………………… 249
  第一节　中国民事诉讼立案审查制度的问题 ……………………… 249
  第二节　现行立案登记改革的特点 ………………………………… 253
  第三节　现行立案受理制度的问题与完善研究 …………………… 258

引 言

　　从比较世界各国有关民事诉讼立案受理制度的角度上看,我国过去民事诉讼立案受理中采用的立案审查制,是一项十分独特的案件受理制度。这项制度不论从类型、性质还是制度特征的角度上看,与世界绝大多数国家有关民事诉讼立案受理的法律规定都存在着重大的差异。历史地看,虽然从1982年《民事诉讼法(试行)》颁布以来,我国民事诉讼长期适用的都是立案审查制,但是,不等于立案审查制就当然地具有合理性,特别是随着中国社会法治环境条件的迅速发展变化,公民寻求司法救济权利意识的增强,以及公民的诉权保障已经成为国家对于公民不可推卸的责任的现实社会条件下,传统的立案审查制的问题日益显露。换言之,从司法实际的情况来看,传统的民事诉讼立案审查制的存在不仅已经严重阻碍了公民司法救济权利的行使,以及直接影响到国家司法审判机构的形象,甚至在一定程度上还导致一些地区的社会混乱。为此,我们党的十八届四中全会在《中共中央关于全面推进依法治国若干重大问题的决定》中,十分明确地提出了"改革法院案件受理制度,变立案审查制为立案登记制,对人民法院依法应该受理的案件,做到有案必立、有诉必理,保障当事人诉权"的任务。这一任务的提出,以及在公民权利的司法救济业已成为国家及其司法审判机构义不容辞的责任现实背景条件下,改革我国传统的立案审查制度,变立案审查制为立案登记制,不仅是民事诉讼程序改革最为重要的内容之一,也是国家立法部门、司法实务部门与学术界的一项共同的重要任务。

　　民事诉讼立案受理制度的改革,作为中国现实社会法治条件下民事诉讼程序制度改革的一项重要任务,以及具体落实与实施公民诉权保障的重要内容,从制度改造以及程序构建的角度上看,存在两种思路以及其不同的路径选择:一条是所谓的"外向型",另一条是所谓的"内向型"。所谓的"外向型",指的是通过对于国外有关制度设置理念以及制度构造的模仿、借鉴,及其立法经验教训的总结与吸收来改革与完善我国的立案受理制度;所谓的"内向型",指的是基于对本国有关制度构建及其立法经验的分析与经验教训的总结,以本国有关制度的产生、发展与演化为根本,在本国传统制度设置理念与制度构建技术的基础上来改革与完善现实的制度。这两种思路及其路径选择,具有各自不同的特征,前者注重通过对于西方已有模式的比较研究,或者将域外制度建构的成功经验及其制度设置,作为自我改革参照对象与模式的基础上进行有关制度的修改与完善;后者注重从发掘自身传统与资源以及立法过程中经验与教训的基础上,进行有关制度的修改与完善。就这两种思路及其路径的选择而言,应当说都具有各自的合理性,因为在今天的社会环境条件下,可以说没有任何一门学科可以只陶醉于自己国内的思想与发现,在世界经济全球化迅速发展的今天其情况尤为如此。[1] 换言之,在中国社会的改革开放迅速发展,以及公民的司法救济及其诉权保障已经成为各国民事诉讼程序立法最为基本目标的国际大背景条件下,我国任何有关法律制度的改革与完善,都不可能在封闭的环境条件下进行,我们的改革也不能够拒绝、排斥对于他国先进制度设置及其设置理念的吸收、借鉴。同时,在中国现行法制产生、发展演变的历史进程中,也确实存在着不少可资参考的经验以及应当总结的教训,即对于某些制度的构建及其修改而言,我国本身存在着诸多可以发掘的资源,因而,这两种思路与路径的合理性都是显而易见的。

然而,就特定法律制度的改革与完善而言,针对不同的制度也基于不同制度所具有的特殊性,在不同的时期以及不同的条件下,这两条路径选择的侧重点应当说是有所不同的。具体就民事诉讼立案受理程序制度的改革与完善而言,由于民事诉讼程序制度的特殊性,也由于新中国建立以后众所周知的原因,在我国法制化的发展进程中,不仅诉讼程序立法及其程序制度设置长期得不到发展,[2]诉讼程序理论及其诉讼法制思想也一直受到压抑。在这种条件下,即在既缺乏相应的理论支撑也缺乏参照模式及其具体制度构建经验的基础上,就我国立案受理制度改革思路与路径的选择而言,"内向型"企图以中国民事诉讼立案受理的传统理论思想为前提,通过对这种制度自身产生、演化发展的研究,进行有关立案受理制度的改革完善,即将立案审查制变为立案登记制。但在缺乏相应的理论支撑与立法经验及其制度设置模式,以及其立法技术的条件下,这显然是不大可能的,至少具有相当大的难度。因而,"外向型"

---

[1] [德]皮特戈特瓦尔特:《比较民事诉讼的意义》,杨小虎编译,载陈刚主编:《比较民事诉讼法》(2006年卷),中国法制出版社2007年版。

[2] 新中国成立以后,从1949年至1981年《中华人民共和国民事诉讼法(试行)》颁布的33年中,都没有制定以及颁布有关民事诉讼的程序规则及其程序法律规定。

通过对域外一些国家有关立案受理制度设置理念与思想的引进,制度设置模式的借鉴,以及立法经验与教训的总结与研究,就成了我国民事诉讼立案受理制度改革与发展的必然思路与路径选择。换言之,对于我国民事诉讼立案受理制度的改革与完善而言,在我国缺乏相应的理论支撑与制度设置模式借鉴,以及在立法与制度设置经验的基础上,对域外相应理论思想的吸收、制度设置以及立法经验的借鉴,是我国民事诉讼立案受理制度改革完善的必要选择。

当然,通过对域外一些国家有关民事诉讼立案受理制度的模仿和立法经验的借鉴及其一些立法理论思想的吸收,来改革与完善我国民事诉讼立案受理制度,并不等于可以忽视对我国社会的现实条件、法治状况、司法体制的实际情况以及立案受理立法经验的总结与研究,因为立案受理制度作为一国法治环境以及司法体制条件下的产物,不仅是民事诉讼法中的一项程序制度,深层次地看这项制度的设置与一国基本的法治理念、纠纷解决的根本原则以及整个司法体制都存在着直接的联系。换言之,立案受理制度虽然只是诉讼法中的一项程序制度,但是这种诉讼程序的设置、制度的构建与基本的法治理念、司法原则以及司法体制都存在着密切的联系,而且从富有技术性解决纠纷的角度上看,这种制度的设置与一国纠纷解决的政策、策略乃至于程序设置的技术也都具有直接的关系。为此,在我国现行的法治环境以及司法体制状态下怎样设置适合于我国社会以及司法实际情况的立案受理制度,不仅需要对国外理论思想以及有益制度设置的借鉴与吸收,也需要对我国社会诉讼法治状况、司法体制以及其他诸多问题进行全面深入的考量与研究。

换言之,我国社会情况、法治环境、司法体制及其立法经验的总结与研究,对我国立案受理制度的改革完善也具有十分重要的意义,甚至在一定程度上具有较域外立法借鉴更为重要的价值。这不仅是因为国情不同,制度适用的社会环境条件不同,制度的构造及其设置也应当有所不同,而且民事诉讼立案受理制度的改革完善,作为解决中国社会民事司法救济以及公民诉权保障现实问题的一种客观需要,适合中国民事司法救济与诉权保障的现实情况,不仅是这场改革与完善的主要任务,也是这种制度改革完善的主要目标。因而,在借鉴域外制度构建有益的理论思想以及制度设置及其制度构造的基础上,根据我国社会法治的具体情况、司法体制、司法审判队伍的实际情况,以及民事司法救济的实际需要,进行我们的制度改造与完善,是我国民事诉讼程序制度改革与完善的基本思路与路径选择。

正是基于这一思考,我们希望通过对域外一些国家有关民事诉讼立案受理制度理论思想和程序设置及其制度构造的参考、借鉴,在深入调查与研究我国民事司法救济现实情况,总结与研究我国立案受理立法经验与教训的基础上,对我国民事诉讼立案受理制度的改革与完善提出我们的研究与思考,以期促进这一制度的改革与完善更加适合我国社会民事司法救济和解决纠纷,以及公民诉权保障的需要。

第一章 民事诉讼立案受理制度比较研究的价值与意义

"立案登记制"作为源于西方国家的诉讼制度、法治环境与司法体制条件下的产物,在中国民事诉讼法制化的过程中,对西方国家"立案登记制"进行比较研究,从认知逻辑、研究目的以及适用性的角度上看,必然涉及一个首先需要回答的问题,即为什么要做这种比较研究。换言之,研究西方国家"立案登记制"的构建及其理论思想与观念,对于我国民事诉讼立案受理制度的改革、完善有什么价值与意义?

日本比较法学者大木雅夫在《比较法》一书中曾经针对比较法的意义与作用指出,比较法作为一种部门法学或者说一种有关法学的研究方法,从最基础的意义上讲,它是从各种法律秩序之间的精神与态势、样式的联系的角度,来充分揭示不同法律秩序形态学意义上的特征以及它们相互之间在类型上所具有的亲缘性;从具体特殊意义上讲,比较法最为主要的任务以及需要研究的是各种法律秩序中可以进行比较的各种法律制度和解决问题的方法,换言之,他以充分认识和进一步完善各国法律制度为根本目的。① 大木雅夫这段话不仅从抽象的角度对比较法的一般功能作出了阐释,也从特定的角度指出了比较研究的具体功能与目的,即比较研究不同法律制度各自的特征,以及这些法律制度用于解决问题的方式与方法,从而深入地认识、把握以及完善我们自己相应的法律制度及其内容。为此,可以说对西方国家"立案登记制"进行比较研究是有价值与意义的,其主要表现在以下几个方面。

---

① [日]大木雅夫:《比较法》,范愉译,法律出版社2006年版,第66页。

第一节　有利于借鉴域外构建立案受理制度的成功经验

从民事诉讼程序制度历史发展的角度上看,现代民事诉讼程序以及民事诉讼立案受理制度不仅诞生于西方国家,而且,西方国家有关民事诉讼程序制度的设置及其规定,作为先于我国民事诉讼法治发展、构建及其设置的制度,早在法国1806年《民事诉讼法典》颁布之日就已经形成,①其中民事诉讼的立案受理制度作为整个民事诉讼程序制度中十分重要的一项制度,即民事司法救济的入口,200多年来西方各国在长期诉讼实践中,根据社会发展变化以及民事司法救济的需要,经过不断的改革与完善,已经积累了诸多可供参考的制度设置以及程序法律规定的成功经验。

虽然,从西方各国有关民事诉讼立案受理制度具体规定的情况来看,国家不同立案受理制度的设置及其程序法律制度的具体规定可能有所不同,例如法国民事诉讼法在大审法院立案受理制度中,对起诉就规定有不同于大多数西方国家的三种起诉方式:第一,当事人向法院书记室提交诉状或者声明提起诉讼;第二,当事人向法院的书记室提交传唤状提起诉讼;第三,当事人向法院书记室提交共同诉状提起诉讼。在这三种起诉方式中,第一种起诉方式与大陆法系大多数国家的起诉方式基本相同,第二、第三种方式与大陆法系其他国家的起诉方式就存在较大的差异。② 但是,无论西方各国在立案受理制度的设置以及法律规定上有何不同,西方国家在其民事诉讼司法实践,以及有关立案受理制度改革完善中积累起来的一些成功经验,对我国立案受理制度的改革完善,无疑是有参考、借鉴价值的。

申言之,西方国家根据本国民事司法救济的需要而设置以及规定的立案受理制度及其相应的程序制度性规定,虽然是西方国家在自己民事司法救济实践中形成的,与我国的民事诉讼法律制度有着不同的文化背景、社会环境及

---

① 法国1806年《民事诉讼法典》是世界上第一部有关现代民事诉讼的法律规定,其中对立案受理作出了相应的规定,具体内容请参见萧榕:《世界著名法典选编》,中国法制出版社1998年版,第441~503页。

② 请参见法国《新民事诉讼法典》第54条的规定。

其司法制度,但是我国的民事诉讼与西方国家的民事诉讼作为解决民事纠纷,以及对公民进行民事司法救济法律制度的同一性及其程序制度的基本特征,客观上不仅决定了我国民事诉讼立案受理制度,借鉴、吸收域外构建民事诉讼受理制度成功经验的可行性,也决定了这种借鉴、吸收的必要性。

换言之,对于我国正在进行的民事诉讼立案受理制度的改革、完善与发展而言,通过对大陆法系与英美法系一些国家"案件登记制"的制度设置及其具体程序法律规定的比较研究,在总结、归纳立案受理制度在设置以及法律规定上具有共同性、合理性以及经他国民事司法实践证实成功经验的基础上,从我国社会实践以及社会需要出发,针对构建立案受理制度所涉及的诸多问题,有目的、有针对性地吸收、借鉴源于西方国家立案受理制度设置中的一些成功经验,避免我国在立案受理制度设置及其具体程序法律规定上的盲目,从而在此基础上提出与拟定适合我国民事诉讼立案受理制度的方案与设想,不仅可以在构建适合我国民事诉讼立案受理制度的过程中避免制度设置上走弯路,也有利于及时、有力地促进对公民的民事司法救济。因而,对于西方国家"立案登记制"进行比较研究,并在此基础上合理吸收、借鉴西方国家已有的立案受理制度设置及其法律规定的成功经验,无论是对我国民事司法救济的设置还是立案受理制度的改革与完善,都是十分必要的。

同时,在全球化的今天,作为不同国家本土法律的民事诉讼法,在面对现代化的挑战、全球化影响的条件下,不仅应当顺应世界民事诉讼司法救济发展的历史趋势,也应当在探索、研究这种趋势的条件下体现这种趋势,即对民事司法救济具有重要作用的立案受理制度作出符合这种发展趋势的修改。换言之,在世界各国法律制度趋同发展的过程中,对域外法律制度的比较研究无疑将对本国法律制度的发展、完善起到巨大的推进作用。

第二节　有利于吸收域外构建立案受理制度的理论思想

从制度设置理念及其理论思想与法律制度构建之间的关系上看,任何一项法律制度的构建可以说都离不开相应的设置理念,也无不是以一定的理论思想为其设置的根据,即建立在特定理论思想基础上的。西方国家民事诉讼中适用的"立案登记制"当然也不能例外。而从指导西方国家构建"立案登记制"理论思想的角度上看,虽然影响其"立案登记制"设置的理论思想、观念较多,但是诉权保障理念及其相应的理论思想,无疑是指导西方国家民事诉讼"立案登记制"构建最为基本的理论思想与观念。

所谓诉权,按照西方国家学者的观点,从基本自由的角度上看,指的是真正进行诉讼的主观权利,即基本自由意义上自行诉诸司法的权利,虽然这种权利并不是由宪法条文直接确认的,但是这一权利被视为对基本自由的表述,这也确定了国家权力机关所负有的相应的特定义务,即国家司法机关需要采取一切措施或者手段,以确保公民的这种权利实施能够真正地得到司法救济。[①]按照西方学者的这种观点,虽然目前大多数西方国家并未将诉权纳入宪法的条款进行规定,但是,就性质而言诉权不仅是公民基本自由层面上诉诸司法的权利,而且,保证公民这种权利的实现也是作为国家司法机关特定的义务与责任。

不仅如此,诉权保障的观念及其思想作为西方国家指导设置与构建"立案登记制"的理论思想与观念,就这种思想的普适性而言,也是得到《世界人权宣言》以及诸多国际条约确定的公民基本权利。例如:《世界人权宣言》第8条规定:"人人于其宪法或法律所赋予之基本权利被侵害时,有权享受国家管辖法庭之有效救济。"第10条规定:"人人于其权利义务受判定时及被刑事指控时,有权享受独立无私法庭之绝对平等不偏且公开之听审。"[②]《公民权利和政治权利国际公约》第2条第3项规定:"本公约每一缔约国承担:(甲)保证任何一个被侵犯了本公约所承认的权利或自由的人,能得到有效的补救,尽管此种侵犯是以官方资格行事的人所为;(乙)保证任何要求此种补救的人能由合格的司法、行政或立法当局或由国家法律制度规定的任何其他合格当局断定其在这方面的权利;并发展司法补救的可能性;(丙)保证合格当局在准予此等补救时。却能付诸实施。"[③]

从《世界人权宣言》及其国际条约的上述规定可见,在国家以公力救济替代了"私力救济"的现代法治背景条件下,以及现代法治社会的发展与历史进程中,公民寻求司法救济的权利,不仅实质上是人的基本权利在民事诉讼司法

[①] [法]让·文森、塞尔日·金沙尔:《法国民事诉讼法要义》,罗结珍译,中国法制出版社2001年版,第97页。

[②] 周洪钧、丁成耀、司平平:《国际公约与惯例》,法律出版社1998年版,第435页。

[③] 程味秋、[加]杨诚、杨宇冠:《联合国人权公约和刑事司法文献汇编》,中国法制出版社2000年版,第87~88页。

救济领域内的具体体现,以及国家对公民司法救济权利的保障,实际上就是对人权在民事诉讼司法救济领域内具体内容的保障,而且保障公民这种权利能够无阻碍地得到实现,已经成为现代法治国家及其司法审判机构义不容辞的责任。可以说西方国家诉权保障观念及其思想,作为指导构建其民事诉讼立案受理制度的基本思想及其观念,不仅适应了世界人权保障历史发展的潮流,而且对于我国民事诉讼立案受理制度构建的指导思想及其理论观念而言,也具有借鉴、吸收价值。

换言之,通过对西方国家"立案登记制"的比较研究,探求移植或借鉴有关制度设置观念及其理论思想,特别是有关诉权保障的观念与理论思想,不仅可以较好地从理论认识的高度把握主导立案受理制度设置与构建的理论依据及其理论思想,而且可以更加理性地进行我国民事诉讼立案受理制度的设置。

第三节 有利于我国民事诉讼立案受理程序规范的设置与规定

立案受理程序,作为规范与管理案件进入民事诉讼的必经程序,以及开启民事诉讼程序的第一道关口,怎样规定当事人的起诉方式、法院的受案范围、法院对诉讼请求、主张以及诉讼材料的接受、当事人起诉阶段的程序参与权,以及法院对当事人的诉求采用什么样的规范与管理方式,即立案受理的步骤、程序设置,在诉讼实践中不仅关乎当事人诉权的具体实现及其实现的程度,以及直接涉及国家对当事人诉权保障的具体落实与实现程度,而且,对于纠纷的解决、限制与规制滥诉以及无理缠诉也具有十分重要的意义。

同时,由于国家对社会公众司法救济的诉权保障不仅是国家的一项责任,而且国家对社会公众司法救济权利的保障及其保障的程度,可以说也十分清楚地反映和体现了国家整体性的人权保障程度和状况。可以想象,公民在其合法的民事权益遭受违法侵害以后,告状无门,其诉求被法院拒之门外得不到应有的司法救济时,不仅当事人对司法公正的感觉和认识,乃至于对社会民主、正义的认识与信心都可能产生十分消极的影响。为此,不仅可以说法院对公民司法救济权利的保障与国家对整个社会公民的人权保障,以及保障的程度与情况密切联系和直接相关,而且公民司法救济权利的保障作为国家的一项基本责任,也是任何国家都义不容辞的。而要保障公民司法救济权利的实现,避免诉求无门,或者被司法审判机构拒之门外现象的发生,从具体诉讼步骤、程序、方式与方法的设置角度上看,有关民事诉讼立案受理程序制度的具体设置,即当事人起诉方式的规定、递交材料的要求、法院的受案范围、法院审查诉求的方式与方法、受理诉求的条件与可以驳回诉求的规定等诉讼程序性的规定,就成为一个十分关键的问题。

西方国家适用的"立案登记制"对于符合形式要件的所有案件一律登记受理,对案件不进行实质性审查,不仅降低了当事人进入司法救济的"门槛",而且在立案受理具体程序上规定的一系列方便当事人进入诉讼的程序性规定,也极大地保证了当事人的诉讼主体地位,体现了国家对当事人诉权的尊重与保障,从而使得在民事诉讼中国家对当事人的司法救济,不再仅仅是一句口号,而是实实在在地成了当事人能够真切感受得到的程序性设置与规定。而我国传统立案登记制所规定的过高立案条件,以及法院以不符合立案条件为由对部分起诉不予受理的程序性规定,使得当事人在告状无门的条件下,不仅对应当享有的司法救济丧失信心,而且可能转而去寻求别的救济途径,在此情况下,由于正当的司法程序已经走不通,当事人要想解决问题,在不是选择以"违法对抗"的情况下,往往就只能选择上访、信访,从而一定程度上促使了我国上访、信访事件的频繁发生。而通过上访与信访的方式来寻求纠纷的解决,不仅把行政权力作为解决纠纷的最终途径,与世界各国无不遵从的司法最终解决原则相违背,也加速了行政权力的膨胀和扩张,最后的结果只能是以行政权代替司法权,这显然是不符合现代法治基本原则的。

在"立案登记制"条件下,当事人只要提供了符合形式要件的诉状,法院就应当一律接收,并在规定的期限内依法处理。也就是说,不管诉讼标的大小,也不管纠纷的复杂程度,只要当事人选择诉讼渠道寻求救济,除了依照法律规定不予登记立案的情形外,将直接产生约束法院的诉讼系属,从而不仅可以在极高程度上对当事人进行司法救济,而且法院如果能够做到有案必立、有诉必理,切实保障当事人诉权,即将纠纷引入诉讼程序之中,通过法定的司法审判的方式进行救济与解决,我国社会生活中长期存在的涉诉上访、信访,自然而然也就不会成为我国社会矛盾化解的一种方式,进而频繁发生了。

由于在对公民进行的司法救济中,立案受理的具体规定及其具体程序设置具有十分重要的作用和功能,因而,在立案受理制度的设置及其具体程序性规定上,立法对于立案受理即当事人提起诉讼的具体程序、步骤、法院的受案范围、审查形式,以及受案条件要求的具体规定,就成了保障当事人诉权行使十分具体也颇为重要的内容。长期以来我国民事诉讼法基于传统的司法政策以及诸多其他因素的考虑,对我国民事案件受理规定的立案审查制,作为在案件还没有进入诉讼程序就进行实质性审查,以及立案法官仅凭自己的审查就可以直接驳回当事人诉讼请求的制度性规定,从制度设置的角度上看,不仅对于诉讼进入司法设置了较高的受理门槛,而且这种在尚未听取当事人意见,也没有经过审理的条件下,就直接剥夺当事人诉权的程序性设置,不仅不利于公民诉权的保障,显然也违背了民事诉讼的基本审判原则,即未经听取当事人意见的条件下剥夺当事人诉权的原则。而从比较研究的视角,对西方国家有关立案受理制度的模式及其程序设置的具体步骤、方式、内容进行比较分析、研究,探讨其立案受理程序的设置特点及其程序功能,为我国有关立案受理制度具体程序性规定的设置提出设想与方案,不仅可以较好地构建起适合我国民事司法救济的立案受理制度,而且在具体程序内容的设置上,也可以将保障当事人诉权的任务通过程序内容的设置,即程序步骤、方式与方法的规定,体现到立案受理程序的具体规定中;不仅在诉讼立案受理程序的具体规定上作出有利于当事人诉权保障的程序性规定,较大程度上保障当事人的诉权,也可以从程序制度及其具体程序的设置与规定上,遏制以及减少涉诉信访的发生,缓解相关部门的压力,维护社会的稳定。

第四节　有利于纠正我国立案受理认识与程序设置的误区

民事诉讼中的立案受理制度,作为我国民事诉讼程序法中的重要内容,由于历史的、旧社会经济体制以及相关认识上的原因,不仅导致了立法技术上较大的缺陷,就整个程序制度休系的构建和具体程序制度的设置而言,也存在诸多问题,可以说立法过去有关立案受理的一些程序性设置和相应制度性规定是极不科学和合理的。因而,为了顺应社会的发展、司法救济的需要,改革现行民事诉讼立案受理制度,切实保护当事人的诉权,实现法院立案受理程序设置上的科学化以及促使立案受理程序制度设置上的更加合理化,就成了我国民事诉讼法以及民事诉讼立案受理程序制度改革、完善的需要。

然而应当看到的是,我国民事诉讼有关立案受理制度的改革,作为针对我国传统民事诉讼立法审查制度的改革,就这种改革的认识以及其具体程序、步骤、方式方法的设置而言,不仅存在着诸多认识,也存在着诸多设置方案与方法,基于多种原因,其中的一些认识及其程序设置方案,不仅从认识的角度上看是有问题的,从程序制度具体内容的设置上看,可以说也是存在误区的。

所谓立案受理认识上以及程序制度设置内容上的误区,指的是对立案受理制度的认识以及制度内容设置上的一些错误认识及其错误的制度设置。例如有些观点把西方国家的"立案登记制"解读为不论纠纷的性质也不论当事人的具体情况,凡是当事人认为需要都可以借助公权力,即通过诉讼的方式加以解决的制度设置,以及法院不论当事人诉求的情况如何,一律都应当予以受理的制度设置。而这种认识不仅将西方国家实行的"立案登记制"片面化、绝对化,歪曲了其本来的含义,似乎只要当事人提出了诉求,不论诉求的内容与性质,也不论诉求提出的形式及其条件要求,法院都必须登记立案,并进行审理。即在有关立案受理程序内容的设置上,不做任何限制性规定。这种认识及其程序制度性设置显然不符合西方社会"立案登记制"的本来含义,如果从这种角度来认识、解释西方国家的"立案登记制",不仅曲解了"立案登记制"的制度原意,而且依照这种认识来指导我国立案受理制度的构建,显而易见是有害的。

西方的"立案登记制",作为一种以法院形式审查为基本特征的立案受理制度,绝非不论纠纷的性质,也不对起诉条件作出要求,只要当事人起诉,法院就必须受理以及进行审理的制度。民事诉讼作为当事人借助国家公权力来解决自己私权纠纷的制度,司法资源的公共性、有限性,以及受益者的私权性,决定了当事人并不能无限制地以及无原则、无底线地使用具有公共性质的司法资源,即当事人借助公共性质的司法资源来解决私权争议的性质,客观上决定了争议双方存在不能推卸的诉讼责任。即为了纠纷解决的实质化与可行性,当事人明确的诉讼请求、确切具体的被告、必要的证据材料,以及遵守必要的时间条件,是任何诉讼都必须具备的,作为诉讼的基本条件,也是必不可少的。换言之,如果形式条件都不具备的话,法院是没有办法对当事人进行司法救济的。为此,通过深入的比较研究,搞清楚西方国家"立案登记制"的具体内容与真正含义,不仅有利于改革完善我们自己的立案受理制度,也有利于纠正我国立案受理制度改革在认识上以及程序制度设置上的某些误区,促使我国民事诉讼立案受理制度的改革能够正当而顺利地进行。

第二章 法国民事诉讼立案受理制度

法国作为最早制定独立的民事诉讼法,以及大陆法系国家中具有代表性的国家之一,在其法治发展的历史进程中,不仅提出过三权分立、法律面前人人平等、法不溯及既往、法官自由心证等诸多现代法治中具有重大意义的原则与思想,而且法国民事诉讼法所确立的诉讼原则、诉讼制度以及由其立法规定所体现出的程序法治思想,对大陆法系其他国家的民事诉讼程序立法以及诉讼程序制度的构建也产生过重大的影响。同时,鉴于价值观念、理论思想、历史发展以及人文环境条件等方面的差异,法国的民事诉讼程序制度又具有不同于其他国家的特点,民事诉讼的立案受理制度是法国民事诉讼中一项颇具特色的诉讼程序制度。

第一节 法国民事诉讼立案受理的立法与制度构造

一、法国民事诉讼立案受理的历史与发展

就基本法律类型的划分而言,法国法虽然属于罗马—大陆法系,但是从民事诉讼法律规定及其一些内容的角度上看,其诉讼规范并不是直接来自罗马法,可以说其诉讼法律中大部分诉讼规则是在教会法的基础上发展起来的。[①]

法国中世纪的教会诉讼法,是由一系列书面的、秘密的以及纠问式诉讼规则所组成的法律,书面程序在教会诉讼中居于十分重要的地位。就其有关民事诉讼法所规定的立案受理制度而言,不仅作为诉讼一方的原告人需要向法

---

① 罗结珍译:《法国新民事诉讼法典》,中国法制出版社1999年版,"中译本导言"第1页。

院通过提交记载有关纠纷争议事实的书面诉请方能开始诉讼,以及被告人需要以书面形式对于原告人的诉请进行抗辩以及回答原告人的诉请,而且,按照1216年颁布的《教皇英诺森二世教令》的明确规定,在民事诉讼进行中,没有得到记录的诉讼程序是无效的诉讼,法官有关民事诉讼的判决必须完全以书面记录为根据,即法官的判决必须建立在书面记录的基础之上。①

随着法国社会的发展,教会地位不断衰弱,国王所拥有的行政权与司法权力不断加强,由此国王发布的民事诉讼敕令逐渐地取代了教会诉讼法原有的地位。在法国法的历史发展进程中,1667年颁布的《民事诉讼王令》(路易法典)是法国历史上一部十分重要的法令,该法令不仅统一了法国全境各类法院的民事诉讼程序,以及对起诉、抗辩、证据调查、法官回避、判决、执行、上诉等诸多诉讼环节及其相应的民事诉讼程序作出了具体的规定,而且在立案受理的程序上,也将教会诉讼中长期适用的严格书面诉讼形式,改为书面与口头相结合的起诉方式。

1806年的法国《民事诉讼法典》②,作为法国大革命以后颁布的诉讼法典,开创了近代民事诉讼的先河,标志着法国民事诉讼发展进入了一个新的开端。该法典不仅明确规定了审判公开、言词辩论、自由心证等充分体现资产阶级诉讼程序观念的现代民事诉讼原则与诉讼程序制度,而且在立案受理上也采取了绝对的当事人进行主义,其诉讼程序的启动不是由当事人直接向法院提起的,而是先在当事人之间展开,然后再由当事人委托法院解决纠纷。③ 在具体的程序步骤上,首先是由民事诉讼中的原告通过执达员向民事诉讼中的被告送达传唤状,由此开始诉讼,从权利与义务的角度上看,原告人与执达员的关系在性质上属于一般的民事委托关系,原告人应当向执达员支付相应的酬金。原告人在通过执达员送达传唤状以后的一定时期以内,还需要向法院的书记室递交有关传唤状的副本,从而开始法院对案件的受理。如果原告没有在规

---

① 何勤华:《法国法律发达史》,法律出版社2001年版,第428页。

② 法国1806年《民事诉讼法典》,是世界上第一部独立编纂的近、现代民事诉讼法典,该法典于1806年制定,1807年生效。

③ 在早期法国民事诉讼"程序合同理论"的影响下,当事人之间的诉讼法律关系被视为一种合同关系。按照这种理论学说,"起诉是原告提出的诉讼要约,对被告来说,应诉也是对诉讼要约的承诺"。[沈达明:《比较民事诉讼法初论》(下册),中信出版社1991年版,第112页]不过诉讼的契约性目前已经受到法国诉讼学理上的批判。见[法]洛伊克·卡迪耶:《法国民事司法法》,杨艺宁译,中国政法大学出版社2010年版,第365页 d 的有关论述。

第二章 法国民事诉讼立案受理制度

定的时间内将传唤状副本递交法院,那么传唤状将自行失效。被告在收到原告的传唤状以后,必须在法律规定的时间内委托律师并由其委托的律师向原告送交答辩状,如果被告超出了法律规定的期限,法院可以应原告的请求对案件作出缺席判决。

然而,由于制定者"仅在很有限的程度上离开了他们所熟悉的旧规则"①,即较大程度上照搬了1667年的《民事诉讼王令》,程序设置存在严重的形式主义特征,既耗费时间又耗费司法资源,造成了严重的诉讼迟延,难以适应法国民事司法实践的需要。为此,从1935年起,法国先后颁布了4个法令对民事诉讼法进行了大规模的修改。② 1975年12月5日,又通过颁布的第75—1123号法令,对前4个法令有关内容进行了一定程度修改、删减与增补的基础上,形成了一个统一的、新的法律文件,即1976年1月1日施行的《新民事诉讼法典》。

法国《新民事诉讼法典》由于对诉讼规则、诉讼程序作了较以前更为全面的规定,且语言表述精确、简洁,立法技术更趋合理,因此,不仅在法国民事诉讼学理上被称为"法典编纂的成功典范","堪称现代法的最成功之作",③以及"拿破仑时代以来民事诉讼程序立法与条例的最重要的丰碑"④。而且从制度构建的角度上看,该法典的有关规定也构筑起了法国现代民事诉讼的立案受理制度。随着法国社会的发展以及民事司法实践的需要,虽然法国的民事诉讼制度以及有关民事诉讼立案受理的规定仍然在不断地发展与完善⑤,但是就法国民事诉讼立案受理制度的基本构造、程序及其体现的理念而言,几乎没

---

① 罗结珍译:《法国新民事诉讼法典》,中国法制出版社1999年版,"中译本导言"第2页。
② 这4个法令分别是:1971年9月9日颁布的第71—740号法令;1972年7月20日颁布的第72—684号法令;1972年8月28日颁布的第72—788号法令;1973年12月17日颁布的第73—1122号法令。
③ 罗结珍译:《法国新民事诉讼法典》,中国法制出版社1999年版,第71页。
④ 罗结珍译:《法国新民事诉讼法典》,中国法制出版社1999年版,第77页。
⑤ 1976年法国《新民事诉讼法典》施行以后,随着社会的发展以及民事诉讼司法实践的需要,法国民事诉讼程序立法上对《新民事诉讼法典》有关立案受理的规定,仍然在作进一步的修改与完善。例如,法国2004年8月20日颁布的第2004—836号《关于修改民事诉讼程序的法令》第3条规定:"第125条第2段被下列条款所取代:法官可因无诉讼利益、无诉讼资格或存在既判事由而依职权提出诉讼不受理。"该规定即为对法国《新民事诉讼法典》原第125条第2段有关"法官得基于无诉讼利益,依职权提出诉讼不受理"立法规定的进一步修改与完善。——作者注

有多大的变化。

二、法国民事诉讼立案受理制度的基本构造

法国民事诉讼立案受理制度,作为法院在当事人起诉的基础上根据当事人的诉请而对案件的接受,从制度基本构造的角度上看,与大陆法系各国通行的当事人起诉与法院立案受理的"二元结构"并没有根本性的区别。① 即在法国民事诉讼中,法院对民事诉讼的立案受理虽然指的是法院对民事诉讼案件的接受,但是法院对民事诉讼中当事人起诉的受理,绝非法院可以随意的行为,作为需要遵照法律规定对符合法定条件起诉案件的受理,法院在受理案件以前仍然需要对起诉人、起诉事由以及与起诉有关的诸多问题进行审查、判断,因而,就制度的构造而言法国的民事诉讼立案受理制度并非仅仅是法院单方受理案件的行为,从制度构造的角度上看,也包括了当事人起诉与法院受理两大部分,换言之,当事人的起诉只有在符合法律规定的条件下法院才可以受理。不过法国《新民事诉讼法典》在有关这两大部分的具体内容与程序的法律规定上,以及由这些法律规定所体现出的当事人与法院在立案受理中的关系,及其有关各自行为方式的要求上却具有不同于其他国家的一些特点。

从法国《新民事诉讼法典》的有关规定来看,法国民事诉讼立案受理制度主要包括以下两个方面的内容。

(一)起诉

起诉,在法国民事诉讼学理上称为"初始请求",指的是"原告用来启动诉讼程序以便将自己的主张提交给法官的诉讼请求"②。民事诉讼作为私权救济的司法途径,不告不理,没有人提起将不能开启诉讼程序是世界各国通行的程序规则,因而立案受理制度基本构造中的第一部分必然是当事人的起诉。当事人的起诉在法国民事诉讼立案受理制度的基本构造中,包括了以下一些内容。

1.起诉主体

民事诉讼作为由于私权纠纷而诉请法院动用国家司法权力以及司法资源

---

① 所谓二元结构,指的是当事人与法院基于不同的角度以及站在不同的角度,相互配合形成的一种程序制度。在这种程序制度中,当事人起诉在性质上是一种诉讼行为,法院对案件的受理或者不受理是一种职权行为,由于当事人与法院各自所处的地位以及行为的性质不同,因而称之为二元结构。

② [法]洛伊克·卡迪耶:《法国民事司法法》,杨艺宁译,中国政法大学出版社2010年版,第351页。

第二章 法国民事诉讼立案受理制度

予以解决以及维护自我权益的方式,首先涉及的必然是谁有权提起民事诉讼的问题,作为世界各国民事诉讼立案受理制度规定中都需要首先确定的一个问题,法国民事诉讼也不例外。根据法国《新民事诉讼法典》第1条有关除了法律有另外情况的规定以外,只有当事人才可以提起民事诉讼的规定,①在法国民事诉讼中只有当事人才能够提起民事诉讼。

由于只有当事人才有权提起民事诉讼,因此,谁是当事人以及怎样定义当事人的概念就成了一个十分重要的问题,"因为,这一概念主导着一系列的后果:当事人有责任说明理由、有责任提出事实证据,既决事由、诉讼系属、受判处负担诉讼费用、回避、运用上诉途径等等"②。但是,何为当事人?以及怎样定义当事人?从法国民事诉讼的角度上看,不仅在民事诉讼法典上没有明确的规定,其诉讼学理上也认为"诉讼程序当事人的定义是司法法中最棘手的概念之一"③,即难以定义。

定义当事人概念之所以困难,从世界各国有关立法以及民事诉讼当事人学说的角度上看,不仅仅在于民事诉讼涉及范围较广以及情况较为复杂,因而有关这一概念的技术性阐释与说明较为困难,更重要的还在于对这一概念本质的把握上存在不同的认识。换言之,就对当事人概念本质认识的角度上看,何为当事人,世界各国的民事诉讼程序立法以及民事诉讼学理认识上存在重大的差异。从认识观念、确定根据以及确定标准的角度上看,存在着两种不同的类型:一是从实质角度上规定以及定义当事人;二是从程序角度上规定以及定义当事人。所谓从实质角度上规定以及定义当事人,指的是从民事实体法律关系的角度确定与定义当事人。按照这种观点,民事诉讼中的当事人只能是与实体法律关系有着直接利害法律关系的人,才是民事诉讼上的当事人。例如,侵权损害赔偿纠纷中的侵害人与被害人、借还贷纠纷中的出借人与借用人、不当得利纠纷中的受益人与受害人或者受损人等才是民事诉讼中的当事人,即原告人与被告人。所谓从程序角度定义与确定当事人,指的是从民事诉讼程序法律关系角度定义以及确定当事人,按照这种观点不论行为人之间的实体法律关系如何,也不论行为人之间是否存在实质上的实体法律关系,只要

---

① 罗结珍译:《法国新民事诉讼法典》,中国法制出版社1999年版,第2页。
② [法]让·文森、塞尔日·金沙尔:《法国民事诉讼法要义》(上册),罗结珍译,中国法制出版社2001年版,第501页。
③ [法]洛伊克·卡迪耶:《法国民事司法法》,杨艺宁译,中国政法大学出版社2010年版,第366页。

行为人声称自己的权利受到侵害以及被诉称侵害了他人权利的人,都是民事诉讼中的当事人。

由于在当事人的定义以及确定上,存在着两种完全不同的观念及其不同的根据与标准,因而,从民事诉讼学理以及世界各国民事诉讼程序立法的规定来看,对于当事人的定义以及确定而言,实际上存在着两种完全不同类型及其性质的当事人。即根据民事实体法律关系确定以及定义的当事人,与根据民事诉讼程序法律关系确定与定义的当事人。在民事诉讼学理上鉴于这两种当事人性质与实质含义上的差异,前者被称为实质意义上的当事人,后者被称为程序意义上的当事人。

由于在法国民事司法上民事诉讼被视为有关"主观权利的诉讼"[①],因而对于当事人的认识及其在当事人的确定上,采用的是第二种方式,即从诉讼程序的角度,根据诉讼程序的性质以及行为人的诉讼地位来定义以及确定的当事人。按照法国学理上的观念、思想与根据,在法国民事诉讼中"所谓原告,就是指提出诉讼请求,导致诉讼程序启动的当事人;所谓的被告,就是指原告启动诉讼程序的行为所针对的对象"[②],即只要是提出诉讼请求导致诉讼程序启动的人,以及原告启动诉讼程序行为所针对的对象就是当事人,而不论这些人员相互之间的实体法律关系。

在法国民事诉讼程序立法上,当事人不仅是从诉讼程序的角度以及行为人在诉讼中的地位来定义以及确定当事人,而且鉴于传统以及国家检察机关的性质与任务,在一定程度上以及一定范围内,还将国家的检察机关也纳入民事诉讼当事人的范畴。按照法国《新民事诉讼法典》第421条、第422条、第423条、第424条、第425条的规定,在特殊的条件下以及特殊的案件中[③]检察官也可以成为民事诉讼的当事人,而在检察官作为民事诉讼当事人的案件中,检察官不仅可以是主当事人或者从当事人,也可以是原告人或者是被告人。[④]

---

① 所谓"主观权利的诉讼",指的是民事诉讼是由于当事人自己认为民事权益受到了侵害而提起的诉讼,而当事人的民事权益是否真正受到了侵害,要由法官的裁判来确定,而不是由当事人的主观意志以及主观认识决定的,即诉讼具有主观性。[法]洛伊克·卡迪耶:《法国民事司法法》,杨艺宁译,中国政法大学出版社2010年版,第366页。

② [法]洛伊克·卡迪耶:《法国民事司法法》,杨艺宁译,中国政法大学出版社2010年版,第368页。

③ 这里所谓特殊的案件,主要指的是有关人身权利以及家庭关系的案件。

④ 罗结珍译:《法国新民事诉讼法典》,中国法制出版社1999年版,第421条、第422条、第423条、第424条、第425条的规定。

第二章　法国民事诉讼立案受理制度

2.起诉方式与诉讼文书要求

法国的民事诉讼虽然通常也是由原告人向法院提起诉讼,但是提起诉讼的方式以及起诉文书的要求却因审理法院的类型、性质不同而有所不同。

(1)大审法院①的起诉方式与诉讼文书要求

按照法国《新民事诉讼法典》第54条的规定,法国大审法院的起诉包括三种方式:第一,当事人向法院书记室提交诉状或者声明提起诉讼;第二,当事人向法院的书记室提交传唤状提起诉讼;第三,当事人向法院书记室提交共同诉状提起诉讼。在这三种起诉方式中,第一种起诉方式与大陆法系大多数国家的起诉方式基本相同,第二、第三种方式与大陆法系其他国家的起诉方式有所不同,且存在较大的差异。就后两种起诉方式而言存在着以下一些特征。

其一,当事人向法院书记室提交传唤状提起的诉讼。

向法院书记室提交传唤状提起的诉讼,是法国民事起诉中颇具特色的一种起诉方式。按照法国《新民事诉讼法典》第55条有关所谓传唤状系指原告用来传唤对方当事人到法院应诉法律文书的规定,传唤状不仅在性质上不同于一般的起诉状,是一种执达官文书,以及具有传唤被告到庭应诉的功能;而且传唤作为法院执达员向被告进行的送达行为,与一般当事人之间相互自我

---

① 法国的大审法院是受理法国民事诉讼的第一审普通法院,法律没有规定由其他法院管辖的案件都由大审法院管辖。按照法国《法院组织法典》第311—2条的规定,大审法院对于以下案件具有排他的管辖权:"一、涉及个人情况的案件,包括结婚、离婚、分居以及亲子关系案件(《法国民法典》第172条及以下,第247条以下。第311—4条);二、户籍证书的更正(《法国民法典》第99条);三、收养(《法国民法典》第353条);四、失踪(《法国民法典》第112条);五、夫妻财产制(《法国民法典》第1387条及以下);六、继承(《法国民法典》第718条及以下);七、户籍官员的行为责任(《法国民法典》第53条、第63条);八、国籍争议(《国籍法典》第124条);九、确认不动产所有权之诉;十、不动产扣押(法国《新民事诉讼法典》第673条及以下);十一、发明专利无效或时效之诉,以及涉及发明专利所有权、伪造发明专利及不正当竞争相关问题等各项争议的诉讼(1968年1月2日的法律第52条、第54条);十二、涉及制造商标及竞争商标的民事诉讼(1964年12月31日的法律第24条);十三、涉及工业奖励的诉讼(1912年8月8日的法律第6条);十四、涉及原产地品名的诉讼(1919年5月6日的法律第2条);十五、社团解散之诉(1901年7月1日的法律第7条);十六、非商人私法法人的财产清算与司法重整(1967年7月13日第67—563号法律第5号);十七、暂时中止对私法上某些非商事法人所提起的追诉(1967年9月23日第67—119号法令第18条);十八、与农业非雇佣劳动者职业事故保险及职业病保险相关的争议(1969年2月1日第69—119号法令第18条);十九、《税收总法典》所规定的情况及条件下的税收争议案件。"请参见施鹏鹏译,金邦贵校:《法国法院组织法典》,载陈刚主编:《比较民事诉讼法》(2004—2005年卷),中国人民大学出版社2006年版。

通知行为的性质有所不同,即具有司法的属性,因而在法国民事诉讼上,虽然传唤是当事人委托法院执达员实施的行为,但是这种传唤行为在性质上不仅是当事人的诉讼行为,也是兼有司法性质的行为。①

在程序上,法国民事诉讼中的传唤状不是由原告直接向法院递交的,而是先由原告向法院执达员递交,然后由法院执达员向被告送达传唤状。执达员向被告送达传唤状后,原告还需要向法院提交传唤状的副本。

根据法国《新民事诉讼法典》第56条中的有关法律规定,传唤状应当记载以下内容,否则无效。

第一,注明受理诉讼的法院。即指出已经向哪一个法院提起诉讼。这一项内容作为要求,不能仅仅指明法院的类型,如是大审法院还是小审法院,还应当具体到何地的法院。

第二,载明诉讼标的及其理由。

第三,注明在被告不出庭应诉的条件下,法院将依据起诉方所提供的材料作出判决。

第四,特殊情况下,指明在不动产公告栏公告时所要求对不动产有关问题的说明事项。

第五,诉讼请求所依据的有关文书及其材料。

上述有关内容作为传唤状所必须具备的法定要求,仅仅是对传唤状的一般要求,换言之,对于不同类型法院的诉讼而言在传唤状的内容上还有不同的要求。例如按照法国《新民事诉讼法典》第751条的规定,在大审法院的传唤状中除另有规定外②,还需要注明原告已经委托的律师以及被告应当委托律师的期限。按照法国《新民事诉讼法典》第836条的规定,小审法院的传唤状除上述内容外,还应包括以下两个方面的内容:第一,如果尚未试行和解,那么为试行和解而开庭的地点、日期与时间,有关的场合,以及已经判决的理由;第二,如果原告的居住地在国外,其在法国选定住所的人的姓名与地址。③

其二,当事人向法院书记室提交共同诉状(合并请求书)提起的诉讼。

---

① 张卫平、陈刚:《法国民事诉讼法导论》,中国政法大学出版社1997年版,第103页;罗结珍译:《法国新民事诉讼法典》,中国法制出版社1999年版,第14页注释②。

② 另有规定,指的是亲权丧失(《法国新民事诉讼法典》第1203条规定)、商事租赁(1953年9月30日第53—960号法令第29条规定)、海关(《海关法典》第367条规定)、公有财产(《国家公有财产法典》第162条规定)、税收争议(《税收程序手册》第202条规定)所涉及的案件。

③ 罗结珍译:《法国新民事诉讼法典》,中国法制出版社1999年版,第173页。

第二章　法国民事诉讼立案受理制度

所谓当事人向法院书记室提交共同诉状提起的诉讼，指的是当事人双方共同向法院提交请求审理与裁决争议的起诉行为与起诉方式。这种起诉方式与其他起诉方式最大的差异在于，它不是一方当事人提起的诉讼，而是双方当事人共同向法院提起的诉讼。这里所谓的共同诉状，指的是诸个当事人用来向法院提出各自的诉讼请求，阐释当事人之间具有争议的问题，以及各自所依据理由的共同书状。①

根据法国《新民事诉讼法典》第 58 条关于"在依第 12 条之规定赋予当事人以权利时，如当事人在争议产生后尚未依此而为，则可以在共同诉状中嘱托法官作为调解人对争议作出裁判，或者在共同诉状中以其拟限制辩论的定性及法律争点约束法官"的规定，这种颇具特色且不同于其他提起诉讼的方式，实际上是类似于提起仲裁的一种诉讼方式。

这种起诉方式由于不是由一方当事人单独提起，而是双方当事人共同提起的，且提出了当事人之间争议的问题、各自的诉讼请求以及各自的诉讼理由，不仅明确了争议的焦点也限定了裁判需要查明的范围，因而在大多数案件中对于审理的法官而言，易于明确双方争议的焦点，限定争议的范围，缩短诉讼时间，减少审判资源的耗费。

按照法国《新民事诉讼法典》第 58 条有关共同诉状应当记载以下内容，否则该共同诉状无效的规定，共同诉状需要记载以下内容。

第一，对于自然人而言，共同诉状应当包括诸申请人的姓名、职业、住所、国籍、出生日期及出生地点；对于法人而言，共同诉状应当包括其法律形式、名称、总机构住所地、法定代表机关。

第二，指出具体是向哪一个法院提出诉讼请求。

第三，特别情况下，需要指明在不动产公告栏进行公告时所要求的对于不动产的说明事项。

第四，诉讼请求所依据的有关文书、材料与说明。

第五，日期与诸当事人的签字。

（2）小审法院②的起诉方式与诉讼文书要求

按照法国《新民事诉讼法典》第 829 条、第 847—1 条的规定，法国小审法

---

① 罗结珍译：《法国新民事诉讼法典》，中国法制出版社 1999 年版，第 15 页。

② 小审法院是法国审理民事案件的初审法院，只受理 5 万法郎以下的民事案件，对于诉讼请求标的额在 2.5 法郎以下的案件可以作出终审判决，对于诉讼请求标的额高于 2.5 万~5 万法郎的案件只能作出可以上诉的判决。请参见［法］洛伊克·卡迪耶：《法国民事司法法》，杨艺宁译，中国政法大学出版社 2010 年版，第 180 页。

院的起诉包括四种方式：第一，当事人向法院的书记室提出试行和解的请求来提起诉讼；第二，当事人通过向法院提交传唤状的方式来提起诉讼；第三，当事人通过向法院书记室提交共同诉状的方式来提起诉讼；第四，在请求的数额不超过初审法院终审管辖权限额的情形下，当事人向法院书记室提交诉之声明提起诉讼。

首先，当事人向法院书记室提出试行和解请求提起诉讼。

当事人通过向法院书记室提出试行和解的请求来提起诉讼，是小审法院中颇具特色的一种提起诉讼的方式。这种提起诉讼方式的特殊性不仅在于当事人提出的是一种预先以试行和解为其基本目的的诉讼请求，以及请求人可以采用口头或者通过采用平信投递的方式向法院提出，而且在这种和解中主持和解的人员可以是法官也可以是"和解人"。

在法国民事诉讼的小审程序中"和解人"不是法官，而是符合由1978年3月20日第78—381号法令规定的人。经指定以后，这些人应当在法律规定的时间内召集当事人进行和解，进行和解的期限为一个月，根据和解人的请求法律上和解的期限可以延长一次，但是和解延长的时间不得超过一个月。和解进行中和解人应当随时向法官报告和解中的情况，在和解受到严重阻碍无法进行的情况下，法国可以依职权终止和解并通知当事人可以重新提请法院受理案件，以进行判决。如果当事人之间实现了和解，要制作笔录，根据法国《新民事诉讼法典》第131条的有关规定，这种条件下和解制作的笔录属于执行凭据，具有执行力。

在法国民事诉讼上，请求法院确认和解协议性质上属于非讼事件。对于命令重新和解或者终止和解的决定，不允许上诉。

其次，当事人向法院提交传唤状而提起诉讼。

按照法国《新民事诉讼法典》第836条的规定，这种提起方式中的传唤状除了必须包括第56条所规定的内容以外，还需要包括以下一些事项。

第一，若根本没有试行和解，则需要写明为试行和解而开庭的地点、日期与时间、相应的场合，已经判决的事由；

第二，如果原告居住地在国外，其在法国选定住所人的姓名与其地址；

第三，书状需要注明当事人可以由他人助理与代理诉讼的条件；

第四，开庭日期。

同时，传唤状至少应当在开庭之日前15日提交；传唤状副本最迟应在开庭之日前8日送交法院。

小审法院依据一方当事人或者另一方当事人主动自行向法院书记室递交

传唤状副本而受理案件。

然后,当事人向法院书记室提交共同诉状提起诉讼。

这种提起诉讼的方式包括两种形式:①各方当事人向法官提交一份陈述诉讼请求的共同诉状;②双方当事人自愿前往法官前提起诉讼。在前一种方式中,共同诉状应当符合法国《新民事诉讼法典》第 57 条的规定,并包括该条所列举的事项。在后一种方式中,双方当事人要共同签署一份确认他们具有共同提起诉讼意愿的笔录。

最后,当事人向法院书记室提交声明提起诉讼。

这种提起诉讼的方式按照法国《新民事诉讼法典》第 847—1 条的规定,仅限于当事人的请求数额不超过初审法院终审管辖权限额的情况。对于这种起诉方式,书记室应当对声明进行登记,法院通过当事人向书记室提交的诉之声明而受理案件。

这里的诉之声明除了应当注明各方当事人的姓名、职业、地址,或者法人的名称与总部所在地以及诉讼请求的标的外,还应当对于诉讼理由作出简要的说明。

(3)商事法院①的起诉方式与诉讼文书要求

商事法院的起诉,按照法国《新民事诉讼法典》第 859 条有关各方当事人均可以以共同诉状的方式陈述其诉讼请求,当事人也可以采用自愿出庭的方式,以提请法院对其诉讼请求作出裁判的规定,以及第 860 条有关法院依据当事人递交的共同诉状受理案件,或者根据签署确认当事人自行出庭、提请对其诉讼请求作出判决的笔录而受理案件的规定。② 在起诉方式上,当事人可以通过向法院提交传唤状提起诉讼,当事人也可以共同向法院提交诉状提起诉讼,当事人还可以采用自愿出庭的方式提起诉讼。在传唤状与诉状的事项与内容上,要满足法律的要求以及符合法定的格式,同时,商事程序作为"以尽量简化手续为目的的程序"③,当事人可以自行辩护,在选任诉讼助理人与诉讼代理人上享有完全的自由,在紧急情况下,经院长批准,出庭时间、当事人向法

---

① 商事法院是法国专门审理商人之间有关商事行为的法院,按照法国《法院组织法典》第 411—4 条的规定,商事法院审理的案件包括:(1)商人之间、信贷机构之间或商人与信贷机构之间的合同纠纷;(2)商事公司之间的纠纷;(3)个人商事行为的纠纷;(4)商人与非商人签名的本票纠纷。

② 罗结珍译:《法国新民事诉讼法典》,中国法制出版社 1999 年版,第 180 页。

③ [法]让·文森、塞尔日·金沙尔:《法国民事诉讼法要义》(下册),罗结珍译,中国法制出版社 2001 年版,第 873 页。

院书记室送交传唤状的期限可以缩短。

(4)劳资纠纷调解法庭的起诉方式与诉讼文书要求

法国民事诉讼中的劳资纠纷调解法庭,作为专门解决劳资纠纷的司法机构,其诉讼程序除应当遵守法国《新民事诉讼法典》的一般规则外,鉴于解决纠纷的特殊性,不仅其诉讼程序的设置具有不同于其他程序的特点,其起诉方式也有所不同。按照法国《新民事诉讼法典》第 R516—8 条的规定,起诉有两种方式:①当事人向法院书记室提交诉讼请求提起诉讼;②各方当事人自愿前往调解法庭提出诉讼请求。

按照法国《新民事诉讼法典》第 R516—1 条的规定,相同当事人之间因为劳动合同关系产生的所有诉讼请求,无论提出的人是原告人还是被告人,都应当在同一个诉讼中提出,但是,诉讼请求的依据如果是在劳资纠纷调解法庭受理诉讼请求以后发生或者发现的,不受此限。

按照法国《新民事诉讼法典》第 R516—8 条至第 R516—12 条的规定,当事人的诉讼请求应当向劳资纠纷调解法庭的书记室提出,诉讼请求也可以采用寄送挂号信的方式向书记室提交。提出的诉讼请求应当包括各方当事人的姓名、职业与地址以及所提请求的主要争点。

同时鉴于劳资纠纷调解法庭解决纠纷的特殊性,对于劳资纠纷调解法庭而言,当事人不能采用向法院书记室提交传唤状或者提交共同诉状(合并请求书)的方式来提起诉讼。

(二)受理

法规民事诉讼上的受理作为法院对当事人起诉以及诉讼请求的接受,从制度构造的角度上看,包括了以下一些内容。

1.案件的受理机构

法国民事案件的受理机构是法院的书记室,法国所有司法审判机构(包括刑事审判机构)都设置有书记室。民事诉讼案件材料的受理由书记室的书记官负责。书记室是民事司法机构中不可或缺的行政机构,书记官在诉讼中的行为具有公共权力的性质,其在司法及其诉讼中的地位由法国法院组织法规定。但是,法院的书记室在性质上不是法院的司法审判机构,书记官也不是司法审判人员。书记官的身份因法院的性质不同而有所不同,具体存在以下两种类型。

(1)一般法院的书记官

按照《法国法院组织法典》第 811—1 条有关"最高法院书记室、上诉法院书记室、大审法院书记室、初审法院书记室、仅对刑事案件有管辖权的初审法院书记室以及调解法院书记室,均由国家公务人员组成"①的规定,以及法国《劳动法典》第 512—14 条有关"劳资纠纷调解法庭书记室由国家公务员组成"②的规定,除商事法院以外其他法院书记室的书记官均属于国家公务人员。这些书记官在身份以及权力与职责上虽然不同于负有审判职责的法官,但是也区别于法院中的一般办事员、速记员与勤杂人员。

法国法院书记室的书记官分为主任书记官与一般书记官,主任书记官是书记室的负责人,负责书记室的各项行政事务工作,一般书记官协助主任书记官开展工作。在法国的民事诉讼立案工作中,书记官具体负责的工作包括:审查、接受当事人递交的起诉材料;传唤民事诉讼中的当事人及其相关的证人、制作诉讼中的笔录、起草有关法律文件,向其他法院移送有关的案卷以及有关法律文书的副本,向诉讼中的当事人发送各种有关的诉讼法律文书;负责收取与诉讼程序有关的各种诉讼文书、费用,以及与执行程序有关的法律文书与费用,负责有关诉讼与执行费用数额的审核,向当事人交送收费的审核证明材料;依据有关法律规定,在民事案件的立案登记簿上,登记当事人所提出的诉讼请求、诉状与判决;按照有关登记簿的规定进行分类、存档。对于这些工作,书记官"负有尊重并保证整个工作程序的真实性、保证自己权限内所有文件的真实性的责任"③。

(2)商事法院的书记官

按照《法国法院组织法典》第 821—1 条有关"商事法院的书记室由公务助理人员和司法助理人员组成,他们可以以个人名义、职业民事公司的形式或者以自由置业公司的形式履行职务"④的规定,商事法院的书记官属于公务助理人员或者司法助理人员,性质上不是国家公务人员。

按照《法国法院组织法典》第 821—2 条至第 821—8 条的有关规定:商事法院的书记官在其所任职法院负责人与检察机关的监督下,以私人名义或职业民事公司的形式与名义履行其职务;商事法院书记官的选任、职业条件及其待遇由法令规定;商事法院书记官违反荣誉、廉洁、尊严以及不履行职责等,均

---

① 施鹏鹏译,金邦贵校:《法国法院组织法典》,载陈刚主编:《比较民事诉讼法》(2004—2005 年卷),中国人民大学出版社 2006 年版。

② 施鹏鹏译,金邦贵校:《法国法院组织法典》,载陈刚主编:《比较民事诉讼法》(2004—2005 年卷),中国人民大学出版社 2006 年版。

③ 金邦贵:《法国司法制度》,法律出版社 2008 年版,第 330 页。

④ 施鹏鹏译,金邦贵校:《法国法院组织法典》,陈刚主编:《比较民事诉讼法》(2004—2005 年卷),中国人民大学出版社 2006 年版。

构成职业过错。

当事人将起诉材料提交法院书记室,书记官接受了当事人所递交的诉讼材料之后,从诉讼程序的角度上看即形成了法院对于民事案件的受理,不仅产生相应的法律效果,对法院与当事人在诉讼程序上也产生相应的法律约束力。

2. 形式审查与立案登记

(1) 书记官对当事人提起诉讼材料的审查

法院书记官对当事人提起诉讼材料的审查,指的是对起诉材料格式、内容与记载事项的审查,这种审查的目的在于确定起诉材料在格式、内容与记载的事项上是否完备以及是否符合法律的要求。按照法国《新民事诉讼法典》第56条、第57条的规定,当事人提请法院立案登记的起诉材料在格式、内容与填写的事项上必须符合法律的规定。换言之,如果当事人向法院书记室提交的传唤状、共同诉状以及其他诉讼材料不符合法律规定的格式以及法律要求的内容与事项,则属于无效的诉讼文书。无效的诉讼文书不产生起诉的法律效果,法院书记室也不接受这类起诉材料。换言之,虽然法国民事诉讼上对当事人的起诉采用的是"立案登记制",但是,即便是"立案登记制"仍然要进行审查,只不过这种审查实施的主体不是裁判决断案件争议的法官,而是书记室中仅仅负责案件登记注册的书记官,以及这种审查在性质上与法官对于案件的审查不同,即不是对案件实质性问题的审查,而是一种格式与形式审查。

在法国民事诉讼立案受理中,不符合法律规定的格式以及内容不详、事项不全的起诉材料属于具有瑕疵的起诉材料,书记官审查后有权责令当事人进行补正,不予补正的属于无效诉讼文书,不能启动诉讼程序,法院也不予立案受理。同时,经当事人修改、完善以后的起诉材料可以再次提交。

(2) 书记官责成当事人办理其他相关事项

在法国的民事诉讼立案受理制度中,除了书记官对当事人起诉材料负有审查义务,以及书记官应当对当事人的起诉材料记载的内容、事项以及格式、形式进行审查外,从诉讼程序的角度上看在起诉受理阶段,法国《新民事诉讼法典》对当事人的起诉还作了其他方面的相应要求,这些要求因法院的类型不同而有所不同。按照法国《新民事诉讼法典》第751条、第755条、第756条、第757条的规定,在大审法院的立案受理中,除法律另有规定的以外①,还包括以下一些事项:第一,当事人应当选任律师;第二,双方当事人的律师应当相

---

① "另有规定",这里指的是有关亲权丧失的案件、有关商事租赁的案件、有关海关的案件、有关共同财产的案件、有关税收的案件。——作者注

互转达各自当事人的陈述书及其他有关的材料;第三,被告应当自传唤状之日起 15 日期限内选任律师,且律师一经选任应立即通知原告的律师;第四,送达传唤状副本应当在 4 个月内完成,否则传唤状失效。在小审法院的立案受理中,传唤状至少应当在开庭前 15 日提交;传唤状副本最迟应在开庭之日前 8 日递送。

3. 立案登记

所谓立案登记,指的是法院书记官将符合起诉条件的案件材料及其情况与事项,记录在法院立案登记簿上的行为。按照法国《新民事诉讼法典》第 726 条关于"法院书记室备置本法院受理的所有案件的总登记簿。总登记簿应当记载受理案件的日期、登记号、各当事人的姓名,如有必要,案件分配给了哪一个法庭,所作裁判决定的性质"①的规定,立案登记指的是法院书记官将上述内容与信息记载到法院立案登记簿上的行为。这种行为在法国民事诉讼中属于"一种司法行政手续"②。

在法国民事诉讼的立案受理制度中,按照法国《新民事诉讼法典》第 727 条、第 728 条的规定,法院书记官的立案登记需要完成两个方面的工作:第一,将案件登记注册。即在法院案件登记簿上注明案件的编号、受理日期、当事人的姓名和案件的性质。在法院设有若干法庭的情况下,还应当注明案件由哪一个法庭负责审理。第二,对总登记簿上已经登记的每一个案件建立相关的案卷,在案卷中,除了已经登记的事项以外,还应当注明处理案件法官的姓名、代理以及协助各方当事人的人的姓名。

4. 登记立案的法律效果

所谓法院登记立案以后的法律效果,指的是法院对当事人的起诉进行立案登记,即案件系属与法院以后,在实体与程序上所产生的法律效果。换言之,法院一旦接受当事人的起诉,不仅案件以及有关纠纷的解决即进入了司法管辖的范围,而且,案件及其纠纷在诉讼程序上以及实体法律上还将产生一系列的法律效果。这些法律上的效果对于诉讼中的当事人以及受理案件的法院都具有法律上的约束力。根据法国《新民事诉讼法典》的规定,法国民事诉讼立案受理以后,将产生以下一些法律上的效果。

---

① 罗结珍译:《法国新民事诉讼法典》,中国法制出版社 1999 年版,第 145 页。
② [法]让·文森、塞尔日·金沙尔:《法国民事诉讼法要义》(下册),罗结珍译,中国法制出版社 2001 年版,第 873 页。

（1）诉讼时效的中断

根据法国《新民事诉讼法典》的有关规定，法院的书记官对当事人提出的诉讼声明进行登记以后，诉讼时效因登记而中断。①

（2）法院取得了对案件的管辖权与审判权

所谓法院取得了对案件的管辖权与审判权，指的是法院登记立案后，不仅享有对该案排他的司法管辖以及审判与裁判权，即其他解决纠纷的机构不能再次受理该案，而且立案登记案件的法院也负有对该案件进行审理以及依法作出裁判的责任与义务，即非因法定原因法院不得放弃、拒绝对于该案件的审理及其裁判。

（3）当事人诉讼地位及其诉讼权利与义务确定

法院立案登记以后，不论事实上争议的是什么性质的法律关系，也不论争议双方各自在实体法律关系中的责任及其过错大小，当事人在诉讼中的地位及其诉讼权利与义务因法院的立案登记而确定。即提起诉讼者即为原告，享有原告的诉讼地位及其诉讼权利并承担相应的诉讼义务，被诉者为被告，享有被告的诉讼地位及其相应的诉讼权利并承担相应的诉讼义务。原告与被告双方在诉讼中的地位及其诉讼权利与义务由立案登记而确定。

（4）诉讼时限开始计算

所谓诉讼时限，指的是当事人的起诉受理以后，在法定的两年期间以内不实施法定的诉讼行为，法院有权终止诉讼的制度性规定。这是法国民事诉讼立案受理制度中较为独特的一项规定。按照法国《新民事诉讼法典》第386条的规定："如在两年之中，任何一方当事人均未尽其职责进行诉讼，诉讼因逾进行期间而失效。"②

诉讼时限作为法国民事诉讼中一项很有特色的制度，其目的是促进当事人的诉讼，防止拖延诉讼进程。这种对诉讼的终止，终止的仅仅是法院已经登记受理案件的诉讼程序，而不是当事人的诉权。换言之，诉讼终止以后当事人的诉权并没有因此而消灭，当事人还可以再行起诉。但是，由于诉讼时限所导致的时间损失有可能直接导致实体权利的失效，而实体权利的失效将影响司法对于当事人实体权利的保护。

按照法国《新民事诉讼法典》第393条的规定："因逾期而失效的诉讼，其

---

① 罗结珍译：《法国新民事诉讼法典》（第847—1条第3款），中国法制出版社1999年版，第175页。

② 罗结珍译：《法国新民事诉讼法典》，中国法制出版社1999年版，第79页。

费用由提起该诉讼的当事人负担。"①

(5)原告非经被告同意不得撤回诉讼

鉴于案件的对审性,以及诉讼对于被告的影响,在法国民事诉讼中,原告的起诉一旦被登记立案,非经被告同意不得自行撤回起诉。

(三)立案登记与案件的实质审理

在法国民事诉讼中,虽然当事人的起诉对于诉讼程序的开启以及法院对案件的受理具有十分重要的意义,"但实际上,法官对案件的受理才是诉讼程序的真正开端"②。同时,由于当事人的起诉行为与法院的受理行为并不是同步进行的,即法院的受理行为总是迟于当事人的起诉行为,因此"只有在法官对案件正式予以受理以后,程序法上的一系列效果才会最终产生"③。这就是说,虽然法国民事诉讼在起诉受理上采用的是立案登记制,即只要诉讼中的当事人采用符合法律规定的方式提起诉讼,法院的书记室及其书记官就应当进行立案登记,但是"当事人还是不能仅凭初始诉讼请求而启动诉讼程序,因为初始诉讼请求不能有效地创建诉讼法律关系"④。即对于法国民事诉讼的立案受理制度而言,"需要注意的是,我们不能将当事人启动诉讼程序的行为与司法机构对案件的受理混为一谈"⑤,并非只要当事人提起诉讼,案件就可以直接进入实质性审理。即在法国民事诉讼立案受理制度中,虽然当事人的起诉是启动民事诉讼程序十分重要的一个方面,没有当事人的起诉就没有民事诉讼,但是,仅有当事人的起诉并不意味着就必然启动审理程序以及案件就可以当然地进入实质审理。从诉讼程序的角度上看,在案件进入实际审理以前还存在一个必要的诉讼阶段与程序,这就是法官对案件的审查。换言之,在法国民事诉讼中,虽然当事人起诉只要符合要求法院就应当受理,即对案件进行登记,但是登记的案件是否可以进入法官对案件的实质性审理仍然需要进行审查。即法官对案件事实材料的审查。

---

① 罗结珍译:《法国新民事诉讼法典》,中国法制出版社1999年版,第80页。
② [法]洛伊克·卡迪耶:《法国民事司法法》,杨艺宁译,中国政法大学出版社2010年版,第411页。
③ [法]洛伊克·卡迪耶:《法国民事司法法》,杨艺宁译,中国政法大学出版社2010年版,第412页。
④ [法]洛伊克·卡迪耶:《法国民事司法法》,杨艺宁译,中国政法大学出版社2010年版,第415页。
⑤ [法]洛伊克·卡迪耶:《法国民事司法法》,杨艺宁译,中国政法大学出版社2010年版,第415页。

法官对案件事实材料的审查,指的是法官对案件实质性问题的审查。相对于书记官对当事人起诉材料的审查而言,这是一种完全不同类型以及性质的审查。其差异在于:从诉讼程序的角度上看,这是法院在立案受理以后对已经登记立案案件的审查;从审查主体的角度上看,这是由法官而不是书记官进行的审查;从审查的性质上看,这是法官对案件的实质性审查,不同于立案受理阶段书记官对当事人起诉材料的形式审查。

法国《新民事诉讼法典》第五编第三章以"诉讼不受理"为题,专门设置了5个条文,对法官实质审查的标准、内容与程序作出了规定。按照第122条关于"旨在使法院宣告对方当事人无诉讼权利,诸如无资格、无利益、已完成时效、属于既判事由之原因,其诉讼请求不经实体审查,不予审理的任何理由,均构成诉讼不受理",以及第125条关于"法官可因无诉讼利益、无诉讼资格或存在既判事由而依职权提出诉讼不受理"的规定,法国民事诉讼中法官对于案件的实质审查涉及5个方面的内容,即当事人有无诉讼权利、有无诉讼资格、有无诉讼利益、案件是否已经过了诉讼时效期限、案件是否属于既判事由。

第二节 法国民事诉讼立案受理制度的基本特征及其影响制度构建的基本理论

一、法国民事诉讼立案受理制度的基本特征及其问题

法国民事诉讼立案受理制度作为法国民事司法以及立法实践中不断发展、完善起来的一种诉讼制度,就其基本特征而言不仅具有不同于大陆法系其他国家相应制度的特点,即具有法国民事诉讼立案受理制度自己的特色,而且从有关司法适用的角度上看,某些规定也存在一定程度的问题。

(一)法国民事诉讼立案受理制度的基本特征

1.当事人的程序化

当事人的程序化,指的是在法国的民事诉讼立案受理中,不是从民事实体法律关系的角度而是从诉讼程序的角度来确定以及定义当事人。即在当事人的确定以及认定上,法国民事诉讼不是依据起诉人与被诉人相互之间的实体权利义务关系,也不论起诉人是否享有实质上的实体权利以及被诉人是否应当承担相应的实体义务,只要是向法院提起诉讼声称权益受到了侵害的人,以

第二章 法国民事诉讼立案受理制度

及被诉称侵害了他人权益的人就是民事诉讼中的当事人。

换言之,在法国民事诉讼立案受理制度中,确定当事人的基本标准,不是行为人之间的实体法律关系,而是诉讼程序法律关系。即只要是提起了诉讼以及被人诉称侵害了他人权益的人,就可以成为民事诉讼中的原告人以及被告人,法院依法就应当接受诉请登记立案,当事人也当然享有相应的诉讼地位及其相应的诉讼权利,至于提起诉讼的原告人客观上是否真正享有相应的民事实体权益,以及被告是否真正侵害了原告的民事权益,或者侵害的是否属于原告的权益,与立案受理阶段当事人的认定及其确定无关,也不是立案受理阶段所要解决的问题。从诉讼程序的角度上看,当事人之间的实体法律关系及其权利义务关系属于立案登记以后,案件进入法官实质审理阶段所要解决的问题。申言之,法国民事诉讼立案受理制度中的当事人是程序意义上的当事人。

2.起诉方式的多样化

起诉方式的多样化,指的是相对于大陆法系不少国家单一的起诉方式而言,法国民事诉讼程序立法有关起诉方式与形式的规定具有不同于其他大陆法系国家的多样性。即法国民事诉讼程序立法上除了对当事人向法院递交诉状而提起诉讼的方式作出规定外,还规定了当事人向法院书记室提交声明提起诉讼;当事人向法院的书记室提交传唤状提起诉讼;当事人向法院书记室提交共同诉状提起诉讼等多种起诉方式。法国民事诉讼程序立法在起诉方式上所作出的这些多种类型、形式的起诉方式,不仅有益于适应社会生活中民事纠纷的复杂性,以及纠纷双方的不同情况,而且由于有的起诉在当事人向法院递交传唤状之前就已经在当事人之间展开,因而也有益于当事人之间迅速进入诉讼、节约诉讼资源以及尽快解决纠纷。

同时,法国民事诉讼程序立法中对于当事人起诉方式与形式的这种多重规定,也有利于应对民事纠纷的复杂情况以及适应纠纷解决上的多样性,不仅如此,从当事人的角度上看实际上还赋予了当事人在提起民事诉讼方式与形式上的选择权,即在法律允许这种多重起诉方式的条件下,当事人可以根据自己纠纷的特定情况,以及当事人之间对于纠纷的有关认识,选择对于自己以及相互之间更为有利的方式提起诉讼,从而尽快地解决纠纷。

3.立案受理机构的司法行政化

立案受理机构的司法行政化,指的是从法院内设机构的功能与定位的角度上看,法国民事诉讼立案受理机构——书记室,在性质上属于司法行政机构。司法行政机构,作为负责与司法审判相关的事务性管理以及处理相关事务性问题的机构,虽然与负责审理、裁判的审判庭同为法院的内设机构,但是在机构的性质及其功能定位上却存在很大的差别。其差别不仅表现在立法设置两种不同类型机构的目的不同,即审判庭是为了具体审理裁判纠纷而设的,书记室是为了辅助以及协助案件审理而设的,以及性质上司法审判机构是从事司法审判的组织,而司法行政机构是从事与司法审判相关的事务性管理的组织,而且在功能与权限上,审判机构享有法律赋予的审理裁判纠纷的权力,司法行政管理机构享有的却仅仅是管理以及处理与案件有关事务的权力。

虽然说从保障司法裁判的角度上看,书记室的工作也很重要,正因为如此,法国民事诉讼学理上将书记室称为"司法机构中不可或缺的行政基础组织"[①],但是就其性质与功能的角度而言,书记室性质上却是不同于审判庭的司法行政机构。

4. 立案受理审查形式化

立案受理审查形式化,指的是按照《法国新民事诉讼法典》有关当事人递交的传唤状、共同诉状等起诉材料,如果记载内容不明或者记载事项不全属于无效起诉材料的规定[②],在法国民事诉讼立案受理中,作为负责接受当事人递交起诉材料的书记官仍然要对起诉材料进行审查,以保证起诉材料符合基本的形式条件要求。不过书记官对于当事人递交立案登记材料的审查,即书记官针对起诉材料所涉有关问题的审核、查验,并在查验、核实基础上对是否符合起诉条件与要求的认识与判定,与法官在立案登记以后至实质审理以前对案件的实质审查有所不同。换言之,在法国民事诉讼程序立法上存在两种不同类型与性质的审查:一种是实质性审查;另一种是形式性审查。

在法国民事诉讼立案受理制度中,由于受理民事起诉的机构——书记室,属于司法行政机构,即管理和处理与审判相关事务的机构,以及书记室的书记官作为协助以及辅助法官进行审判活动帮助法官处理与审判有关的事务性工作的人员,均不享有司法审判权,因而书记官对于当事人起诉材料的审查,仅限于对起诉材料本身需要具备的形式条件,即格式、记载事项是否完备以及符合规范的审查,不涉及当事人之间有关事实上以及实质上法律关系的审查,因而法国民事诉讼立案受理中书记官对起诉材料的审查,与法官对当事人之间实体法律关系的审查不同,性质上属于形式性的审查。

---

① [法]洛伊克·卡迪耶:《法国民事司法法》,杨艺宁译,中国政法大学出版社 2010 年版,第 134 页。

② 请参见《法国民事诉讼法典》第 56 条、第 57 条的规定。

第二章　法国民事诉讼立案受理制度

（二）法国民事诉讼立案受理制度的问题

法国民事诉讼立案受理制度虽然在整个构造以及一些程序设置与方式的规定上颇具特色,但是从法国民事司法实践的情况来看也存在相应的问题,其问题主要表现在立法对有关当事人提起诉讼的某些方式规定的实用性上。

在法国民事诉讼立案受理中,允许当事人采用法律规定的多种方式提起诉讼,是法国民事诉讼立案受理制度中的一大特色,立法有关这种多种类、多形式起诉方式的规定,不仅易于适应不同类型民事纠纷的特点以及当事人之间相互关系的复杂性,也赋予了当事人在提起诉讼方式与方法上的选择权。但是,民事诉讼作为当事人之间在自我救济即相互协商、谈判,以及社会救济即借助社会力量均无法解决的条件下,通过提起诉讼即寻求国家司法救济的方式,由国家利用公权力强制介入的方式来解决纠纷,不仅通常是在纠纷双方对立、矛盾已经达到不可调和的条件下不得已选择的纠纷解决方法,而且鉴于纠纷双方各自实体利益上的重大冲突,以及诉讼目的上的重大差异,法国程序立法上规定的某些起诉方式是否实用,以及有多大的实用性就值得研究了。

这里所谓的提起诉讼的某些方式,指的是法国立法有关当事人签署共同诉状提起诉讼以及当事人共同到庭提起诉讼的两种起诉方式。

所谓当事人共同签署诉状提起诉讼,指的是当事人相互之间签署共同诉状并向法院书记室提交共同诉状的起诉方式;所谓当事人共同到庭提起诉讼,指的是争议双方的当事人采用一同到法院书记室的方式提起诉讼。这两种起诉方式虽然在提起诉讼的形式上有所不同,即一个是当事人之间签署共同诉状提起诉讼,一个是当事人共同到庭提起诉讼,但是,就共同表达提起诉讼的意愿,并通过共同请求法院采用民事司法裁判的方式来解决有关纠纷的这一实质问题上,是没有差异的。然而,这两种类似于仲裁的解决纠纷方式,即在解决纠纷的方式上由当事人之间协商一致并提起诉讼的起诉方式,从法国民事诉讼司法实践的情况来看,却很不理想。换言之,这两种起诉方式虽然很有特色,但是从法国民事诉讼司法实务的情况来看,并没有成为当事人提起诉讼的常用方式。按照法国1991年的司法统计,当事人之间采用签署共同诉状以及当事人自愿到庭提起诉讼的案件,不到所有提起诉讼案件的4%。① 为此,

---

① ［法］让·文森、塞尔日·金沙尔:《法国民事诉讼法要义》(上册),罗结珍译,中国法制出版社2001年版,第859页。

法国民事诉讼学理上有观点认为,这两种起诉方式不仅基本"没有产生任何效果"①,而且有关规定也属于法国《新民事诉讼法典》中具有"梦想的部分"②。

二、影响法国民事诉讼立案受理制度的基本理论

诉讼制度作为对诉讼所涉问题的系统化、体系化的程序性规定,不仅是立法者基于一定的目的对有关诉讼方式、方法、程式、顺序以及相关问题的规定,而且从思想主导行为的角度上看,立法者对诉讼制度构建中所涉基本问题的理解、认识、看法、观念及其基本理论思想,客观上也决定了所要构建程序制度的基本类型与特征。换言之,在相同立法目的的条件下主导立法的基本理论思想不同,有关程序制度的设置以及具体程序性规定就有所不同。程序立法作为立法者在特定理论思想的主导下,对诉讼中不同制度、机制、程式、规则与方式、方法的认知、判断、评价、选择和确定,不仅与主导制度构建与立法设置的理论思想存在着直接的联系,而且,任何法律制度的构建及其相应法律规定也无不受制于特定的理论思想。从两者的关系来看,甚至可以说主导程序制度构建的基本理论思想不同,同一类诉讼程序制度的设置及其相应程序性法律规定也就有所不同。

由于任何国家有关程序法律的规定及其制度的设置,都无不与主导程序设置的基本理论思想存在直接的关系,以及受制于特定的理论思想,而诉讼程序制度的构建与主导立法基本理论思想的这种联系,作为各国诉讼法律规定以及程序制度设置都无法背离以及违背的规则,法国民事诉讼立法及其程序制度的构建也概莫能外。从法国民事诉讼立案受理制度及其相应立法规定来看,法国民事诉讼立案受理制度的设置、基本构造以及具体规定,不仅与下述有关理论思想有关,可以说也直接受到下述理论思想的影响。

(一)程序当事人理论

程序当事人理论,指的是从诉讼程序角度来确定当事人的理论。由于这种理论是从诉讼程序即诉讼形式的角度确定当事人的,又被称为形式当事人理论。这种理论观点认为:在当事人进行的民事诉讼中,应当认可所有符合起诉条件有关程序要求的人和应诉的人为当事人,而不论这些人与所主张的利

---

① [法]让·文森、塞尔日·金沙尔:《法国民事诉讼法要义》(上册),罗结珍译,中国法制出版社2001年版,第77页。
② [法]让·文森、塞尔日·金沙尔:《法国民事诉讼法要义》(上册),罗结珍译,中国法制出版社2001年版,第77页。

益是否与案件有关,也不论他们所主张的利益是不是得到了法律的认可。①

这种从诉讼程序的角度来看待以及认定当事人的理论,与所谓实体当事人理论,即从当事人之间实体法律关系的角度来认识以及确定当事人的理论,是存在重大差异的,其最主要的差异就在于两种理论各自有关确定当事人的标准存在较大的差异。程序当事人理论确定当事人的标准,不是双方当事人之间是否已经存在实体法律(利害)关系,而是行为人是否实施了符合法律规定的诉讼程序与条件。换言之,只要是符合诉讼程序规定的程式、条件向法院提出诉讼请求的人,就是民事诉讼中的当事人,法院就应当予以登记立案并赋予当事人诉讼的地位。至于该当事人是否真正享有实体上的权利,在这种理论看来则属于诉讼另一个阶段解决的问题,即立案登记以后案件进行实质审理阶段,由法官进行评价、判断与裁决的问题,而不是立案受理阶段所应当承担的任务以及所要解决的问题。

法国在民事诉讼立案受理程序制度的设置上,对当事人的起诉采用立案登记的受理方式,即只要当事人提起诉讼的行为方式本身符合了民事诉讼规定的方式、程序,并提交了符合法律规定的诉讼文件即可以登记立案的规定,显然与其程序当事人的理论思想存在直接的联系。

(二)诉权理论

诉权是法国民事诉讼中最为重要的一个基本问题,不仅在权利属性上被奉为公民"基本自由意义上的'自由诉诸司法的权利'"②,而且其诉权理论也具有十分丰富的内容。

从权利属性的角度上看,虽然至今法国宪法都没有对"自由诉诸司法的权利",即诉权直接作出规定,但是不论在法国的司法实践上还是理论认识上,这种权利作为公民的一种最为基本的权利都是没有任何异议的。不仅如此,从国家与公民关系的角度上看,公民这种权利的存在,客观上也确定了公民司法救济中国家应当承担的责任,即"国家权力机关必须采取一切措施,确保公民能够切实得到司法救济"③。

从基本内容的角度上看,诉权理论作为法国民事诉讼上有关当事人司法

---

① 常怡:《民事诉讼法学》,中国法制出版社 2008 年版,第 147 页。
② [法]让·文森、塞尔日·金沙尔:《法国民事诉讼法要义》(上册),罗结珍译,中国法制出版社 2001 年版,第 97 页。
③ [法]让·文森、塞尔日·金沙尔:《法国民事诉讼法要义》(上册),罗结珍译,中国法制出版社 2001 年版,第 97 页。

救济的基本学说与理论思想,不仅涉猎广泛,内容也十分丰富。所谓内容丰富不仅指的是法国的诉权理论是有关诉权体系化、系统化的理论,也指的是法国诉权理论是有关诉权的一种富有层次性以及多重含义的理论思想与学说。从法国诉讼理论的内容来看,法国民事诉讼中的诉权包含着以下三种不同层次与意义的诉权。

首先,公民基本自由层面及其意义上的诉权。在法国民事诉讼学理上,所谓基本自由层面及其意义上的诉权,指的是当事人作为国民所享有的一种基本的社会权利,即提起诉讼寻求司法救济的权利。而诉权之所以被视为公民基本自由层面最为基本的权利,不仅是因为这种权利的基本性质"已经得到卢森堡(共同体法院)与斯特拉斯堡(欧洲人权法院)两大欧洲法院的承认"①,以及在法国国内法中"是得到最高行政法院保障,受到宪法委员会保护的权利"②。而且这项权利也是1948年《世界人权宣言》与1966年联合国关于《公民权利与政治权利公约》所确定的权利。③

在法国的社会生活中,由于公民提起诉讼以寻求司法救济的权利,具有基本权利的性质,是法国公民人人享有的一项基本权利,关乎公民的基本自由。因而就这个层面而言,可以说就诉权的适用而言,已经不再依赖于实体权利的存在而存在。换言之,即使当事人没有相应的实体性的权利,法律上也不能剥夺其向法院提起民事诉讼的权利。④ 同时,鉴于这种基本权利的属性与特征,作为国家权力机关的司法机构,不仅不能对其进行限制与剥夺,而且负有切实保障公民实现这一权利的义务。

其次,当事人进行诉讼层面及其意义上的诉权,所谓当事人进行诉讼层面

---

① [法]让·文森、塞尔日·金沙尔:《法国民事诉讼法要义》(上册),罗结珍译,中国法制出版社2001年版,第100页。

② [法]让·文森、塞尔日·金沙尔:《法国民事诉讼法要义》(上册),罗结珍译,中国法制出版社2001年版,第100页。

③ 《世界人权宣言》第8条规定:"任何人当宪法或法律所赋予他的基本权利遭受侵害时,有权由合格的国家法庭对这种侵害行为做有效的补救";联合国《公民权利与政治权利公约》第2条第3款规定:"本公约每一缔约国承担:(1)保证任何一个被侵犯了本公约所承认的权利或自由的人,能得到有效的补救,尽管此种侵犯是以官方资格行事的人所为;(2)保证任何要求此种补救的人能够由合格的司法、行政或立法当局或由国家法律制度规定的任何其他合格当局断定其在这方面的权利,并发展司法补救的可能性;(3)保证合格当局在准予此等补救时,确能付诸实施。"程味秋、[加]杨成、杨宇冠:《联合国人权公约和刑事司法文献汇编》,中国法制出版社2000年版,第82页、第87~88页。

④ 张卫平、陈刚:《法国民事诉讼法导论》,中国政法大学出版社1997年版,第57页。

意义上的诉权,指的是当事人享有的向法院提出某种诉讼主张,由法官听取当事人陈述后,在法官对于案件所涉事实查证的基础上,获得法官对有关这种诉讼主张的实体问题作出裁判的权力。① 当事人享有的这种进行诉讼的权利,作为法国诉权理论中第二个层次以及意义上的权利,是由《法国新民事诉讼法典》所具体规定的诉权,也是法官必须接受当事人陈述以及当事人享有法官须在当事人充分陈述条件下才能进行裁判的权利。按照《法国新民事诉讼法典》第30条有关对于提出某种诉讼请求的当事人,所谓诉权指的是该当事人对该事项请求的实体意见的陈述能够为法官所认真听取,从而便于法官裁判该请求是否有依据的权利的规定,对于其他当事人,诉权则是指辩论有关请求是否享有依据的权利。② 这种意义上的诉权与基本自由层面即寻求司法救济意义上的诉权在类型与意义上是有所不同的,按照《法国新民事诉讼法典》第31条有关对于某项诉讼请求之胜诉或败诉享有合法利益的当事人都享有诉权,但是法律仅仅赋予有资格提出或者攻击某种诉讼主张以及有资格保护某种特定利益的人以诉讼权利的情况,并不受此限定的规定③,这种层次及其意义上的诉权与基本自由层面及其意义上的诉权的差异在于,这种层次与意义诉权的行使受到法律上的限制,即当事人行使这种层次以及意义上的诉权必须具有法定的利益、资格,以及当事人的诉讼请求应当是没有被法院裁判过的事由,而且符合法律有关诉讼时效的规定。

最后,当事人实施诉讼活动层面意义上的诉权,即当事人在诉讼活动中所享有的以自己的行为具体实施各种诉讼行为的权利,诸如:请求、抗辩、证明与承认的权利,这也是诉讼活动中法院有义务保障当事人能够实际实施具体诉讼行为的权利。

由上述法国诉权理论的基本内容来看,法国民事诉讼意义上的诉权,并不等同于或者局限于当事人提起诉讼意义上的起诉权,而是一种多层次、多意义上的诉权,既包括了公民基本自由意义上的权利,也包括了当事人进行诉讼意义上以及具体实施诉讼行为意义上的权利,在这种多层次以及"立体型"诉权理论思想的主导下,从逻辑上看要充分而恰当地保护不同类型、层面以及不同意义上的诉权,富有针对性且分门别类地设置不同的程序机制与制度性规定,

---

① [法]让·文森、塞尔日·金沙尔:《法国民事诉讼法要义》(上册),罗结珍译,中国法制出版社2001年版,第97页。
② 罗结珍译:《法国新民事诉讼法典》,中国法制出版社1999年版,第9页。
③ 罗结珍译:《法国新民事诉讼法典》,中国法制出版社1999年版,第9页。

就成了程序立法的必然选择。

换言之,从程序立法及其程序性法律规定的角度上看,对于当事人基本自由层面意义上的诉权而言,由于这种层面及其意义上的诉权是具有宪法性的基本权利,关乎国民基本自由的保护,因而,不仅在立法上要给予绝对的保护,而且从程序立法上看,在国民寻求司法救济即提起民事诉讼有关制度性规定以及程序性设定中,不能人为地设置障碍以及进行权利限制,即使立法认为有必要对当事人提起诉讼的行为进行审查,也只能是一种形式上的审查。

而对于当事人进行诉讼层面与当事人具体实施诉讼行为层面上的诉权,由于性质上不是一种社会基本自由层面及其意义上的权利,而是当事人具体进行诉讼以及实施诉讼行为的权利。这一层次诉权所涉及的也不仅仅是当事人抽象的权利问题,就纠纷的解决而言,涉及案件的实体法律关系、事实与理由以及当事人对请求的证明程度等诸多具体的法律问题。同时,当事人对具体诉讼行为的实施还涉及法官的诉讼指挥权以及当事人诉讼行为本身是否具备合法性等诸多问题,[1]因而从程序立法及其制度设置的角度上看,立法则需要根据情况进行必要的规制。

由上可见,在法国民事诉讼立案受理制度中,对当事人的起诉权即基本自由意义上寻求司法救济的权利,与当事人进行诉讼以及当事人实施诉讼行为的权利,采用不同的程序设置以及立法保护与规制方式,显然与其诉权理论及其诉权理论中的层次性学说有关。而且可以说法国民事诉讼立案受理制度的设置及其相应程序性法律规定,实际上也是在这种诉权理论思想的主导下构建的。

(三)诉讼要件理论

在法国民事诉讼学理上,诉讼要件指的是进入实质审理阶段的当事人应当具备的条件。诉讼要件理论作为案件进入实质审理阶段当事人应当具备条件的思想学说,不仅在内容上与诉权理论不同,从诉讼程序的角度上看在诉讼阶段上也存在较大的差异。从内容上看,这一理论涉及的不是当事人诉讼权利方面的问题,而是案件进入实质审理阶段的当事人应当具备什么条件的问题;从诉讼程序的角度上看,这一理论是在当事人登记立案以及案件分配到具体审理法官以后,法官审查、评判案件应否受理以及进入实质审理阶段适用的

---

[1] 所谓诉讼行为的合法性,指的是诉讼中当事人对诉讼权利的实施与行使,应当真实、诚实且符合法律规定。为此,凡是企图通过诉讼获得非法目的的行为都属于应当予以禁止甚至处罚的行为,如恶意诉讼、欺诈诉讼行为等。

理。换言之,在法国民事诉讼中,并非所有登记立案的案件都可以由法官直接进行审判,即法官在对案件着手进行审理以前,首先需要对案件以及当事人是否具备必要的审理裁判条件,做具有实质性质的审查,从这个角度上看,法国民事诉讼中的诉讼要件理论实际上就是有关案件的实质审查理论。

在法国民事诉讼中,诉讼条件理论即实质审查理论,主要涉及四个方面的内容:第一,当事人是否享有可以主张的权利;第二,当事人是否享有诉讼"利益";第三,当事人是否享有诉讼"资格";第四,当事人是否具有"能力"。

1. 当事人是否享有可以主张的权利

当事人是否享有可以主张的权利,在逻辑上首先指的是当事人是否依法享有与诉讼相关的权利,即只有当事人依法享有的权利才是当事人可以主张的权利。换言之,虽然从国家与公民关系的角度上看,当事人有权要求国家司法救济,以及国家有责任对当事人进行司法救济,但是鉴于民事诉讼私权救济的特征,国家对民事诉讼中的当事人进行司法救济的前提条件,必须是该当事人依法享有与诉讼请求相关的权利,不享有与诉请相关权利的当事人不具备司法救济的必要条件。

在法国民事诉讼理论中,当事人可以提出的权利受到两个方面的限制:首先,这种权利应当是当事人自身享有的权利,即非当事人自身依法享有的权利不属于当事人可以提出的权利;其次,这种权利应当是合法的权利,非法的权利不受法律保护,也不属于可以提出司法救济的权利。①

当事人享有法定权利即具有可以主张的权利,作为法国诉讼条件中需要具备的第一个条件,是所有条件中的基础性条件,其他条件不仅以这一条件为基础,也都与当事人在法律上享有的特定权利存在直接的联系。

2. 当事人是否享有诉讼"利益"

诉讼"利益",按照法国民事诉讼学界上的观点,指的是诉讼对于当事人而言,能够为该当事人带来的好处、效能或者是惠益。② 即当事人通过诉讼能够

---

① 在法国民事司法救济中,对于哪些是合法的权利以及哪些是非法的权利,通常是采用司法判例的方式来确定的。在法国司法实践中,最高司法法院曾经就一起因姘妇就其姘夫交通事故死亡而提起的损害赔偿诉讼,作出过驳回诉讼请求的裁定。驳回的依据就是姘妇就其姘夫死亡的损害赔偿请求不享有法律保护的合法利益。[法]让·文森、塞尔日·金沙尔:《法国民事诉讼法要义》(上册),罗结珍译,中国法制出版社2001年版,第14页。

② [法]洛伊克·卡迪耶:《法国民事司法法》,杨艺宁译,中国政法大学出版社2010年版,第299页。

获得属于自己以及有利于自身的各种权利与利益。由于民事司法救济是国家动用公权力对当事人私权的救济,这种救济不仅要损耗大量的司法资源,而且鉴于司法机构的公权性与公共资源的有限性以及救济对象的私权性,客观上也决定了这种救济应当是有效地保护当事人诉讼利益的行为。换言之,从司法救济的角度上看"没有一定的利益,也就没有必要对其进行是否正当或合法性的评价,如果实际中存在这样的争议,也是没有任何意义的争议,法院也不会对此作出判断"[①]。为此,当事人享有诉讼利益不仅是司法救济正当性与合理性的依据,也是案件进入实质审理的必要条件。

按照法国诉讼学理上的观点,诉讼利益就其成立的前提条件而言,首先它是一种应当受到法律保护的利益,而这里所谓受到法律保护的利益,指的是这种利益是能够从法律上进行评价与判断的利益,也指的是这种利益应当是具备法律属性的利益。不具备法律属性且无法从法律上进行评价与判断的利益不属于诉讼利益。其次,诉讼利益应当是当事人合法享有的利益,所谓当事人合法享有的利益,指的是对于当事人而言这种利益的取得与占有,具有法律依据以及符合法律规定,如果当事人诉请所涉及的利益虽然性质上是属于法律上的利益,但是并非当事人合法取得以及占有的利益则不属于当事人合法享有的利益。再次,诉讼利益是现实的以及实际存在的利益。所谓现实的以及实际存在的利益,指的是诉讼利益应当是一种客观存在或者已经产生争议的利益,而不是当事人自我想象或者对当事人而言是将来某一个时间可能获得的利益。最后,诉讼利益是属于当事人个人的利益。所谓属于当事人个人的利益,指的是诉讼利益在性质上是属于当事人个人所拥有的私权利益,而不是他人的或者社会公共的利益。

3.当事人是否享有诉讼"资格"

在法国民事诉讼学理上,当事人的诉讼资格指的是"要求进行诉讼的身份"[②]。换言之,没有这种身份就没有诉讼资格,也就不能进行诉讼以及实施相应的诉讼行为。

在法国民事诉讼活动过程中,作为当事人必要条件的诉讼资格,虽然与当事人的诉讼利益紧密相连,即只要当事人是为了保护自己的私权利益提请诉讼,法律上便享有进行诉讼的资格,但是诉讼资格与诉讼利益还是有所不同

---

① 张卫平、陈刚:《法国民事诉讼法导论》,中国政法大学出版社1997年版,第69页。
② [法]让·文森、塞尔日·金沙尔:《法国民事诉讼法要义》(上册),罗结珍译,中国法制出版社2001年版,第160页。

的。例如在监护人以被监护人的名义提起的诉讼、法人的代表人代表法人提起的诉讼、工会与消费者协会代表工人与广大消费者提起的诉讼中,即使是作为具体提起诉讼的监护人、法人的代表人以及工会与消费者协会并没有诉讼上的直接利益,但是,也享有诉讼的资格。

4.当事人是否享有"能力"

在法国民事诉讼学理上,"凡是涉及诉讼的人,不论是原告还是被告,或是诉讼参加人,都要求具有诉讼能力"①。当事人的"能力"既包括了当事人的权利能力也包括了当事人的行为能力。按照《法国新民事诉讼法》第117条以下的有关事项,构成影响诉讼行为有效性实质上不符合规定:(1)没有实际进行诉讼的能力;(2)无作为一方当事人之权力,或者无作为法人代表或无行为能力人之代表进行诉讼的权力;(3)无作为诉讼当事人之代理人进行诉讼的能力或权力②的规定,当事人的诉讼能力也是当事人进行诉讼以及实施诉讼行为的必要条件。

由上述有关诉讼条件理论的基本内容以及法国民事诉讼立案受理制度的规定来看,法国民事诉讼实际上存在着两种不同类型与性质的审查,即立案登记阶段书记官对当事人起诉材料的形式审查,以及立案登记以后进入实质审理以前法官对案件的实质审查。这两种不同类型以及不同性质的审查,从立法规定来看,不仅具有不同的条件与要求,在程序设置上也分属于不同的诉讼阶段以及由不同的责任主体实施。而法国民事诉讼程序立法上之所以将有关立案登记的审查与案件审理前的审查分为不同的阶段以及不同类型与性质的审查,以及对案件实质审理前的审查做较立案登记审查更为严厉的规定,并从立法上赋予不同审查各自不同的法律效力。从立法指导思想上看,不仅与观念上及其认识上对不同审查性质、任务的认识有关,与其有关诉讼条件的理论思想也存在密切的关系。

---

① [法]让·文森、塞尔日·金沙尔:《法国民事诉讼法要义》(上册),罗结珍译,中国法制出版社2001年版,第508页。

② 罗结珍译:《法国新民事诉讼法典》,中国法制出版社1999年版,第27页。

第三章 德国民事诉讼立案受理制度

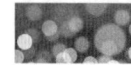

德国民事诉讼制度历史悠久,虽起源于日耳曼法,但又全面继受罗马法,并随着不同时期的法律思想和政治、经济、文化等变革而调整,不断吸收借鉴他国民事诉讼制度的精华,立足本土,不断改造并创新理论与实用合一的民事诉讼制度,体现出旺盛的生命力和适应力,对大陆法系其他国家的民事诉讼制度带来巨大的影响,其《民事诉讼法典》成为多个大陆法系国家民事诉讼法的"母法"。作为德国民事诉讼制度之一的立案受理制度,其历史及现状同样值得高度关注,该制度的设计及原理同样体现了德国民事诉讼法典的"母法"地位。

第一节 德国民事诉讼立案受理的立法与制度构造

一、德国民事诉讼立案受理的历史与发展

德国民事诉讼法制度原本起源于英美法系的源头——日耳曼法,但在发展过程中全面移植了继承罗马法传统的罗马教会法的诉讼体系,形成了德意志普通法民事诉讼法。到18世纪,随着地方权力的发展和审判权的扩大,各邦国掀起了制定独立诉讼法典的热潮,促成了诉讼法与实体法的进一步分离。① 19世纪以来,德国民事诉讼法制度又分别受到法国法和奥地利法的影响,在口头主义与书面主义,非公开审理与公开审理、当事人进行主义与职权

---

① [日]中村英郎:《民事诉讼制度及其理论的法系考察——罗马法系民事诉讼和日耳曼法系民事诉讼》,陈刚、林剑锋译,载陈刚:《比较民事诉讼法(2003年卷)》,中国人民大学出版社2004年版。

第三章 德国民事诉讼立案受理制度

进行主义之间进行了长达数百年的斗争。① 德国的民事诉讼制度也随着这种法律思想的调整与德国不同时期的政治、经济、文化、社会的变化相适应,②其中的立案受理制度的变迁就是这种法律思想不断调整的缩影。

德国的立案登记制度最早可追溯至公元前1世纪之前日耳曼人以血亲氏族为单位的集体农耕时代。当时日耳曼人以部门联盟的形式组成国家,由各部落代表组成的百人大会(Hundertschaft)掌握相当于现代国家的立法、司法和行政权力。当时的法是一种从祖先世代相传维护正义与和平的秩序的习惯法,当这种支配习惯法的权利受到侵害时,受害人就获得了为了恢复正义与和平的秩序提起诉讼的权利。受诉机关为百人大会,原告首先必须传唤被告,以诉讼契约(Streitgedinge)的形式共同向法官申请对此纠纷作出判决。作为法官的百人大会首长只拥有形式上的诉讼指挥权,实质上的裁判权由类似于现代陪审团的自治性的民选团(Autonome Gerichtsaemeinde)行使,判决结果最后由法官来宣告。日耳曼法与罗马书处于同一个时代,后来演化为现代的英美法。③

12、13世纪时,随着经济圈的扩大,部落与部落之间、地域与地域之间民事诉讼制度的差异已完全不能适应经济贸易一体化的需要,亟需一种能共通于日耳曼民族所有部落的民事诉讼法。当时的德意志皇帝为了加强王权而向罗马教皇效忠,接受了神圣罗马皇帝的称号并自称是罗马帝国的后继者,为继受罗马教会法的民事诉讼制度创造了条件。罗马教会法的民事诉讼制度从罗马法继承发展而来,采取由法官全面审理的方式,在诉讼上依然坚持罗马法传统的"有诉才有救济"(ubi ius,ibi remedium)的观念,首先讨论该诉是否具有实体法上的权利。在立案受理制度方面,法官要求原告提交一份包含权利主张的起诉状,对该诉进行审查后发布命令,将被告传唤到庭。④ 此外还有一个特点是坚持口头主义,因此只要求原告在起诉状上列明权利主张,不要求列明

---

① [德]罗森贝克、施瓦布、戈特瓦尔德:《德国民事诉讼法》,李大雪译,中国法制出版社2007年版,第18页。
② 谢怀栻译:《德意志联邦共和国民事诉讼法》,法制出版社2001年版,第4页。
③ [日]中村英郎:《民事诉讼制度及其理论的法系考察——罗马法系民事诉讼和日耳曼法系民事诉讼》,陈刚、林剑锋译,载陈刚:《比较民事诉讼法(2003年卷)》,中国人民大学出版社2004年版。
④ [德]罗森贝克、施瓦布、戈特瓦尔德:《德国民事诉讼法》,李大雪译,中国法制出版社2007年版,第21~22页。

具体事实。1495年,神圣罗马帝国①设立了最高法院,并规定了一套适用于帝国领域内的所有州法院的诉讼规则,该程序大体上继承了罗马教会法的民事诉讼程序。该诉讼规则规定,在起诉、答辩、审理等环节一律采用书面形式。1654年,神圣罗马帝国又颁布了新的帝国敕令,要求原告在提交的起诉状中,必须提供简单明了且客观清晰的关于案件事实的陈述,同时要求被告在第一个期日里针对起诉状中原告的所有权利主张作出明确的答辩,并为抗辩提供担保。至此,德国非公开的、书面审理程序被正式确立下来,与普通法的诉讼程序并行实施,其最大的特点是当事人只能通过向法院递交书面起诉状的方式来启动诉讼程序,且起诉状必须列明诉讼所涉及的所有的权利主张和相应的具体事实,以便于被告逐一进行书面答辩。

19世纪前半期,德国在政治上处于地方分权状态,法律上也出现了分化的状况,除普通法民事诉讼法外,很多州受到法国1806年《民事诉讼法》②的影响,制定了各自独立的民事诉讼法典③。1871年,德国统一为联邦国家,迫切需要统一的司法制度,对统一的程序法的需求比统一的实体法更为迫切。1876年底,德国议会通过了《法院组织法》《民事诉讼法》《刑事诉讼法》和《破产法》四部程序性的法律。1877年《德国民事诉讼法》正式颁布。该法完全抛弃了德意志普通法诉讼程序,吸收了法国法的自由主义思想,采用完全的当事人主义模式,同时规定了强制律师代理制度。该法将诉讼程序分为书面与口头两个阶段,立案受理属于书面阶段。诉讼当事人双方自行交换起诉状与答辩状等诉讼文件。诉讼文件不必通过法院,可以由原告通过直接送达或邮寄送达等多种形式进行。④ 德国也同时加快了实体法统一的进程,1896年颁布

---

① 神圣罗马帝国,全称:德意志民族神圣罗马帝国或日耳曼民族神圣罗马帝国,是962年至1806年地跨西欧和中欧的封建君主制帝国,版图以日耳曼尼亚为核心,包括一些周边地区,在巅峰时期包括了意大利王国(原属中法兰克王国)和勃艮第王国还有弗里西亚王国(今低地国家)。

② 法国1806年《民事诉讼法》的基本思想是:公开、口头进行、程序的直接性、言词辩论一体化、取消同时提出主义,保持法院的外部诉讼推动尽可能限于裁判行为,在由法院负责的法律评价和当事人负责的事实调查之间进行严格分工。李大雪:《德国民事诉讼法的百年嬗变》,黑龙江教育出版社2009年版,第2页。

③ 统一前的德国有4个王国、6个大公国、5个公国、7个亲王国和3个自由城市。制定了新的民事诉讼法的邦国主要有汉诺威和不伦瑞克(1850年)、奥尔登堡(1857年)、卢卑克(1862年)、巴登(1864年)、符腾堡(1868年)和巴伐利亚(1869年)。[德]罗森贝克、施瓦布、戈特瓦尔德:《德国民事诉讼法》,李大雪译,中国法制出版社2007年版,第29页。

④ 沈达明:《比较民事诉讼法初论》,中国法制出版社2002年版,第395~396页。

了《德国民法典》,次年又颁布了《德国商法典》。为了保持与两部实体法的一致性,1898年对《德国民事诉讼法》进行了第一次全面修订。但《德国民事诉讼法》过分的口头主义原则使程序过于烦冗复杂,完全当事人主义使诉讼进程一再受阻,诉讼迟延的情况越来越严重,因此改革的呼声日渐高涨。①

受1895年颁布的《奥地利民事诉讼法》②的影响,《德国民事诉讼法》近百年来以简化和加速诉讼进程为目标,由法国法的自由主义诉讼模式向奥地利法的协同主义的诉讼模式方向改革。③ 例如:1909年的修订借鉴《奥地利民事诉讼法》,引入职权进行主义,由法官决定诉讼程序的进展,规定了法官的准备义务和释明义务,开始强化法官的积极角色。1924年的埃明格尔修订依然以《奥地利民事诉讼法》为蓝本,确立了《德国民事诉讼法》第136条赋予法官的诉讼指挥权④。1933年在有关修订过程中,大量移植了《奥地利民事诉讼法》的有关内容,确立了当事人的真实义务和法官可依职权向当事人讯问的原则,并进一步强化法官的诉讼指挥权。1976年的《简化修订法》通过对审前程序的重大修改,进一步强化了集中审理原则,规定法官可以选择适用先期首次期日程序或书面准备程序,或交叉适用这两种程序,作为主期日口头辩论程序的准备程序。2001年的民事司法改革鼓励当事人使用庭外调解等替代性纠纷解决机制,在口头辩论前引入强制和解辩论,明确合议庭与独任法官的功能区分,进一步提升独任法官作用。2012年颁布了《调解法》,强化了调解程序的适用以及调解协议的效力。⑤ 在简化和加速诉讼进程的百年趋势下,受当事

---

① 李大雪:《德国民事诉讼法的百年嬗变》,黑龙江教育出版社2009年版,第6页。

② 1895年《奥地利民事诉讼法》注重诉讼的福利功能和经济功能,强调"当事人主导——法官权力"、"口头原则——书面原则"、"直接原则——间接原则"的有机调和,并且强调法官在控制诉讼活动中的职权。李大雪:《德国民事诉讼法的百年嬗变》,黑龙江教育出版社2009年版,第6页。

③ 赵秀举:《德国民事审判程序的改革及借鉴》,载《人民法院报》2015年6月19日,第8版。

④ 德国现行《民事诉讼法》第136条规定了审判长的诉讼指挥权:(1)审判长命令开始言词辩论并指挥其进行。(2)审判长可以准许发言,并可以禁止不服从其命令的人发言。(3)审判长应注意使案件得到充分的讨论并使辩论能持续进行,直至终结;必要时,为继续言词辩论,应即时决定下次开庭时间。(4)法院认为案件已得到充分讨论时,审判长结束言词辩论,并宣示法院的判决和裁定。丁启明译:《德国民事诉讼法》,厦门大学出版社2016年版,第35页。

⑤ 丁启明译:《德国民事诉讼法》,厦门大学出版社2016年版,译者前言部分第11~15页。

人的真实义务和诉讼促进义务的影响,德国的民事诉讼立案受理制度也发生了极大的变革,例如起诉状的送达由当事人送达修改为由法院依职权送达,起诉状的内容强化了明确的诉讼请求和事实理由的要求,扩大了初级法院独任法官的受案范围等。

二、德国民事诉讼立案受理制度的基本构造

日本学者中村英郎对德国民事诉讼制度有过深入的研究,他认为以德国为代表的大陆法系国家现代民事诉讼过程分为三个阶段:即立案受理阶段、诉讼审理阶段和本案审理阶段。立案受理阶段的主要任务是解决诉讼是否适法提起的问题,只有适法提起的诉讼才能发生诉讼系属并进入下一个阶段。使诉讼适法提起的要件被称为"起诉要件"[①]。德国民事诉讼立案受理制度就是以"诉讼是否适法"为中心设计的,包括起诉、受理和送达三个环节。原告向法院递交起诉状开启诉讼程序,起诉状首先到达收信处(Briefannahmestelle),在那里被加盖"到达印章"(Eingangsstempel),以此记录起诉状到达的日期和附件的数量。若是电子文档形式的起诉状,则由法院以特定设备记录,然后,起诉状从收信处到达法院的书记处(Geschaftsstelle),由书记官(Urkundsbeamte)受领当事人的起诉状。书记官将符合格式化要求的起诉状通过案件分配系统呈交给主审法官,法官对起诉状进行审查后,进行相关准备工作,然后再将起诉状副本交书记官送达给被告。[②]

(一)起诉

1.诉讼途径

起诉应当向有管辖权的法院提出。根据德国《基本法》和《法院组织法》的有关规定,德国法院组织系统包括有:普通法院、行政法院、社会法院、劳动法院、税务法院和宪法法院。除宪法法院外,其他5套法院组织系统相互平行。其中对民事案件有管辖权的为普通法院,原告只能向普通法院提起民事诉讼,否则诉讼途径不合法。[③] 普通法院从下到上分为4个等级,这些不同等级的法院包括:初级法院、州法院、州高等法院、联邦法院。在这些不同等级与层次的法院中,初级法院是最低一级的初审法院,其受理案件的标的额是5000欧

---

① [日]中村英郎:《新民事诉讼法讲义》,法律出版社2001年版,第152页。

② [德]汉斯—约阿希姆·穆泽拉克:《德国民事诉讼法基础教程》,周翠译,中国政法大学出版社2005年版,第44~47页。

③ 沈达明:《比较民事诉讼法初论》,中国法制出版社2002年版,第157~158页。

元以下的民事纠纷；州法院审理的是初级法院的上诉案件，以及相对于初审法院标的额较大的民事纠纷案件，是普通法院体系中受理案件数量最大的法院；州高等法院审理的是经过二审的再审案件、州法院受理与审理的是上诉案件和特别重大的一审案件；联邦最高法院受理的案件是当事人不服州高等法院判决的上诉案件。① 关于诉讼具体向初级法院还是州法院提起，规定在《法院组织法》第 23 条、第 23a 条和第 71 条中：如果纠纷不涉及争议的金额，那么根据不同情形分别按照《法院组织法》第 23 条第 2 项、第 23a 条向初级法院提起，或按照《法院组织法》第 71 条第 2 款向州法院提起；如果纠纷按照内容与当事人的诉求不涉及争议的金额，或者争议金额在 5000 欧元以下（含）的诉讼向初级法院提起，如果当事人争议的金额在 5000 欧元以上的诉讼向州法院提起②（《法院组织法》第 23 条第 1 款）。

诉讼涉及商事纠纷时，如果是向州法院提起的，州法院给当事人自主选择是由商事法庭还是普通民事法庭审理的权利。如果当事人不特别提出由商事法庭审理，那么法院默认为该商事案件由普通民事法庭审理。《法院组织法》第 94 条规定商事法庭只对商事案件具有管辖权，第 95 条规定了哪些案件属于商事案件，第 96 条规定了原告将商事案件交商事法庭审判的前提是必须在起诉状中提出申请，如果起诉状的受诉法院名称中出现了商事法庭则视为提出了这样的申请。如果没有提出申请，商事案件一律由普通民事法庭进行审理和裁判。③ 德国对商事法庭如此规定的原因在于，一是商事案件的事实认定需要专业的商业知识和经验，因此在商事知识和经验方面，商事法庭的法官组比普通民事法庭的更专业。根据《法院组织法》第 105 条、第 108 条的规定，商事法庭由一名职业法官作为审判长和两名荣誉法官作为陪审员组成。荣誉法官通常为工商业协会享有盛誉的商业人士，依照工商业协会的建议接受遴选委员会的任命。涉及商业秘密纠纷、专利权属纠纷、不正当竞争纠纷、商标权属纠纷等相关领域的专业问题，由于职业法官常常不具备相关的专业知识，因而在认定事实和法律解释方面常常遇到困难。有丰富商业经验的荣誉法官作为陪审法官审理案件，能够弥补职业法官专业知识的不足。④ 为了保障商

---

① 邵建东：《德国司法制度》，厦门大学出版社 2010 年版，第 39～40 页。
② 德国《法院组织法》第 23 条第 1 款。
③ ［德］汉斯—约阿希姆·穆泽拉克：《德国民事诉讼法基础教程》，周翠译，中国政法大学出版社 2005 年版，第 35 页。
④ 牛建华、刘峥、雷鸿：《德国"荣誉法官"制度评介及其思考》，载《法律适用》2011 年第 12 期。

事法庭荣誉法官的专业性,《法院组织法》就荣誉法官的任职资质作出了详细的规定①。二是经商事庭审理的案件的诉讼费和律师费比民庭审理的案件更贵,因此诉讼成本更高。但是法院将商事案件是否由商事庭审理的选择权交给原告来行使,原告可充分考虑案情复杂程度及胜诉前景后再作理性的决定。

2. 起诉状

德国法院以较为严苛的方式保障起诉状的格式化要求。诉讼程序由原告提交起诉状来启动,起诉状通常由律师起草。向州法院起诉,必须书面递交经由代理律师签名确认的起诉状(第253条第5款,第130条第6款)。在不适用强制律师代理的初级法院,如果原告没有聘请律师,可向书记官口头陈述然后由书记官以规定的格式来记录(第129条、第496条)。②《民事诉讼法》第253条③规定了起诉状的内容,列明了起诉状应当载明的事项(Mussvorschriften),包括:(1)当事人与法院;(2)诉讼请求与诉讼标的;(3)诉前是否经过调解或者其他ADR程序,若没有须说明理由;(4)在法院管辖取决于诉讼标的的价额时,须列明诉讼标的的价额。

首先,起诉状必须包含诉讼请求(Antrag)和事实理由(《德国民事诉讼法》第253条第2款第2项),并且应当简明准确到可以识别的程度。其原因在于:(1)法院受该诉讼请求的拘束,不允许作出超出诉讼请求范围的裁判(第308条第1款第1项),即便出现合法的诉的变更,法院依然受变更后的诉讼请求的拘束;(2)原告通过起诉状载明的诉讼请求和事实理由,告知被告其权

---

① 《法院组织法》第109规定,商事庭陪审员选任的年龄必须为年满30周岁的德国人(刑事、民事陪审员则没有此要求),并且应当是在法院的商事法庭的管辖区内居住或有营业场所,经过注册的商人、股份有限公司的董事、有限责任公司执行业务的股东或者其他法人董事。

② [德]Dagmar Coester-Waltjen & Adrian A.S.Zuckerman:《律师在德国民事诉讼中的角色》,载米夏埃尔·施蒂尔纳:《德国民事诉讼法学文萃》,赵秀举译,中国政法大学出版社2005年版。

③ 《民事诉讼法》第253条:(1)起诉,以书状(诉状)的送达进行。(2)诉状应记明下列各点:①当事人与法院;②提出的请求的标的与原因,以及一定的申请。(3)此外,诉状还应说明:①在提起诉讼前,是否进行调解或适用其他替代性纠纷解决机制,是否存在不采取上述程序的理由;②在法院管辖决定于诉讼标的的价额,而诉讼标的并不是一定的金额时,诉状应记明诉讼标的的价额;③是否有不能将案件交付独任法官的原因。(4)除此之外,关于准备书状的一般规定,也适用于诉状。(5)应当送达的诉状和当事人的其他声明与陈述,都应当用书面提出,并且按照其送达或通知所需要的份数,附具副本提交给法院。电子文档形式的诉状无须提交副本。

利主张及攻击方法,便于被告答辩并进行防御。① (3)便于法院在适用法院管辖、当事人适格、诉之变更、诉讼系属、既判力客观范围等问题上,依据起诉状中记载的诉讼请求与事实理由这两个要素对诉讼标的进行准确的识别,以便依据相关法律规定作出正确的判断。②

关于起诉状中原告对事实理由的陈述应当达至的程度,德国教科书认为,原告不需要在起诉状中陈述诉讼请求所适用的法律规范的所有要件事实,只需要完备地陈述他所主张的诉讼请求所依据的具体事实即可。③ 对具体事实的描述也无须达至充分的说服力的程度,但需要附上一份证明案件主要事实的证据目录以及其他的证据材料(比如病历或诸如交通事故报告的官方文档或代理文件等)。④ 其原因在于:第一,对于事实理由的陈述属于诉的正当性范畴,缺乏诉的理由不会导致诉因不适法而被驳回,而是导致诉讼请求因无理由而被驳回。第二,对于诉的理由的陈述为被告答辩提供了防御的具体目标,有助于双方进一步的辩论。⑤ 第三,起诉状也无须从法律上描述请求权的依据(Anspruchsgrundlage)或陈述法律依据,因为法律假设"法官知法",法官对法律问题应当很精通。⑥ 然而事实并非如此,因此起诉状中常常包含了律师对支持诉讼请求的法律依据的论述。须予明示,对支持原告的证人也须予以识别。⑦

其次,当事人必须在起诉状中明确标明诉讼标的额,之所以必须如此,是因为:(1)当事人诉讼的标的额决定着法院是否拥有管辖权。5000欧元以下(含)诉讼标的额的案件由初级法院专属管辖。(2)方便法院计算诉讼费用。

---

① [德]汉斯—约阿希姆·穆泽拉克:《德国民事诉讼法基础教程》,周翠译,中国政法大学出版社2005年版,第36～37页。

② 关于第(3)点的内容在后文"诉讼标的理论"一节中有更为充分的论述。

③ [德]汉斯—约阿希姆·穆泽拉克:《德国民事诉讼法基础教程》,周翠译,中国政法大学出版社2005年版,第36页。

④ 约翰·H.朗本:《德国民事诉讼程序的优越性》,载米夏埃尔·施蒂尔纳:《德国民事诉讼法学文萃》,赵秀举译,中国政法大学出版社2005年版。

⑤ [德]汉斯—约阿希姆·穆泽拉克:《德国民事诉讼法基础教程》,周翠译,中国政法大学出版社2005年版,第36页。

⑥ [德]Dagmar Coester-Waltjen & Adrian A.S. Zuckerman:《律师在德国民事诉讼中的角色》,载米夏埃尔·施蒂尔纳:《德国民事诉讼法学文萃》,赵秀举译,中国政法大学出版社2005年版。

⑦ [美]约翰·H.朗本:《德国民事诉讼程序的优越性》,载米夏埃尔·施蒂尔纳:《德国民事诉讼法学文萃》,赵秀举译,中国政法大学出版社2005年版。

但对于请求计算之诉、请求提出财产目录之诉和请求为代替宣誓而提供担保之诉这三种诉讼标的额本身就需要法院审理裁判才能确定的诉讼类型,则允许例外(第254条)。

再次,如果当事人参加过诉前调解,原告应当在起诉状中予以说明。2000年颁布的《德国民事诉讼法施行法》第15a条授权各州可以对3类争议规定诉前强制调解程序。这3类争议是:(1)标的额低于1500德国马克的由地方法院受理的财产争议。(2)《德国民法典》第906条、第910条、第911条、第923条以及《德国民法施行法》第124条规定的不涉及经营活动的邻地争议。(3)未经媒体和广播报道的个人名誉侵害。若州议会通过这样的规定,则该州内的此类争议必须经过州司法管理机构设置或认可的调解机构的调解,调解不成方可向法院起诉,否则法院不予受理。① 《民事诉讼法》第253条第3款第1项是一条准用性规则,即对诉的提起的受理必须考虑2000年《德国民事诉讼法施行法》第15a条的规定以及各州根据此授权所颁布的相关法律规定,以及其他类似的有关诉前强制调解或诉前其他ADR措施的规定。此外该条款还要求原告在起诉状中说明,即使不属于诉前强制调解的争议类型,也应表达其诉前没有进行调解和其他替代性纠纷解决机制的理由。一方面,该规定提醒原告在提起诉讼时审慎考虑调解和其他替代性纠纷解决机制,另一方面也有助于法官评估双方当事人在诉讼中接受调解的可能性。因为诉讼和解不需要证据调查,不需要说明判决理由,有利于减轻法官的业务负担。②

此外,准备书状的一般规定,也适用于起诉状(第253条第4款)。主要包括:(1)签名。如果起诉状通过传真(电传)发送,签名应当显示在副本中;如果起诉状是电子文档,应当载有符合《电子签名法》的电子签名(第130条)。(2)起诉状的副本数量,应满足送达的要求(第133条)。

(二)受理

原告递交起诉状后,由书记处的书记官受领起诉状,经过登记和记录以后,再将起诉状通过法院的案件分配系统将起诉状呈交给主审法官,由主审法官对起诉状进行审查。如果存在以下理由,起诉状将被视为有瑕疵,法院将不予送达,而是责令原告补正,否则驳回起诉。

---

① 章武生、张大海:《论德国的起诉前强制调解制度》,载《法商研究》2004年第6期。
② [德]罗尔夫·施蒂尔纳、阿斯特里德·施塔德勒:《法官的积极角色——司法能动性的实体和程序》,载米夏埃尔·施蒂尔纳:《德国民事诉讼法学文萃》,赵秀举译,中国政法大学出版社2005年版。

第三章 德国民事诉讼立案受理制度

首先,德国法院对起诉状的格式方面的要求很高,在强制律师代理的诉讼中,起诉状必须有代理律师的签名(第130条第6款),以确保起诉状的规范性。考虑到德国的律师因服务瑕疵导致当事人遭受损失的要因此承担损害赔偿责任,起诉状上代理律师的签名相当于为起诉状的规范性提供了瑕疵担保。假如客户强烈要求代理律师在起诉状上写上无关的事实,而律师又没有办法说服他的客户,则律师为了撇清责任往往会在起诉状中注明"我方当事人认为下列事实有着重要价值……",以便将当事人的意见与自己的作出区分。[1] 在不适用强制律师代理的诉讼中,当事人可以口头起诉并由书记官以规定的格式进行记录并签名(第129条、第496条),这种情况下起诉状实质上就是书记官的记录。因此,无论有无律师代理,起诉状在格式上都经过了专业化的处理,以便实现诉的合理形式和适切内容。因此,起诉状是否适法,第一个特征就看起诉状是否有代理律师和书记官的签名。[2]

其次,原告应当按照书记官根据起诉状中列明的标的额所计算的金额缴纳诉讼费,否则法院不会将起诉状送达给被告(《法院组织法》第65条第1款第1项)。假如原告因经济困难既无力缴纳诉讼费用,又无力聘请律师,则可以在向法院提交起诉状的同时申请诉讼费用救助(第117条)。是否批准诉讼费用救助的申请,由司法辅助官决定。《民事诉讼法》第114条规定了批准诉讼费用救助的有关前提条件:(1)寻求司法救助的当事人,根据其人身状况和经济状况无法提供必要的财力;(2)寻求司法救助的当事人没有获得其他援助的可能性,甚至期待其他救助的可能性;(3)有充分的胜诉前景。《德国咨询援助法》则作了更细致的规定,并且强调当事人寻求司法救助不得有恶意[3]。当事人申请了诉讼费用救助的,除非显然属于不符合申请条件的情况,一般情况下,法院不得以原告未缴纳诉讼费用为由拒绝向被告送达起诉状。[4]

再次,如果起诉状包括侮辱性内容或者使用德语之外的其他语言撰写,则

---

[1] Dagmar Coester-Waltjen & Adrian A.S.Zuckerman:《律师在德国民事诉讼中的角色》,载米夏埃尔·施蒂尔纳:《德国民事诉讼法学文萃》,赵秀举译,中国政法大学出版社2005年版。

[2] [德]奥特马·尧厄尼希:《民事诉讼法》,周翠译,法律出版社2003年版,第212页。

[3] 《德国咨询援助法》第1条第1款第3项的有关规定。

[4] 关于德国的诉讼费用救助制度,参见郑志华:《浅谈德国民事法律援助制度》,载《中德法学论坛》2015年第12辑。

不会被送达给被告。(《法院组织法》第 184 条)①

复次,如果起诉途径不合法,也不会被送达给被告。(《法院组织法》第 23 条)

以上四项审查内容实际上构成了起诉要件的内容,原告的起诉没有满足起诉要件时,结果是法院不会将起诉状送达给被告。由于只有送达才发生诉讼系属的效力,因此不满足起诉要件的起诉,不发生诉讼系属的效力。如果法官在立案受理阶段发现存在当事人无诉讼行为能力等不符合诉讼要件的情形,法官不得以此为由拒绝送达。而是需要在诉讼审理阶段予以查明。

诉讼要件与起诉要件有严格的区分。诉讼要件是法院在审理及判断是否认可原告权利主张时必须具备的要件,是作出本案判决的要件。根据法院主动与否,诉讼要件又可分为职权调查事项和抗辩事项。职权调查事项是指即使当事人没有提出主张法院也必须依职权调查的要件。抗辩事项是指只要当事人没有提出主张法院就不能审查的要件。职权调查事项包括了大多数诉讼要件,只有仲裁协议、律师代理权欠缺、提供诉讼费用担保等少数诉讼要件属于抗辩事项。如果欠缺诉讼要件,本案实体争议的审理就失去了必要性,原则上法院会判决通过驳回起诉的方式来排除本案判决。德国学者 Schumann 和 Ekkehard 在他们合编的教材《民事诉讼法考试》中认为,审查诉讼要件时也应当考虑起诉要件,可以依下列顺序进行:(1)起诉状(第 253 条);(2)德国法院的裁判权(《法院组织法》第 18 条—第 20 条);(3)诉讼途径(《法院组织法》第 13 条);(4)国际管辖权、事务管辖权、地域管辖权和职能管辖权(《民事诉讼法》第 12 条—第 40 条,《法院组织法》第 23 条、第 71 条);(5)当事人能力(第 50 条);(6)诉讼能力、法定代理(第 51 条、第 52 条);(7)诉讼实施权限(第 51 条第 1 款);(8)所主张权利的可诉性;(9)不曾诉讼系属(第 261 条第 3 款第 1 项);(10)无已经发生既判力的裁判(第 322 条);(11)权利保护需求(即诉的利益,包括第 256 条第 1 款确认之诉,以及根据《民法典》中关于请求权、形成权的规定而提起的给付之诉和形成之诉);(12)诉讼障碍:律师代理权欠缺(第 88 条第 1 款),诉之撤回(第 269 条第 3 款、第 4 款),有仲裁协议(第 1027 条);

---

① 德国《法院组织法》英文版,http://www.gesetze-im-internet.de/englisch_gvg/englisch_gvg.pdf,下载日期:2016 年 10 月 4 日。

(13)满足特殊的诉讼要件。①

对诉讼要件的审理完全不同于对起诉要件的审理。首先,从诉讼进程的角度来看,法官对诉讼要件的审查是对送达起诉状后发生诉讼系属效力的案件的审查;其次,从审查性质的角度来看,对诉讼要件的审查是对案件的实质性审查,而不是对起诉状的形式审查;再次,从对审构造的角度来看,法官对于诉讼要件的审查必须考虑被告关于诉讼要件有关事实的抗辩,而不是单单考虑原告一方的材料。

(三)送达

主审法官审查起诉要件后认为诉讼适法的,随即根据案件性质和具体情况决定为主期日的口头辩论程序安排先期首次期日程序或书面准备程序作为准备程序。② 关于先期首次期日程序或书面准备程序,法官可以选择适用其一或者交叉适用两种程序。选择先期首次期日程序时,受诉法院的主审法官或主审法官所指定的法院成员向被告送达起诉状时,可要求被告在一定期间内提出书面答辩状,或者要求被告将防御方法通过他所聘任的律师以书状的形式提交给法院。选择书面准备程序时,法院在向被告送达起诉状时应当要求其在两周的不变期间内以书面形式表示是否答辩的意愿,若被告表示答辩则另外为其指定至少两周的书面答辩期间。③ 法官作出选择后,将准备程序的决定随起诉状副本一同交书记官送达给被告。

1.送达的效力

送达将产生诉讼系属的效力。立案登记受理制度的目的就是使适法提起的诉讼发生诉讼系属,诉讼系属主要有以下效力:一是禁止二重起诉(第261条第3款第1项)。对于已经发生诉讼系属的案件在相同当事人之间不能再次向法院起诉。法院应当对作为否定性诉讼前提条件的诉讼系属依职权予以注意。其目的在于防止无谓的费时、费力、费钱的重复诉讼及审理,以及避免

---

① Schumann,Ekkehard,Die ZPO-Klausur,2.Aufl.2002,Rn.226。[德]汉斯—约阿希姆·穆泽拉克:《德国民事诉讼法基础教程》,周翠译,中国政法大学出版社2005年版,第84页。其他德国学者也有类似的阐述,参见刘汉富译:《德国民事诉讼法律与实务》,法律出版社2000年版,第454~456页;[德]罗森贝克、施瓦布、戈特瓦尔德:《德国民事诉讼法》,李大雪译,中国法制出版社2007年版,第677~679页;[德]奥特马·尧厄尼希:《民事诉讼法》,周翠译,法律出版社2003年版,第176~183页。

② [德]汉斯—约阿希姆·穆泽拉克:《德国民事诉讼法基础教程》,周翠译,中国政法大学出版社2005年版,第44~47页。

③ 丁启明译:《德国民事诉讼法》,厦门大学出版社2016年版,第63页注释部分。

法院作出两个可能完全矛盾的裁判。① 但需要注意的是,假如出现了二重起诉,但被告没有主张诉讼系属的抗辩,法院也没有予以职权上的注意,则针对后诉作出的判决并非当然无效,而是可以提起回复原状之诉(再审程序)使后诉判决消灭(第580条第7款)。假如没有提起回复原状之诉,或者回复原状之诉因违反第582条、第586条的规定不合法,前诉作出的具有既判力的判决对后诉判决依然具有优先地位,后诉判决仍然不能获得实质性的既判力,对后诉判决的执行可以通过执行反诉进行防御获得救济。②

二是法院取得恒定的管辖权,不受后续与管辖相关的情况变化的影响(第261条第3款第2项)。对于法律途径而言,一旦发生诉讼系属时该诉是合法的,即使此后因法律发生变化,类似的诉不合法也不会导致该诉不合法。对于地域管辖、事务管辖和国际管辖而言,一旦发生诉讼系属后,即使受理法院在其取得管辖权的前提条件消失或者变更后,也不会随之丧失管辖权。此外,法院受理时本没有管辖权,但在诉讼进行中获得管辖权的,即使此后与管辖相关的情况发生变化,该法院的管辖权仍然保持不变。③

三是限制当事人诉之变更,在诉讼系属产生之后,只有当被告批准或者法院认为有助于诉讼时,诉之变更才会被法院准许(第263条)。诉的变更是起诉状中所提出的诉讼标的的变更。德国法采二分肢说,规定诉讼标的由请求和案件事实确定(第253条第2款第2项)④,并且请求权与诉讼标的是同一概念⑤。请求或者案件事实的任何变更都是诉的变更,都是代替起诉状中的请求权提出新的请求权或者在起诉状的请求权之外提出新的请求权。⑥ 补充或更正事实上或法律上的陈述、扩张或限制关系本案或附属请求的诉讼申请、因事后发生的情事变更而请求其他诉讼标的或利益,以代替原来所请求的诉讼

---

① [德]罗森贝克、施瓦布、戈特瓦尔德:《德国民事诉讼法》,李大雪译,中国法制出版社2007年版,第717页。
② [德]罗森贝克、施瓦布、戈特瓦尔德:《德国民事诉讼法》,李大雪译,中国法制出版社2007年版,第719页。
③ [德]罗森贝克、施瓦布、戈特瓦尔德:《德国民事诉讼法》,李大雪译,中国法制出版社2007年版,第719~720页。
④ [德]罗森贝克、施瓦布、戈特瓦尔德:《德国民事诉讼法》,李大雪译,中国法制出版社2007年版,第671~672页。
⑤ [德]罗森贝克、施瓦布、戈特瓦尔德:《德国民事诉讼法》,李大雪译,中国法制出版社2007年版,第674页。
⑥ [德]罗森贝克、施瓦布、戈特瓦尔德:《德国民事诉讼法》,李大雪译,中国法制出版社2007年版,第722页。

第三章 德国民事诉讼立案受理制度

标的都不应被视为诉之变更(第264条)。当事人的变更以及法院的变更也不是诉的变更。①

四是除了诉讼系属在诉讼上的效力外,还存在实体法上的效力(第262条),具体体现在:(1)消灭时效停止(《民事诉讼法》第267条、《民法典》第204条第1款);(2)取得时效停止(《民法典》第939条);(3)除斥期间中断(如《民法典》第801条第1款第3项、第864条第1款、第977条第2款、第1002条第1款);(4)产生所谓的诉讼利息的请求权(《民法典》第291条);(5)责任加剧(如《民法典》第292条、第818条第4款、第989条、第2023条等情形)。但须注意的是,以上效力仅针对诉讼标的,假如原告只主张部分债权,则诉讼系属在实体法上的效力仅对该部分债权有效。②

2.因送达发生诉讼系属效力的时间点的确定

由于诉讼系属对当事人的程序利益和实体利益均产生重大影响,因此,确定诉讼系属的时间点是德国法上非常重要的问题。德国民事诉讼法关于诉讼系属的时间点问题,主要规定在下列条文之中:(1)起诉,以书状(诉状)的送达进行(第253条第1款规定);(2)诉讼案件于起诉时发生诉讼系属(第261条第1款)。德国学者对此解读为:只有在起诉状送达被告后才发生诉讼系属的效力,一旦发生诉讼系属,其时间点即由送达时回溯至起诉时。③

(1)起诉时的确定。a.一般规定。德国在文书到达的时间点的确定上采到达主义。德国法院设置了书记科(《法院组织法》第153条)专门负责文书送达工作。所有到达法院的纸质书状都会在法院收信处加盖到达印章,印章上标记到达时间。若是以法律允许的电子文档形式递交书状,其到达时间为法院以特定设备记录之时(第131a条第3款)。起诉状适用书状的一般规定(第253条第4款),因此也适用该款规定。加盖到达印章的时间点或者法院以特定设备记录的时间点即为经过认证的起诉状提交给法院的时间点,亦即起诉时。b.起诉状有瑕疵经补正后起诉时间点的确定。起诉状有瑕疵的,例如不符合第253条对起诉状的形式要求的,书记官会要求当事人补正,当事人补正

---

① [德]罗森贝克、施瓦布、戈特瓦尔德:《德国民事诉讼法》,李大雪译,中国法制出版社2007年版,第722页。
② [德]汉斯—约阿希姆·穆泽拉克:《德国民事诉讼法基础教程》,周翠译,中国政法大学出版社2005年版,第78~80页。
③ [德]汉斯—约阿希姆·穆泽拉克:《德国民事诉讼法基础教程》,周翠译,中国政法大学出版社2005年版,第44页。

后符合要求的,以补正的起诉状到达时作为起诉时(第295条)。① c.诉讼中提起的请求送达时间点的确定。如果是在口头辩论中提起的请求,则当即送达,即刻发生诉讼系属的效力(第261条第2款)。

(2)送达时的确定。2001年德国的《改革送达法》对"送达"做了重新定义,按照该法第166条第1款的规定,所谓"送达"指的是:"将书状以该名义所规定的形式告知某人"②,民事诉讼法以此为基础对送达程序进行了重新构建。一是转变送达原则,将此前依当事人要求送达的一般原则改革为一律依职权送达为原则,依当事人要求送达为例外,违反规定将导致送达无效。二是简化送达体系,将法院的书记室(科)作为法院统一的送达机关,只有在法院的书记室(科)无法送达的条件下,才可以由审判长或者审判长委托的法庭成员委任执行员或其他官厅实施送达(第168条第2款)。三是增设送达方式。如规定可以通过附回执的挂号信进行送达(第175条),引入电子送达方式,但必须取得受送达人的明确同意(第174条第3款)。四是扩展了补充送达的范围,取消了在营业场所内送达的营业时间限制,扩展了接收代理人的范围。改革后的送达程序更加简化,操作性更强。③ 根据《民事诉讼法》的规定,起诉状由书记科依职权送达,送达时间也由书记科依职权进行确认(第169条)。直接送达以及邮寄送达均有受送达人签名和日期作为凭据(第173条、第175条)。其中向授权受送达人送达(第171条)、留置送达及留置的补充送达(第179条、第181条)、在住宅、营业场所、机构的补充送达(第178条)、投入信箱的补充送达(第180条)需要规定格式的送达回证作证明。在德国,公告送达并不是送达的例外,它虽然不被认为是一种诉讼告知,但是是对这样一种告知的拟制。④ 公告送达在一定期间⑤届满后即发生送达的拟制效力(第185条、第186条、第187条、第188条)。

(3)撤诉的影响。原告在口头辩论前,可以不经被告同意而撤诉(第269条第1款)。若原告在口头辩论开始后,判决宣告前撤诉,须向被告书面申请

---

① [德]罗森贝克、施瓦布、戈特瓦尔德:《德国民事诉讼法》,李大雪译,中国法制出版社2007年版,第715页。

② 请参见德国《改革送达法》,第166条第1款的规定。

③ 丁启明译:《德国民事诉讼法》,厦门大学出版社2016年版,第43页注释部分。

④ [德]卡尔·海茵茨·施瓦布、彼得·瓦特尔特:《宪法与民事诉讼》,载米夏埃尔·施蒂尔纳:《德国民事诉讼法学文萃》,赵秀举译,中国政法大学出版社2005年版。

⑤ 《德国民事诉讼法》第188条:公告送达中,通告张贴满一个月的,发生送达效力。受诉法院可以规定更长的时间。

并以被告同意为前提(第269条第2款)。一旦诉被撤销,即视为未发生诉讼系属(第269条第3款)。

第二节 德国民事诉讼立案受理制度的基本特征及其影响制度构建的基本理论

一、德国民事诉讼立案受理制度的基本特征及其问题

(一)德国民事诉讼立案受理制度的基本特征

1. 形式审查严格谨慎

德国法院对起诉状的审查是形式审查,不是实质审查。但这种形式审查不只是停留在起诉状在形式上具有规定的要素即可的层面上,它还要求起诉状在内容上通过形式的判断能达到起诉状应有的功能和效果。比如对当事人住址的要求,不仅仅要求填写住址,而且必须是具体的住址,即就形式上而言判断可以实现送达的功能,并不要求实际上是否真正可以实现送达的功能。在起诉状的事实与理由部分,虽然不要求达到说服的程度,但是必须附上一份证明案件主要事实的证据目录,其他的证据材料(比如病历或诸如交通事故报告的官方文档或代理文件等)须予明示,对支持原告的证人也须予以识别。① 形式审查还要求法院不能依职权主动调查起诉状中的事项,对于不符合起诉状格式要求的,只能通过释明的方式要求原告补正。

德国民事诉讼法对起诉状格式的要求是非常具体的。即便在初级法院适用口头起诉的情形,书记员仍要仔细询问原告以便帮助原告正确填写起诉状所要求的所有要素并进行准确的登记。虽然大陆法系许多国家都有类似于《德国民事诉讼法》第253条关于起诉状格式的规定,但是德国法院对起诉状的审查更为严格。如果起诉状的格式不符合规定,书记官会要求原告补正,若原告拒绝补正,则该诉会被驳回。为了督促原告及时补正,《德国民事诉讼法》规定补正时视为起诉时。由于补正是很容易的事情,而且诉被驳回后原告可以寻求上告的救济,实践中原告不进行补正或者书记员滥用权力无缘由地刁

---

① [美]约翰·H.朗本:《德国民事诉讼程序的优越性》,载米夏埃尔·施蒂尔纳:《德国民事诉讼法学文萃》,赵秀举译,中国政法大学出版社2005年版。

难原告的情形几乎不存在,因此对起诉状的严格审查并未限制当事人的诉权。

虽然对起诉状的形式审查极为严格,但是它与诉讼要件的实质审查在性质上是完全不同的,二者在审查方式上亦存在极为明显的区别。法院对起诉条件的审查是形式审查,但对诉讼要件的审查则是实质审查。例如,管辖权、诉讼代理权、不曾诉讼系属、可诉性等要素,在立案受理阶段,因为不属于起诉条件,所以不作审查。但在立案受理后的诉讼审理阶段,法官必须依职权进行深入的调查取证或根据双方当事人的辩论对诉讼要件作进一步的实质性审查。缺少诉讼要件的案件将排除本案判决,避免浪费宝贵的程序资源。法院在查明过程中并不仅仅依靠职权调查,他也依赖于被告的抗辩和申请,以获取更多的线索和依据。

2. 相邻程序衔接自然

德国的立案受理程序与其他相邻程序的衔接非常自然。在立案受理程序中,对起诉状的要求主要体现在:当事人的基本信息、请求以及相应的事实和理由;关于是否参加过诉前调解的说明以及不参加诉前调解的原因。这些要求分别对应了与立案受理程序相邻的送达程序、诉答程序,以及诉前和诉中调解程序。

(1) 送达程序。原告的起诉经过立案受理程序被法院成功受理后就必然启动送达程序。按照《德国民事诉讼法》第 261 条第 1 款和第 167 条的规定,起诉状在送达时发生诉讼系属的效力,该效力回溯至起诉时。一方面,立案受理是送达的前提;另一方面,送达产生诉讼系属的回溯效力使得原告的起诉因诉讼系属进入诉讼审理和本案审理阶段。因此,立案受理程序最大的功能在于促成诉的提起是适法案件的诉讼系属。

(2) 审前准备程序。包括书面准备程序和先期首次期日程序,功能在于证据收集和争点整理。案件立案受理后,主审法官根据起诉状的内容判断案件的类型和审理的难易程度决定适用何种审前准备程序,并随起诉状副本一并将该决定送达被告。无论法官决定适用哪一种审前准备程序,被告都必须对应起诉状中的请求以及事实和理由提交答辩状,并附上证据清单或证人名单,这一点与起诉状的格式要求是一致的。若被告没有进行答辩,则发生答辩失权的效果:在书面准备程序中,法官则应原告的申请对被告作出缺席判决;[1]在先期首次期日程序中,被告则失去提出新的防御方法的机会。为了保障后

---

[1] [德]罗森贝克、施瓦布、戈特瓦尔德:《德国民事诉讼法》,李大雪译,中国法制出版社 2007 年版,第 760 页。

续审前准备程序的进行,在立案受理程序中对起诉状中有关请求以及事实和理由部分的审查尤为重要。之所以要求该部分内容明确、具体,是为了给被告答辩以具体化的目标。从而为审前准备程序打下基础。又因答辩失权制度的约束,原告在起诉状中必须尽可能提供具体的事实和理由,而被告也必须在答辩状中提出周全的防御方法。如果对起诉状请求及事实与理由部分不作具体化要求,那么被告的答辩将无从进行,法官也无法通过审前准备程序进行证据收集和争点整理。当事人负有主张具体化的义务,若当事人的主张未臻具体化,法院将不作为审理对象予以考虑,当事人将遭受因未能尽主张责任导致败诉的不利益。[①]

(3)调解程序。为了完善德国民事诉讼中的调解制度,德国不仅在2001年的民事诉讼改革中明确规定了法定调解制度,而且在口头辩论前又特别增设了和解辩论程序并强调庭外调解(第278条),并于2012年颁布《调解法》,强化了调解程序的适用以及调解协议的效力。[②]《德国民事诉讼法》第253条第3款第1项要求原告在起诉状中对是否参加过诉前调解的说明,固然有方便法院识别原告是否履行了诉前强制调解之义务的功能,但在不适用诉前强制调解的案件类型中,这一说明也有助于法官评估当事人双方接受调解的意愿及达成和解的可能性。该条文特别要求原告在起诉状中说明没有采取调解的原因,更是凸显了这一立法的意图。

3.强制律师代理制度下的诉讼专业化

为了确保司法公正以及程序高效、专业,德国在民事诉讼制度中设立了较为成熟的强制律师代理制度。初级法院[③]以外的所有法院都适用强制律师代理制(第78条)。即便是在德国的初级法院,绝大多数的诉讼案件都有律师代理。虽然,德国初级法院的民事诉讼中并不强制适用律师代理制,但是由于其诉讼程序和州法院基本一致,普通人很难理解和适用德国复杂的实体和程序规则。[④] 有律师代理的诉讼,起诉状必须经原告律师签署后方能提交给法院;没有律师代理的诉讼,采取的是口头起诉的方式,由书记官记录起诉状并签字后才能提交给法院(第129条)。如果需要律师代理,法院在送达时将要求被

---

① 占善刚:《主张的具体化研究》,载《法学研究》2010年第2期。
② 丁启明译:《德国民事诉讼法》,厦门大学出版社2016年版,前言部分第13页。
③ 初级法院审理标的额不超过5000欧元的民事案件(《法院组织法》第23条)。
④ Dagmar Coester-Waltjen & Adrian A.S.Zuckerman:《律师在德国民事诉讼中的角色》,载米夏埃尔·施蒂尔纳:《德国民事诉讼法学文萃》,赵秀举译,中国政法大学出版社2005年版。

告在一定期限内委托律师(第271条第2款、第98条)。

德国律师会因给客户提供有瑕疵的专业服务而承担损害赔偿责任。该责任在本质上是一种合同责任。律师如果建议当事人提起错误的诉讼，将承担因此而付出的费用。律师如果建议当事人夸大请求而产生的对方费用将导致要求律师承担赔偿责任的判决。律师如果因未到庭而导致其当事人承受缺席判决的后果，也会承担相应的责任。由于律师执业疏忽导致赔偿责任的范围相当广泛，因此德国的强制性保险计划要求律师必须参加执业保险。①

如果诉讼中当事人所陈述的事实与理由存在问题，律师应当针对当事人的问题提出相应的建议。如果在这种情况下当事人仍然坚持起诉，律师则有权终止代理协议。如果律师选择继续做当事人的诉讼代理人，那么律师应当告诫当事人，他的起诉可能会因为他的恶意诉讼承担某种侵权法上或缔约过失的责任，并由此承担相应的费用。如果律师认为普遍的法律意见或判例不利于这个案子，他必须通知当事人。否则，他将因违约而对客户承担责任。②

(二)德国民事诉讼立案受理制度的问题

1.专业法院过多导致起诉的复杂化

德国法院组织系统多达6套，包括普通法院、行政法院、社会法院、劳动法院、税务法院和宪法法院，造成多个法院对同一案件可能都有管辖权，各个不同法院系统的立案受理制度也大相径庭，审理规则也并不一致。这导致起诉时常常面对诉讼途径是否适法的困扰。并且，民事案件往往与其他专业法院的判决结果相关，因此程序间的衔接也存在极大的问题，甚至可能因规则不一致导致法律适用的不统一。虽然德国专门设立了"各联邦法院联合法庭"以统一解释和适用联邦法律，保持裁判的统一，但是在起诉途径的选择上，仍需依赖高度专业的律师队伍，尽管有时律师们对此也很困惑。③

2.较低的起诉成本导致立案受理数量的居高不下

德国的诉讼费较低，在欧洲大陆法系国家处于中等水平。法律援助保障也非常到位。并且德国的诉讼保险制度非常发达，约1/5的诉讼费由保险公

---

① Dagmar Coester-Waltjen & Adrian A.S.Zuckerman：《律师在德国民事诉讼中的角色》，载米夏埃尔·施蒂尔纳：《德国民事诉讼法学文萃》，赵秀举译，中国政法大学出版社2005年版。

② Dagmar Coester-Waltjen & Adrian A.S.Zuckerman：《律师在德国民事诉讼中的角色》，载米夏埃尔·施蒂尔纳：《德国民事诉讼法学文萃》，赵秀举译，中国政法大学出版社2005年版。

③ 齐树洁：《德国民事司法改革及其借鉴意义》，载《中国法学》2002年第3期。

第三章 德国民事诉讼立案受理制度

司支付。① 德国的律师费较低,各州都有严格的收费标准。德国律师被定义为司法行政的独立官员,他们不但对当事人负责,也对司法行政系统负责,并且不允许胜诉取酬,另外还必须接受酬劳较低的法律援助任务。② 此外,德国司法制度一直在不断改进和完善中,因此赢得公众很高的信任度。德国民众的法律意识较强,习惯于通过诉讼解决纠纷。这些导致德国的一审的立案受理数始终居高不下。德国近年来致力于 ADR(Alternative Dispute Resolution,意为替代性纠纷解决机制)尤其是调解机制的发展,例如为鼓励律师积极促成当事人的庭外和解,1994 年颁布的《费用修正法》特别规定成功促成和解的律师可在原有律师费的基础上额外收取 50%的和解费。③

二、影响德国民事诉讼立案受理制度的基本理论

(一)诉权理论

1.德国诉权理论的历史演变

诉权(Klagrecht)是大陆法系国家民事诉讼理论中特有的概念,该词来源于罗马法的诉(actio)的制度,在罗马法中是指"通过审判要求获得自己应得之物的权利(Actio nihil aliud est quam ius persequendi iudicio quod sibi debetur)"④。由于诉权理论对于民事诉讼制度的发展具有十分重要的影响,长期以来,诉权理论一直是德国民事诉讼法学界所探讨的基础性课题。

罗马法时代,实体法和诉讼法合二为一,实体法上的请求权与诉权也尚未分化。实体法是一切法律问题的出发点,程序法不受重视,按照现代的分类标准,罗马法时代的诉权实际上既包括了实体法上的请求权也包括了诉讼法上的诉权,具有双重性质。⑤ 受这一概念的影响,当事人是否享有实体法上的请

---

① 关于诉讼成本的比较可参见徐昕:《程序经济的实证与比较分析》,载《比较法研究》2001 年第 4 期。

② [德]Dagmar Coester-Waltjen & Adrian A.S. Zuckerman:《律师在德国民事诉讼中的角色》,载米夏埃尔·施蒂尔纳:《德国民事诉讼法学文萃》,赵秀举译,中国政法大学出版社 2005 年版。

③ 骆永兴:《德国 ADR 的发展及其与英美的比较》,载《中南大学学报(社会科学版)》2013 年第 6 期。

④ [意]彼得罗·彭梵得:《罗马法教科书》,黄风译,中国政法大学出版社 1992 年版,第 85 页。

⑤ [日]中村宗雄:《从诉讼法学立场对实体法学的学术方法及其构造提出的质疑》,载《以自然科学追求规范型民事诉讼理论的再构成》,第 81 页,转引自张家慧:《诉权意义的回复——诉讼法与实体法关系的理论基点》,载《法学评论》2000 年第 2 期。

求权就成了判断当事人是否享有诉权的唯一标准。因此只有符合法律明文规定的、具有实现实体法上请求权的案件才有诉权,有诉权的案件才能提交给法官裁判。虽然罗马法的诉讼程序几经不断的发展与演变①,但是就其基本诉讼形态而言,始终存在着"法律审(in jure)"和"裁判审(in judicio)"两个部分。案件必须经过罗马执政官的法律审确认原告享有实体法上的请求权,才授权罗马法官进行裁判审。在14、15世纪,德国法逐渐开始整体继承罗马法,接受了规范出发型的罗马民事诉讼法。② 德国早期的诉权学说是源于对罗马法"诉(actio)"的解读的私法诉权说(Zivilstische Klagrechtsheorie),以历史学派的萨维尼(Savingy)和温德沙伊德(Windscheid)为代表。该学说认为诉权就是私法上的请求权在审判中的运用和表现,它属于私法上的请求权的一部分,是当事人在诉讼中主张的私法上的请求权的延伸和变体。按照这一诉权理论,诉讼法并没有独立的价值,它只是实现私法的工具。但是,当出现确认之诉和形成之诉时,由于该学说是以私法上的请求权为基础的,因此它无法解释为什么在请求权不存在的情况原告可以提起确认之诉和形成之诉的问题。③

19世纪下半叶,随着法治国家理论和公法学的发展,公法诉权说随之产生。该学说认为,诉权不是一种基于平等民事主体权利义务关系而产生的私法上的权利,而是基于司法机关对平等民事主体权利义务关系发生争议时接受裁判请求以维护受害方权益的一种公法上的权利。公法诉权说使诉权概念从实体法上的请求权概念中独立出来,使民事诉讼法得以独立于实体法成为独立的部门法。该说在19世纪末20世纪初成为德国民事诉讼有关诉权理论的通说。此后,随着公法诉权说的发展,公法诉权说在类型上先后经历了"抽象的公法诉权说"、"具体的公法诉权说"、"本案判决请求权说"、"司法行为请求权说",甚至"诉权否定说"的发展过程。

---

① 罗马法的诉讼程序从最初的法律诉讼程序(Legisaktionen verfahren),先后发展出程式书诉讼程序(Formular verfahren)和非常诉讼程序(Kognitions verfahren)。[日]中村英郎:《民事诉讼制度及其理论的法系考察——罗马法系民事诉讼和日耳曼法系民事诉讼》,陈刚、林剑锋译,载陈刚:《比较民事诉讼法(2003年卷)》,中国人民大学出版社2004年版。

② [日]中村英郎:《民事诉讼制度及其理论的法系考察——罗马法系民事诉讼和日耳曼法系民事诉讼》,陈刚、林剑锋译,载陈刚:《比较民事诉讼法(2003年卷)》,中国人民大学出版社2004年版。

③ [日]兼子一等:《条解民事诉讼法》,弘文堂1986年版,第758页。转引自江伟:《民事诉讼法》,高等教育出版社2007年版,第48页。

2.德国近百年来的通说

德国诉权理论的通说先后经历了"权利保护请求权说"和"司法行为请求权说"两个阶段。前者是德国第二次世界大战前的通说,后者是德国延续至今仍然适用的通说。

权利保护请求权说认为,诉权是一种既针对法院又针对被告请求就一定的具体内容取得胜诉判决的权利。由于这种权利请求的客体是包含具体内容的胜诉判决,因此权利保护请求权说又被称为具体诉权说。该说根据私法权利保护说的诉讼目的论,认为国家既然禁止私力救济,就有义务通过行使裁判权来替代私力救济以保护私权,这种国家义务相对于私人来说就赋予了其相应的要求国家给予其权利保护的请求权。该说提出了诉权要件的概念,该概念包括了"诉讼权利保护要件"和"实体权利保护要件"两个部分。诉讼权利保护要件包括当事人适格要件(主观要件)和诉的利益要件(客观要件),属于诉讼要件。实体权利保护要件主要是根据实体法规范获得胜诉裁判的要件,属于本案要件。权利保护请求权说很清晰地区分了诉讼要件和本案要件,对诉讼审理和本案审理也作了明显的区分,对于诉讼实务很有指导价值。但权力保护请求权说仍有理论缺陷,该说虽然较好地阐释了原告对法院请求裁判的请求权是公权性质,但是无法解释原被告之间的私权关系如何又具有了公权的性质;该说虽然较好地阐释了法院的裁判义务,但是不能解释法院为何有权对自己是否履行该裁判义务作出裁判。①

为克服上述理论缺陷,德国在权利保护请求权的基础上发展出了司法请求权说。该说认为,任何人都有权利要求法院作出司法裁判,这种权利被称为司法请求权。其理论基础来自法治国的理念,其法律基础来自宪法所赋予的给予所有人的私权以司法保护的权利。当事人要求法院对案件进行审理和裁判时,法院必须对该司法请求予以满足,这是法院的义务。法院无正当理由,不得拒绝。若法院违反该义务,则构成对当事人司法请求权的侵害,当事人可向联邦宪法法院寻求法律救济。②

3.德国诉权理论对立案受理制度的影响

基于通说司法请求权说,德国的法官在立案受理阶段对起诉状的审查只能是形式审查,从而使得当事人很容易启动诉讼程序。法官对当事人起诉权

---

① [日]兼子一等:《条解民事诉讼法》,弘文堂1986年版,第759页。转引自江伟:《民事诉讼法》,高等教育出版社2007年版,第47页。

② 张卫平:《民事诉讼法》,法律出版社2016年第4版,第182~183页。

的审查也处于消极和被动的状态。若法官对法院缺乏裁判权等起诉要件只是有疑问而不能完全确定，则不能拒绝送达起诉状，该疑问应通过后续的对审程序予以解决。如果法官发现缺乏诉讼要件，也不得以此为由拒绝送达诉状。①例如在立案受理阶段，主审法官审查起诉状时即使发现当事人无诉讼行为能力等情形，仍需向被告送达起诉状，不同的是，法官须向原告即时指出瑕疵的存在，以便在后续的诉讼审理阶段予以补正。②

德国和法国的立案受理制度有较多不同之处，比如法国的起诉状由当事人自行送达而德国的由法院依职权送达。这与两国诉权理论的不同有很大的关系。根据日本学者中村英郎的研究，罗马教会法几乎同时进入德国和法国。但法国并不处于德国那样王权虽然确立但是法律处于分裂的严重状态，因此法国仅将罗马法作为学术上的研究对象，尽管也将罗马法的个别制度适用于实务上，却并没有整体性地继承罗马法，而是将罗马教会法的诉讼制度与法国习惯法融合成了一套独立的诉讼制度。19世纪初期的拿破仑民事诉讼法就属于这种制度。而德国则几乎完全继承了罗马教会法，尽管仍受传统日耳曼法的影响，却并不明显。因此这种不同的传统使得德国民事诉讼法的职权主义色彩比法国民事诉讼法的要浓厚得多。③

（二）诉讼标的理论

德国是诉讼标的理论的起源地和发展地，先后出现了实体法说（旧说）、诉讼法说（新说）和新实体法说等主要学说，其中诉讼法说（新说）又分为一分肢说和二分肢说。三种学说在适用法院管辖、当事人适格、诉之变更、诉讼系属、既判力客观范围等问题上，至今仍未取得统一的见解。争论的焦点主要在于请求权竞合问题。④

实体法说（旧说）由德国著名法学家赫尔维希（Hellwig）提出。该说将诉讼标的作为诉讼法上的独立概念，与实体法上的请求权进行了区分。该说认

---

① ［德］奥特马·尧厄尼希：《民事诉讼法》，周翠译，法律出版社2003年版，第214页。
② ［德］罗森贝克、施瓦布、戈特瓦尔德：《德国民事诉讼法》，李大雪译，中国法制出版社2007年版，第694页。
③ ［日］中村英郎：《民事诉讼制度及其理论的法系考察——罗马法系民事诉讼和日耳曼法系民事诉讼》，陈刚、林剑锋译，载陈刚：《比较民事诉讼法（2003年卷）》，中国人民大学出版社2004年版。关于日耳曼法系和罗马法系对法国和德国的影响，也可参考中村英郎：《民事诉讼中的罗马法理与日耳曼法理》，载中村宗雄、中村英郎：《诉讼法学方法论——中村民事诉讼理论精要》，陈刚、段文波译，中国法制出版社2009年版。
④ 段厚省：《请求权竞合与诉讼标的研究》，吉林人民出版社2004年版，第3页。

为诉讼标的是原告在诉讼中根据实体法规范提出的具体特定的权利主张。识别诉讼标的应以实体法规范所设定的实体请求权为标准,即每一个实体法规范所设定的实体请求权对应诉讼上的一个诉讼标的。该说对于法院确定裁判对象、双方当事人制定攻击防御策略等极为便利。但该说的缺陷在于,当出现请求权竞合时,即根据实体法规范当同一事实存在多个请求权时,当事人可以反复起诉,这显然极不合理。

针对实体法说的这一缺陷,德国著名法学家罗森贝克(Rozenberg)提出了不以实体请求权为依据的诉讼法说。他主张识别诉讼标的的标准只有事实理由和诉的声明这两个要素,因此该学说又被称为二分肢说,即事实理由和诉的声明这两个要素中任何一个要素为多数,则诉讼标的为多数,任何一个要素变更,则为诉之变更。按照罗氏的二分肢说,当实体请求权发生竞合时,无论实体法上存在多少请求权均不予考虑,只考虑事实理由和诉的声明这两个要素是否一致,如果一致就是同一个诉讼标的。各种教科书所举最常见的案例就是"电车事件"[①],虽然原告因乘车受伤可基于被告的侵权和违约行为而取得两个实体请求权,得向被告请求给付赔偿费用,但是诉的事实理由即作为乘客的原告受伤与诉的声明即请求被告赔偿给付都是一致的,即只有一个诉讼标的。因此该案中,原告只能就其中一个请求权提起诉讼,且在法院判决发生既判力以后,原告不得再以另一个请求权再提起诉讼,否则构成重复起诉。该说解决了实体法学说在发生实体请求权竞合时的不合理现象并且克服了人为地使诉讼复杂化的弊端。但在某些特殊情况下,比如根据买卖和签发票据两个事实提起给付价金的诉之声明时,按照二分肢说的理论,应当是两个诉讼标的,这显然是不合理的。因此为了弥补这一缺陷,德国学者伯特赫尔(Bitticher)和施瓦布(Schwak)提出诉的声明说,即一分肢说。该说认为识别诉讼标的的多寡应剔除事实理由,只根据诉的声明来判断。此后连罗森贝克自己也放弃了二分肢说,改弦易辙支持一分肢说。[②]

由于二分肢说和一分肢说都不考虑实体请求权,只考虑诉讼法上的要素,

---

① "电车事件"是比较经典的案例。原告乘坐电车时,因电车突然刹车,致使原告受伤。就原告坐电车受伤这一具体生活事件,可以从不同的法律规范形成不同的法律关系。原告可以根据侵权法律关系向电车公司请求损害赔偿,也可以根据合同法律关系向电车公司请求违约赔偿。张卫平:《诉讼构架与程式——民事诉讼的法理分析》,清华大学出版社2000年版,第213页。

② 陈荣宗:《民事程序法与诉讼标的理论》,台湾大学法律系法学丛书编辑委员会编,1977年版,第342页。

因此统称为诉讼法说。虽然大多数学者支持诉讼法说,但是也有很多学者批评诉讼法说割裂了诉讼标的与实体法请求权的联系,只能治标不能治本。德国学者尼克逊等人认为要治本就必须回到实体法说,从正确处理实体法请求权入手。他们对实体法说重新进行了修正,在此基础上提出了新实体法说。该说对请求权竞合的情形进行了进一步的分析,认为基于同一事实关系比如同一给付关系的数个请求权竞合,不是诉讼法上的实体请求权的竞合,而是实体法上请求权基础意义上的竞合。请求权的真正竞合是因基于不同事实关系产生的数个请求权的竞合。当数个请求权竞合时,如果事实关系同一,实现其中一个请求权则意味着其他请求权的消灭。例如根据签订买卖契约和签发票据分别提出请求权,是基于同一个事实关系(买卖),但基于两个不同的请求权基础。因而根据新实体法说,虽然请求权基础发生竞合,但是由于是基于同一个事实关系,因此诉讼标的是同一个的。虽然新实体法说从治本入手,坚持诉讼标的与实体法上请求权的联系,主张区分请求权基础的竞合与请求权的竞合,解决了实体法说和诉讼法说的诸多缺陷,但是新实体法说本身也存在较大的缺陷:一是不能提出令人信服的请求权竞合与请求权基础竞合的区分标准;二是实体法上对不同的请求权基础在消灭时效的长短、是否允许抵消、是否构成责任要件等规定各有不同。①

由于三种学说在特殊的情形都有其固然的缺陷,因此试图用任何一种学说来解决实务中所有的有关诉讼标的识别的问题是不可能的。② 适用于德国实务界主流的诉讼标的理论是诉讼法说(新说)的二分肢说③,但在许多情况下作了相对化处理,三种学说交叉适用④。因此在《德国民事诉讼法典》第253

---

① 张卫平:《诉讼构架与程式——民事诉讼的法理分析》,清华大学出版社2000年版,第236页。

② 德国法学家费里茨鲍尔(Frits Baur)提出:"也许早该认为,有关诉讼标的概念的长年争执总要有一个统一的见解。否则,别人或许会说如果民事诉讼法学连诉讼客体究竟为何物都无法获得一致的话,民事诉讼法学必然陷入困境,那么民事诉讼法学就成了一个专门为某个概念的统一而下定义的学问了。尽管这种看法是正确的,但必须遗憾地告诉大家,有关诉讼标的见解在德国诉讼法学中仍各有不同,其见解的差异程序相当大。"[德]费里茨鲍尔:《德国诉讼标的理论的状况》,载陈荣宗:《民事程序法与诉讼标的理论》,台湾大学法律系法学丛书编辑委员会1977年版,第435页。

③ [德]狄特·克罗林庚:《德国民事诉讼法律与实务》,刘汉富译,法律出版社2000年版,第147页。

④ [德]汉斯—约阿希姆·穆泽拉克:《德国民事诉讼法基础教程》,周翠译,中国政法大学出版社2005年版,第90页。

条第 2 款第 2 项中,特别要求记载诉讼请求与事实理由,以便于在不同情形下对根据该记载形式分别适用不同的理论对诉讼标的进行准确的识别。以诉之变更为例,德国实务界主流的诉讼标的概念是诉讼法说(新说)的二分肢说,①即诉讼标的包括诉讼请求和案件事实。只要其中之一发生变化,则为诉之变更。② 第 264 条专门规定了在不改变诉讼原因(案件事实)的前提下,有三种情况法律规定不视为诉之变更,以此来协调各种诉讼标的学说之间的紧张关系。这三种不视为诉之变更的情况是:(1)补充或更正事实上或法律上的陈述(《德国民事诉讼法典》第 264 条第 1 项);(2)扩张或限制主要诉讼请求或附属诉讼请求(《德国民事诉讼法典》第 264 条第 2 项);(3)以事后发生的情事变更而请求其他诉讼标的,以代替原来的诉讼标的。第 264 条第 1 项,本来就不属于诉之变更,因为诉讼请求和案件事实都没有变化,只不过案件事实被补充或更正而已。按普遍意见,第 264 条第 1 项只具有明确功能,故有学者认为此项属于多余的规定。③ 第 264 条第 2 项和第 3 项的情况分别属于诉讼请求的变更和案件事实的变更,因此都属于诉之变更,但法律规定不视为诉之变更。第 264 条第 2 项指的是不改变案件事实的情况下对诉讼请求在数量上和质量上予以扩张或限制的情况。实务中扩张诉讼请求的情形较为常见,比如从确认之诉变更为给付之诉、查明财产之诉变更为支付之诉、部分之诉变更为全部之诉、要求将来给付变更为立即给付、要求给付利息等。限制诉讼请求的情形与之相反,但放弃多个诉讼请求的一个是否属于此类情形依然有争议。④ 第 264 条第 3 项的情事变更情形并没有完全改变案件事实,而是指案件随着时间的发展自然地发生了变化。例如从因货物灭失依《民法典》第 985 条提出的返还之诉转变为依《民法典》第 989 条提起的损害赔偿之诉;因宽限期届满从要求履行之诉转变为依《民法典》第 326 条要求损害赔偿之诉(或因在宽限期届满后宣布解约转变为依《民法典》第 326 条、第 327 条、第 346 条要求退还之诉);

---

① [德]狄特·克罗林庚:《德国民事诉讼法律与实务》,刘汉富译,法律出版社 2000 年版,第 147 页。
② [德]狄特·克罗林庚:《德国民事诉讼法律与实务》,刘汉富译,法律出版社 2000 年版,第 175 页。
③ [德]狄特·克罗林庚:《德国民事诉讼法律与实务》,刘汉富译,法律出版社 2000 年版,第 196 页。
④ [德]狄特·克罗林庚:《德国民事诉讼法律与实务》,刘汉富译,法律出版社 2000 年版,第 196~197 页。

因给付标的物灭失而从履行之诉转变为交换替代物之诉(《民法典》第 281 条)。①

(三)诉讼要件理论

诉讼要件理论产生于德国 19 世纪下半叶,最早由德国学者标罗(Osker Bulow)在 1868 年发表的《诉讼抗辩论与诉讼要件》一文中正式提出。按照标罗的观点,民事诉讼的本质是在法院与当事人双方之间建立起以诉讼权利与义务为基本内容的法律关系体系,这一体系需要满足两个条件:一是原告的起诉行为适法;二是起诉还必须满足诉讼上的条件。前者被称为起诉要件,后者被称为诉讼要件。起诉要件的基本功能与作用是使诉系属于法院,诉讼要件的基本功能与作用是使系属于法院的诉通过审查后进入实体审理。若欠缺诉讼要件,则法院与当事人之间的法律关系不成立,进而推导出该诉没有进入实体审理的资格。标罗将诉讼法律关系的成立要件化,并使其之前主张的"先程序、后实体"的阶段诉讼模式具有了可操作性。但 1877 年《德国民事诉讼法》并未采纳标罗所主张的阶段诉讼模式。随后标罗根据立法对观点作了修正,将诉讼要件的性质定义为"本案判决合法要件",取代了"诉讼法律关系成立要件",逐渐成为学界和实务界的主流观点。②

德国民事诉讼学理上一般常诉讼要件分为三类:(1)涉及法院的诉讼要件,这类要件主要包括有法院享有裁判权和管辖权以及诉讼途径适法等内容。(2)涉及当事人的诉讼要件,这类要件主要包括有当事人必须具有当事人能力、诉讼能力和诉讼实施的权利等内容。(3)涉及诉讼标的的诉讼要件,这类要件主要包括有需满足可诉性、不曾诉讼系属、不曾发生既判力、具有诉的利益等内容。③ 广义的诉讼要件还包括诉讼障碍要件,主要包括欠缺代理权(第 88 条)、外国原告未提供诉讼费用担保(第 110 条)、原告撤诉后未偿付被告诉

---

① [德]狄特·克罗林庚:《德国民事诉讼法律与实务》,刘汉富译,法律出版社 2000 年版,第 197 页。

② 包冰锋、高素云:《诉讼要件审查次序研究》,载《重庆三峡学院学报》2015 年第 2 期。

③ [德]罗森贝克、施瓦布、戈特瓦尔德:《德国民事诉讼法》,李大雪译,中国法制出版社 2007 年版,第 677~678 页。其他翻译成中文的德国民事诉讼法教科书亦按此分类。[德]奥特马·尧厄尼希:《民事诉讼法》,周翠译,法律出版社 2003 年版,第 176~183 页;[德]汉斯—约阿希姆·穆泽拉克:《德国民事诉讼法基础教程》,周翠译,中国政法大学出版社 2005 年版,第 70~81 页;刘汉富译:《德国民事诉讼法律与实务》,法律出版社 2000 年版,第 454~459 页。

第三章 德国民事诉讼立案受理制度

讼费用前重新起诉的被告可拒绝应诉(第269条第6款)和有仲裁协议(第1032条第1款)。

诉讼要件是法官对案件进行实体审理并作出实体判决的前提。欠缺诉讼要件当然排斥法院对实体问题的审理和判决,法院将通过程序判决的方式驳回诉。这样,通过诉讼要件的审理,将无法满足本案审理的案件过滤掉,避免无谓地浪费本案审理的司法资源,同时也使被告免遭诉累。①

关于诉讼要件与审理阶段的问题,必须将诉讼要件与起诉要件和本案要件作出明确的区分。在民事诉讼审理过程中,起诉要件、诉讼要件和本案要件这三个要素构成了原告获得胜诉判决的基础。在罗马法时代,诉讼程序被分为了"法律审(in jure)"和"裁判审(in judicio)"两大部分,法律审的对象为起诉要件和诉讼要件,裁判审的对象为本案要件,法官严格按照先后顺序分阶段进行审理。两个阶段截然分开,若欠缺诉讼要件则案件的审理无效,法院据此作出的判决也当然无效,因此诉讼中拥抱诉讼要件的审理受到极大的重视。但到了德国普通法时代,这种"阶段式"审理结构的比重已逐渐下降。② 日本学者中村英郎提出,诉讼过程应分三个阶段:首先,诉讼必须适法提起,使诉讼系属于法院,使法院能够就诉讼进行审理、判决,该阶段被称为立案受理阶段(第一阶段)。其次,诉讼必须经过程序法规范的适法审查,即诉讼审理阶段(第二阶段)。最后,满足前两个阶段的要求后,就原告的请求根据实体法规范进行审理、判决,即本案审理阶段(第三阶段)。③ (如图3-1)

在这三个阶段中,必须经过立案受理阶段才能进入下一阶段,这一点没有任何争议。但关于是否有必要严格遵守关于诉讼审理阶段和本案审理阶段的先后次序问题上,则存在争议。比较合理的观点是,通常情况下应当坚持先进行诉讼审理阶段,结束后再根据审理结果决定是否进入本案审理阶段。但出于诉讼效率的考虑,对于是否欠缺诉讼要件产生疑问时,可以采用所谓的"复式平行诉讼"结构,这种"复式平行诉讼"的基本特点在于,这种形态的诉讼不需要也不必要等待诉讼要件的审理具有明确结论的条件下,对权利保护要件进行审理。④ 但是在如果搁置实体判决要件问题将不会影响权利保护利益的

---

① 姜世明:《民事诉讼法基础论》,台湾元照出版有限公司2012年版,第108页。
② [日]高桥宏志:《重点讲义民事诉讼法》,张卫平、许可译,法律出版社2007年版,第2页。
③ [日]中村英郎:《新民事诉讼法讲义》,法律出版社2001年版,第141~152页。
④ [日]高桥宏志:《重点讲义民事诉讼法》,张卫平、许可译,法律出版社2007年版,第4页。

情况下,完全没有必要审理本案要件,可直接以未满足诉讼要件为由将诉驳回。①

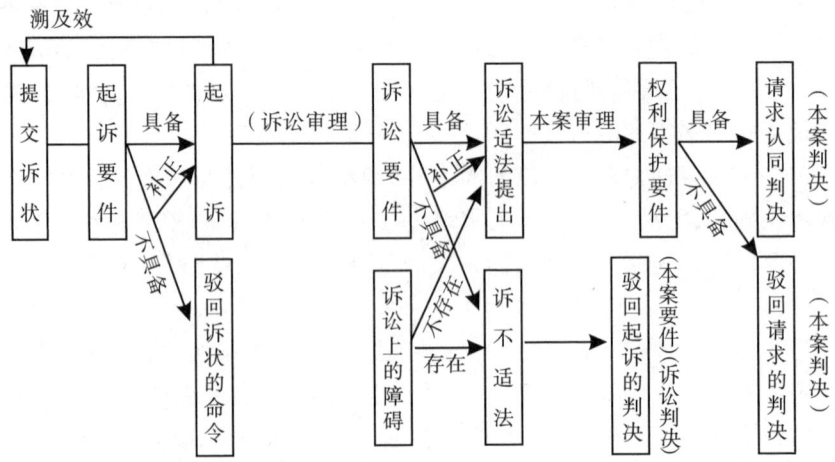

图 3-1　民事诉讼的阶段构造图

---

① [德]汉斯—约阿希姆·穆泽拉克:《德国民事诉讼法基础教程》,周翠译,中国政法大学出版社 2005 年版,第 85～86 页。

第四章 日本民事诉讼立案受理制度

从历史发展的角度来看,日本的法律制度曾先后受到中华法系、大陆法系与英美法系的影响,因此既不断呈现出继受、融合、突破周而复始的前行轨迹,又深刻体现出各大法系夹缝中求生、创新的显著特征。就民事诉讼制度而言,日本于"明治维新"后,大胆引进西方诉讼法律文化与制度,并随着时代发展的需要适时进行多次大改与微调,走过了一百多年从模仿到独立的曲折发展道路,逐渐在东方土壤中建立起一整套具有较强实用性与适用性的民事诉讼程序制度。其中,作为程序起始阶段的立案受理制度,也经历了从无到有、从粗糙到精细的漫长发展过程,并在此过程中形成了诸多值得研究与借鉴的鲜明特征与宝贵经验。

第一节 日本民事诉讼立案受理的立法与制度构造

一、日本民事诉讼立案受理的历史与发展

(一)古代[①]——雏形初显

早期的日本,法律、道德、宗教、习俗并未有明显划分。进入推古朝后,通过向中国隋唐全面学习,日本逐渐确立了以天皇为中心的皇权思想,建立了中央集权体制,构筑了律令法律国家。然而,在这种政体与国体之下,司法机关与行政机关之间、实体法与程序法之间、刑事审判与民事审判之间均不存在明

[①] 对日本社会历史阶段的划分,目前学者们的意见并不一致。为突出日本民事诉讼制度的阶段性特征,本书将"明治维新"以前的历史时期统称为"古代",将"明治维新"开始后、二战结束前的历史时期称为"近代",将二战结束至今的历史时期称为"现代"。

确的界分,故以此界分为存在基础的民事诉讼制度,也必然失去萌芽、确立、发展的空间。

至中世纪,日本的国家权力主体呈现分裂状态,朝廷、幕府、庄园领主分权而治,各自裁判权的效力原则上不及于其他领域。其中,镰仓幕府开始推行民事审判(所务审判、杂务审判)与刑事审判(检断审判)相互分离的裁判制度,民事审判初步独立。在所有审判类型中,所务审判(交易审判)的民事诉讼两造对抗特征表现最为明显,且适用范围也非常广泛。该审判以镰仓幕府时代当地领主的自主性家权利为基础,在民事诉讼中贯彻彻底的"当事人主义"。在诉讼的起始阶段,"诉人"(原告)应向"问注所"(裁判机关)提交诉状及具书(证据文书)。如果"问注所"受理该起诉,那么须将"诉人"要求"论人"(被告)陈辩的问状送达"论人",之后再通过三问三答的书状进行诉讼。其间,所有诉讼文书的送达都由当事人自行负担,裁判机关只是单纯的终结。所务审判对包括立案受理在内的整个民事诉讼制度都进行了大胆突破,对日本后世民事诉讼制度的发展、完善与传承发挥了重要的作用。

受镰仓幕府刑民分离的影响,幕府裁判最终也全面实现了"吟味筋"与"出入筋"的程序分离。其中,相当于民事审判程序的"出入筋"又称作"目安悬",由私人或准人的团体作为原告向裁判机关提交"目安"(诉状)而启动。裁判机关须对"目安"进行审查以决定是否受理诉讼,审查对象包括管辖、当事人适格等。欠缺诉讼要件之诉等其他与特定债权债务关系相关的诉讼,在这个阶段不会被裁判机关受理。审查过后,当事人重新提出"本目安"(正式的诉状),再由被告提出答辩,之后双方在裁判机关决定的日期出庭辩论,进而完成全部民事诉讼程序。可以说经过幕府时期的发展,日本民事诉讼立案受理制度的雏形已基本显现。

(二)近代——完善发展

自明治时期以后,日本社会就开始进入近代,并由此开始了所谓"脱亚入欧"的进程与发展,以及在社会的政治、经济、军事、法律等诸多方面的改革与革新,法律制度也与中华法系渐行渐远,而与现代西方法律制度愈走愈近。

"明治维新"之初,日本司法与行政尚未分立,仍由行政厅兼行司法事务,民事裁判也继续沿用旧幕府法的"出入筋"程序。1871年(明治四年)以后,东京置司法省、地方各县陆续设听讼课,专司司法裁判事务,并"由太政官定司法

第四章　日本民事诉讼立案受理制度

省官等表及裁判所之组织"①。至此,司法事务才正式脱离行政官之手,而由司法官全面掌管。1876 年,太政官又奉元老院之命,开始组织起草民事诉讼法。经过十余年的修改与完善,至 1890 年,一部由时任日本政府法律顾问的德国人铁肖(Techow)担任顾问、全盘移植 1877 年德国《民事诉讼法》的首部日本《民事诉讼法》终于起草完成并正式颁布,标志着日本民事诉讼程序真正独立并依法确立起来。

从立法体例与内容架构的角度来看,日本在 1890 年的旧《民事诉讼法》上采取的是混合制的立法技术,其法律规定的内容涉及总则、第一审程序、上诉、再审、督促程序、强制执行、公示催告程序与仲裁程序等多个审判、执行与非讼程序。就立案受理制度而言,除第一编"总则"规定了裁判所管辖、当事人适格等若干与起诉相关的内容外,该法还在第二编"第一审之诉讼手续"中分别规定了于地方裁判所和区裁判所分别进行民事诉讼时不同的诉的提起方式,以及在地方裁判所以书面方式起诉时诉状的必备要件、诉状存在欠缺时进行补正的程序、诉状送达后产生的法律效果,在区裁判所以口头方式起诉的操作方式、符合条件的债权人直接声请依督促程序对债务人签发支付令时申请书的必备要件、区裁判所对申请书的审查程序、准许或不准许申请的法律后果等诸多相关内容。② 这些具体条文共同构成了较为完备的日本近代民事诉讼立案受理制度,同时也为二战后日本现代民事诉讼立案受理制度的最终确立奠定了坚实的基础。

然而,1890 年日本《民事诉讼法》颁行以后,并未取得统治者与立法者预期的理想司法效果。究其原因主要在于该法在借鉴 1877 年德国《民事诉讼法》的立法经验时,并未充分考虑日本社会的自身特点与民事纠纷解决的现实需要,而是直接照搬几乎所有的法律制度,造成法律移植的水土不服。特别是绝对的当事人主义的引进,更是造成了严重的诉讼迟延问题。为解决上述问题,日本参照后续奥地利与德国民事诉讼法立法与修法的成功经验,对本国民事诉讼制度进行了适时修改,在审判程序中大幅增强了法院的职权主义色彩与法官对诉讼程序推进的指挥权,并将这些修改成果集中体现在了 1926 年日本《民事诉讼法》中。其后,日本的近代民事诉讼法律制度再未发生大的变动。

---

① 梅仲协:《二十世纪之科学(第三辑)社会科学之部——法律学》,1961 年版,第 174 页。

② 具体条文内容参见李秀清点校:《新译日本法规大全(第二卷)》,商务印书馆 2007 年版,第 337~339 页、第 366~369 页。

仅在二战期间,为了诉讼程序的简化与审级制度的省略,于1942年制定过战时民事特别法。但是战争结束后,有关规定随即被废止,民事诉讼程序制度并未发生实质性改变。在此过程中,作为民事诉讼起始程序的立案受理程序制度及其具体法律条文,均未受到波及,基本沿用了首部日本《民事诉讼法》的相关规定。

(三) 现代——最终确立

二战结束以后,日本作为战败国,曾处于联合国的长期占领与美国的实际控制之下。此间,受美国的强力影响,日本逐渐接受了现代西方国家的政治理念与英美法系的法律思想,并以此为基础,对本国的政治体制与法律制度进行了全方位大刀阔斧的改革。其中,民事诉讼理念与制度也通过几次革新,顺势发生了相应的变化,主要体现在:第一,突破民事诉讼立法一直以大陆法系国家特别是德国民事诉讼法为蓝本的传统,开始兼采英美法系所长完善相关程序制度,如1948年为实行所谓彻底的"辩论主义"而在民事诉讼立法中废止原有的法院依职权调查收集证据制度、引入证人交叉询问制度等;第二,以战后新宪法为依据,于1947年制定裁判所法,日本将国家的整个法院体系由原来的大审院、控诉法院、地方法院、区法院的四级设置,调整改革为最高法院、高等法院、地方法院、简易法院的四级设置。此后一年,又成立了与地方法院平行的家庭法院。

日本民事司法领域发生的这些新变化,既顺应了二战结束之初日本政治制度改革的总体趋势,又在一定程度上满足了社会动荡与恢复期统治者与普通民众的纠纷解决需求,对日本现代民事诉讼制度与司法体制的最终确立,起到了十分重要的促进与推动作用。此后,日本又于1954年、1979年、1989年,分别对民事诉讼上告制度、民事执行程序、民事保全制度的内容与立法体例进行了较大的修改。但根据社会发展整体形势与国民对民事司法救济的总体需求,而对旧有民事诉讼程序制度进行全面反思,并对民事诉讼立法进行全面修改,却是在二十世纪的最后十年才正式启动的。

1996年,日本公布了经反复调查审议而全新修改的《民事诉讼法》(以下简称新《民事诉讼法》)。该法的宗旨主要为通过民事诉讼具体程序制度的完善,使其更易被普通民众理解、接受并利用,进而满足现代社会民事纠纷解决的需要。为此,该法增加了争点和证据整理程序、完善了证据收集制度、增设了小额诉讼程序、改革了最高法院的上诉制度、强化了法官的诉讼指挥权。其正式颁行,标志着日本现代民事诉讼制度的依法确立。在民事立案受理制度方面,该法也遵从使民众易于接近司法并迅速解纷等理念,分别针对地方法院、简易法院受理的第一审案件类型特征,设置了不同的当事人起诉、法院审查受理等程序制度,并一直沿用至今。

二、日本民事诉讼立案受理制度的基本构造

作为民事诉讼的起始程序制度,立案受理制度往往在一定程度上体现出一国民事诉讼程序的提供者与使用者之间的博弈关系。详言之,国家虽应设置民事诉讼程序制度、提供民事纠纷的公力救济途径供私人使用,但是否真正使用这种程序制度来解决民事纠纷却首先取决于私人之自由意志,即民事诉讼"不告不理";而当事人虽有为了解决特定纠纷要求使用民事诉讼程序制度之自由,却也不能任意为之,还须按既定程序向代表国家行使裁判权的专门机关提出申请并在获得许可后方可实现权利。在此过程中,国家提供公力救济的范围大小、当事人提起诉讼程序的难易程度、裁判机关给予许可的限制程度等,都将构成该国民事诉讼立案受理制度的鲜明特征。

就日本民事诉讼立案受理制度而言,其随整个民事诉讼制度历经多次修改完善以后,目前主要也形成了"国家设置民事诉讼程序制度——法律规定受案条件与方式——当事人提起诉讼——法院审查判断是否受理"的总体制度构造。但是受民事诉讼分散立法体例与裁判机关两级初审法院平行运作制度的影响,日本民事诉讼立案受理制度也呈现出相当的复杂性。

首先,日本现代民事诉讼程序制度采取分散的立法体例,即普通民事案件诉讼程序、非讼案件诉讼程序、人事诉讼程序、家事诉讼程序等分别由新《民事诉讼法》、《非讼案件程序法》、《人事诉讼程序法》、《家事审判法》、《民事调停法》等进行规范,从而形成了多种诉讼程序共存并选择适用的复杂局面。据此,如何启动不同类型的民事诉讼程序以解决相应类型的民事纠纷,就成为民事诉讼立案受理制度面临的首要困境。对于这一难题,立法者采取由新《民事诉讼法》集中规定普通民事案件立案受理程序制度、其他类型案件统一参照适用的方式,予以巧妙化解。

其次,日本目前的法院在其体系上分为四级,这四级分别是最高法院、高

等法院、地方法院、简易法院①。在审级制度上实行三审终审制,第一审和控诉审(第二审)为事实审,上告审(第三审)为法律审。将法院体系与审级制度相融合,地方法院原则上为第一审法院,但对于小额、轻微民事案件,简易法院也拥有第一审裁判权②,故而三审终审制其实可以划分为"地方法院—高等法院—最高法院"与"简易法院—地方法院—高等法院"两个平行运作的系统。鉴于此,作为民事诉讼启动程序的立案受理程序制度,也须在地方法院与简易法院的诉讼规则中同时展开。

综合上述,日本当前民事诉讼立案受理制度的总体构造与立法体例、法院体系与审级制度等相关因素的共同影响,以下主要结合新《民事诉讼法》的有关规定,通过对诉的提起主体、方式、条件、程序以及由此引发的法律效果等问题进行详述,来具体剖析日本民事诉讼案件受理制度的主要内容。

(一)起诉的具体规定

现代法治国家,民事诉讼第一审程序皆因诉的提起而开始。所谓诉,是指原告针对法院提出的要求审判的请求。大陆法系国家惯常依据请求的性质及内容,将诉划分为给付之诉、确认之诉与形成之诉三种类型。对此,日本亦从之,并在确认传统诉的类型之基础上,于新《民事诉讼法》中特别强调可以提出确认文书真伪之诉与将来给付之诉。③ 至于诉的提起,以原告向法院提交诉状为原则,经法院审查,至诉状无缺陷且符合其他受理条件时,即将诉状送达被告而完成整个过程。在此过程中,如下几个方面共同构成了起诉制度的主要内容。

---

① 此外还有与地方法院平行设置的家庭法院,因其不具有诉讼案件的管辖权,故而被排除在民事诉讼法有关法院审级系列之外。家庭法院专门审理婚姻家庭类案件,包括夫妻和亲子关系案件、死亡宣告或确定无主财产以及确定监护人等非讼案件。前文已经提及,由于此类案件的立案受理程序制度准用新《民事诉讼法》有关普通民事案件的相关立法规定,因此也不再单独介绍。

② 在日本,确定地方法院与简易法院在第一审民事诉讼案件之间权限分工的规定被称为事物管辖,其确定基准为"诉讼标的价额",即一般诉额不超过 140 万日元(1996 年日本新《民事诉讼法》确定的标准为 90 万日元,后根据社会现实情况于 2003 年修订时提高至 140 万日元)的请求由简易法院管辖,除此以外的请求由地方法院管辖。当诉讼标的为非财产权上的权利关系时,则不考虑诉额,一般由地方法院管辖。

③ 白绿铉编译:《日本新民事诉讼法》,中国法制出版社 2000 年版,第 134 条、第 135 条的规定。

1. 起诉主体

民事诉讼为公力被动介入解决私权纠纷,应由当事者主动提出纠纷解决之申请,因此必须首先解决"何者能诉"即当事人必备条件的问题,该条件主要包含如下要求:一是具备一般意义上的诉讼资格——当事人能力,即当事人应依照诉讼法规定享有一定的诉讼权利能力和诉讼行为能力,以便进行诉讼、实施诉讼行为;二是具备特定意义上的诉讼资格——正当当事人,即进行诉讼的当事人应是本案的正当当事人,享有对本案的诉讼实施权。

对于第一个方面的条件,新《民事诉讼法》第三章第一节"当事人能力及诉讼能力"作出了系统的规定,具体内容如下:第一,当诉讼法对当事人能力、诉讼能力以及无诉讼能力的法定代理人等予以明确规定时,应优先遵守该规定。只有在诉讼法无特别规定的情况下,才能遵从民法及其他法律的规定,将具有实体法权利能力者(自然人与法人)作为具有诉讼法上当事人能力者予以对待。① 第二,对于无法人资格的社团和财团,虽民法不承认其权利能力,但在现实生活中,无法人资格的社团和财团却真实存在并发挥着一定的社会功能。当其在交易中发生纠纷时,若其具备相应的组织机构能进行诉讼活动,则诉讼法承认其当事人能力。② 第三,对于外国人,纵使其依本国法没有诉讼能力,但若符合日本法对诉讼能力的要求,也视其有诉讼能力。③ 第四,对于政府机关,因其属于国家机关而原则上不具有民事实体法上的权利能力与民事诉讼法上的当事人能力。但是,在一些特定的诉讼中,特别法也承认政府机关及各种行政委员会的当事人能力。④ 当上述主体的诉讼能力有欠缺时,法院应令其限期补正;若限期补正可能导致诉讼迟延并带来相应的损失时,法院可以使其暂为诉讼行为。⑤

对于第二个方面的条件,新《民事诉讼法》主要针对具有共同利益的非社团多数人进行诉讼的情形设置了选定当事人制度。根据该制度的规定,原参与诉讼的多数人可以选定其中一人或数人作为代表全体的原告或被告,由被选定人作为本案当事人进行诉讼,而其他人则丧失诉讼实施权、退出诉讼,但

---

① 白绿铉编译:《日本新民事诉讼法》,中国法制出版社2000年版,第28条的规定。
② 白绿铉编译:《日本新民事诉讼法》,中国法制出版社2000年版,第29条的规定。
③ 白绿铉编译:《日本新民事诉讼法》,中国法制出版社2000年版,第33条的规定。
④ [日]中村英郎:《新民事诉讼法讲义》,陈刚、林剑锋、郭美松译,法律出版社2001年版,第54页。
⑤ 白绿铉编译:《日本新民事诉讼法》,中国法制出版社2000年版,第34条的规定。

仍受判决效力的约束。① 该制度的设立,使得民事实体法上的权利主体能够依照自己的意思,将涉及本人权利关系的诉讼交由第三人实施,并赋予其独立的当事人地位,在一定程度上扩大了当事人的范畴,有利于诉讼程序的简化与顺利推进。

2.起诉方式

日本第一审民事诉讼程序的启动,从符合当事人必备条件的原告向法院提起诉讼开始。但在不同级别法院以及依照不同程序提起的诉讼,起诉方式并不完全相同。

(1)地方法院

原告如果是向地方法院提起民事诉讼,首先应当制作诉状并向法院提交所制作的诉状。② 在诉状中应记载法律所规定的事项,添附法律所规定的材料,并由诉状制作人之原告或其代理人签名、盖章,粘贴与诉额相应的印花,同时按被告人数添附相应数量的复印件并预缴送达费用以便向被告送达诉状,从而完成整个诉的提起程序,等待法院依法审查是否符合受理条件。

此外,日本新《民事诉讼法》还将诉讼变更、中间确认之诉、独立当事人参加等几种情况认定为具有起诉性质的诉讼行为。但是对于变更请求、扩张请求与申请参加等,并不要求提交诉状,而是要求递交其他名称的书面申请。③

(2)简易法院

在简易法院,为方便民众利用简便诉讼程序快速处理纠纷,允许提出口头起诉。即原告在法院向书记官口头陈述本应由诉状记载的事项,由书记官将之整理成笔录,送达被告。但无论采取书面还是口头方式,都必须在提起诉讼时,明确纠纷的要点,此要点可以代替请求的原因。④

除直接简化起诉程序外,新《民事诉讼法》还规定可以在简易法院提起诉讼前进行和解。依照该制度,当事人对于民事纠纷,可于起诉之前,在表明请求的旨意、原因以及纠纷事实后,通过书面或口头的方式,向对方当事人普通

---

① 白绿铉编译:《日本新民事诉讼法》,中国法制出版社 2000 年版,第 41 页第 30 条的规定。

② 白绿铉编译:《日本新民事诉讼法》,中国法制出版社 2000 年版,第 68 页第 133 条第 1 款的规定。

③ 白绿铉编译:《日本新民事诉讼法》,中国法制出版社 2000 年版,第 69 页第 143 条、第 145 条、第 47 条的规定。

④ 白绿铉编译:《日本新民事诉讼法》,中国法制出版社 2000 年版,第 99 页第 271 条、第 272 条的规定。

第四章 日本民事诉讼立案受理制度

审判籍所在地的简易法院提出和解申请。如果双方的和解能够达成协议,那么对具体情况的记载产生与确定判决相同的法律效力;如果双方不能在和解中达成协议,那么法院可以根据和解期日出庭双方当事人所提出的申请,直接开展诉讼辩论。① 在这种情况下,提出和解申请当事人提出有关申请之时,将被视为已经提起诉讼,以此成为诉讼前和解转换为起诉之特殊方式。

再者,当诉讼请求额为 60 万日元以下的金钱请求之诉时,为了便于民众可以在不委托代理人的情况下,通过更为简便、快捷的诉讼程序处理好小额经济纠纷,新《民事诉讼法》还专门创设了小额诉讼程序。② 这一程序较之简易法院的通常程序而言更为简略,以在一次期日内审理为原则,禁止反诉,限制证据调查,实行一审终审,可以说在提高诉讼效率、实现诉讼经济方面具有非常明显的优势。但是考虑到此种程序一方面对当事人的诉讼权利剥夺较多,另一方面也可能被金融业的催收债权所占据,因此在原告起诉时,除规定其可以通过表格化的诉状或口头方式向简易法院表明请求的原因、事实或纠纷的要点外,还特别规定其必须阐明通过小额诉讼程序来进行审理及裁判的要求,并申报其当年在该简易法院依据小额诉讼程序要求审理及裁判过的次数。③

最后,对于以一定数量的金钱给付和其他替代物或者有价证券为标的的请求,新《民事诉讼法》还在承袭与发展旧制的基础上设置了另一种具有广泛适用性的督促程序。该制度规定,债权人可以向具有管辖权的简易法院书记官提出申请,以向日本国内不以公告送达方式即可送达的债务人发出督促支付命令,督促债务人自觉履行债务。申请人督促支付申请的提出,在不违反其性质的范围内,准用有关起诉的规定,须在申请书中记载请求的旨意及原因。法院督促支付令发出以后,如果说债务人在法定期限内合法地提出了督促异议申请,那么对于督促异议有关的请求,按照其标的价额,视为在申请督促支付时向作出该督促支付令的法院书记官所属的简易法院或管辖该所在地的地方法院提起诉讼。④ 此为转换起诉的另一种特殊方式。

---

① 白绿铉编译:《日本新民事诉讼法》,中国法制出版社 2000 年版,第 275 条的规定。
② 按照 1996 年日本新《民事诉讼法》的规定,小额诉讼程序创设之初适用于诉讼标的额为 30 万日元以下的金钱请求之诉。但随着社会的发展,这一标准在 2003 年修订《民事诉讼法》时被提高至诉讼标的额为 60 万日元以下的金钱请求之诉。
③ 白绿铉编译:《日本新民事诉讼法》,中国法制出版社 2000 年版,第 368 条的规定。
④ 白绿铉编译:《日本新民事诉讼法》,中国法制出版社 2000 年版,第 125、126 页第 382 条、第 383 条、第 384 条、第 395 条的规定。

3.诉状记载事项

如上所述,日本民事诉讼的提起以原告向法院提交诉状为原则,仅在特别情形下才允许采用依口头或提交诉状以外的其他书面材料之方式。因此,诉状在整个诉讼过程中发挥着举足轻重的作用,甚至构成诉讼审理的基础。针对如此重要的诉讼文书,新《民事诉讼法》第133条第2款专门作出了规定,明确诉状至少应记载当事人及法定代理人、请求的目的及原因等事项。此外,出于便利诉讼之目的,还可以根据具体需要在诉状中另外记载其他相关事项。

(1)必要记载事项

其一,当事人及法定代理人。

为确保诉讼程序之正常开启与顺利推进,法院须在程序进行之初尽早确定案件的当事人,即确认谁为该诉讼的原告与被告。为此,要求在诉状中对原告与被告作出非常详细之记载,以使其尽量特定化,而不与他人发生混同。具体而言,通常使用姓名(或名称)及其住所来进行特定化,但也可以使用商号、雅号、艺名来代替姓名之表示。若仅依据这些表示还不充分,则可以通过职业、年龄等予以补充。在当事人为无诉讼能力人时,还应在诉状中写明其法定代理人。而当当事人为法人或无法人资格的社团、财团时,也必须对其代表人或管理人作出明确的表示。对当事人的记载可以进行补充或订正,但若因补充或订正而变为其他当事人之表示,则应当作为任意的当事人变更予以处理。

其二,请求的目的及原因。

所谓请求的目的,主要是指原告通过诉要求审判之内容,即表明原告的主张、谋求法院判决的请求内容;而请求的原因,主要是指前述请求的法律根据或者使请求具备理由之事实。二者相结合,须达到原告在本诉中的特定请求能够满足法律要件的事实关系之程度,以便使本案与他案相区别。具体到不同诉之类型:在给付之诉中,如果是特定物之给付,那么只要在请求的目的中载明应给付之物以及给付之形态,就可以使请求特定。但是在支付金钱这种种类物的情形下,由于相同当事人之间可能形成多个具有相同给付内容的请求,因此单纯记载请求的目的,未必能使请求特定,故而还必须对请求的原因作出记载。① 在确认之诉中,请求的目的只要对需确认的权利关系及其范围之主张以及该确认判决之要求作出表示,就可使请求获得确定。在形成之诉中,请求的目的只要对通过形成判决应导致的法律关系之变动以及该形成判决之要求作出特定表示,就可以使该请求获得确定。

---

① [日]新堂幸司:《新民事诉讼法》,林剑锋译,法律出版社2008年版,第157页。

(2)任意记载事项

诉状的必要记载事项仅为法律规定的为达成起诉目的之最低限度的记载事项,除此以外,为推进诉讼进程、提高诉讼效率,法院往往还鼓励原告在诉状中记载其他相关事项。如记载原告或其代理人的邮政编码及电话号码(传真号码),以方便送达、电话联络、通过传真进行书面文书的送付、通过电话会议实施辩论准备程序或书面准备程序等;记载请求理由事实,且与每个举证事由相对应来记载与请求理由事实相关的重要事实(间接事实)及证据,以促进争点之整理等。但由于对这些事项的记载并非特定请求所必须,因此其欠缺并不影响诉状的效力,也不构成驳回诉状之事由。

4.费用预缴

在满足其他形式要件的基础上,原告于提起诉讼时,还应支付相应的手续费,在诉状上贴上收入印纸,交纳其他相关费用,否则起诉仍不能顺利完成。这些费用主要包括:一是申请手续费,对于财产案件采用以诉额为标准超额递减的法定比例征收方法,对于非财产案件或虽为财产性质但诉额难以计算的案件采用法定数额征收方法,对于督促程序等则采用按件依固定数额征收方法;二是送达费用等其他相关费用,目的在于使法院审查受理案件后能及时向被告送达相关文书。

5.对起诉的审查

当事人提起诉讼后,通常由法院根据事务分配①之规定确定的独任制法官或合议庭审判长(以下统称审判长)进行审查。此时,审判长并不需要对诉讼要件及请求的妥当与否做全面的判断,而仅须就诉状是否欠缺必要事项之记载以及是否粘贴印花等展开形式上的审查。

如果经审查发现原告诉状缺乏必要记载事项或未缴纳相应的手续费,那么审判长应当命令原告在其指定的适当期限内及时补正诉状或缴纳费用。此

---

① 日本的事务分配制度是指,当作为国家机关的法院由数个独任制法官和合议庭等裁判机关构成时,确定由哪个裁判机关承担哪些案件裁判工作的制度。其属于法院内部事项。各个法院应当根据《最高裁判所裁判事务处理规则》、《下级裁判所裁判事务处理规则》之规定,并按照每年所确立的一定准则,来处理事务分配问题。

间,审判长还可以命令法院书记官①对原告补正诉状缺陷进行敦促。如果原告人在法律规定的期间内没能够进行补正,那么据此审判长应当采用命令的方式驳回诉状。虽然对责令进行补正的裁定,原告不能进行不服申诉,但是对驳回诉状的命令,原告可以提出即时抗告进行不服申诉。②

6.审查后的处理

当审判长认为起诉的形式要件已经完备,即可对诉状予以受理,随后应当让书记官将诉状副本送达被告。因原告未缴纳送达费用、被告住居所不明等原因导致无法送达诉状时,若还可以进行补正,则应当命令原告进行补正。若原告不响应,则应当驳回诉状。对此驳回诉状的命令,原告可以提出即时抗告。③ 当无论如何都无法知道被告之住居所时,原告应当申请公示送达。而且,当被告为无诉讼能力人且没有法定代理人时,原告还应当提出选任特别代理人之申请。

诉状送达对方当事人后,审判长还应及时指定第一次口头辩论的期日,并由书记官制作传唤状送达双方当事人,以为案件的开庭审理与迅速推进做充分准备。④ 但若发现起诉不合法且不能补正其缺陷,即存在明显不可诉之情形且完全不能期待通过当事人其后的诉讼活动来提出适法之诉时,则法院(而非审判长)可以不经口头辩论便以判决驳回诉讼。⑤ 如果事件复杂需要进行

---

① 在日本,法院书记官是设置于各个法院中、由同名称之职员构成的单独性机关,其附随于法院并接受其指令,负责处理审判权行使的附随性事务。其中,制作、保管案件相关的笔录及记录、诉讼费用负担额的确定、敦促补正诉状记载、送达事务等,属于书记官固有的权限,对此法官也无权代理处理。对书记官作出的处分不服,可以向该书记官所属法院提出异议申请,对此法院应当以裁定作出裁判。白绿铉编译:《日本新民事诉讼法》,中国法制出版社 2000 年版,第 69 页第 121 条的规定。

② 白绿铉编译:《日本新民事诉讼法》,中国法制出版社 2000 年版,第 68 页第 137 条的规定。本条涉及的抗告是日本民事诉讼法规定的一种上诉形式,指对判决以外之裁判——决定及命令——提起的独立上诉。为了谋求迅速解决不服申诉之问题,日本法律个别规定了可提起即时抗告的情形,要求抗告人在较短期间(受到裁判告知之日起一周内)提起抗告。当这种抗告被提起时,法律通常也认可其停止原裁判执行的效力。

③ 白绿铉编译:《日本新民事诉讼法》,中国法制出版社 2000 年版,第 69 页第 138 条的规定。

④ 白绿铉编译:《日本新民事诉讼法》,中国法制出版社 2000 年版,第 69 页第 139 条的规定。

⑤ 白绿铉编译:《日本新民事诉讼法》,中国法制出版社 2000 年版,第 69 页第 140 条的规定。

准备程序时,在听取当事人意见后,可先规定辩论准备程序的期日,再传唤当事人,或者将事件付诸书面准备程序。期间,法院还应依照关于民事诉讼费用等法律规定,命令原告限期预缴期日传唤当事人所必要的费用。若不预缴,以被告无异议为限,可以裁定驳回诉讼。对此裁定,原告可以提出即时抗告。①

7. 起诉的时点确定

如上所述,日本民事诉讼的提起主要通过当事人将诉状提交至法院、审判长对诉状进行形式上的审查、确定诉状无缺陷后向对方当事人送达的程序来完成。在这一过程中,由于相关法律没有明确规定哪一时点为起诉的时点,导致学术界与司法实务界对这一问题争论不休,并形成相互对立的观点。一种观点主张应将当事人提交诉状的时点确认为起诉的时点,但其面临的困境是如果诉状存在缺陷,即使递交到法院也会被审判长驳回。因此对立的观点认为,应将诉状送达对方当事人的时点确认为起诉的时点。②

起诉时点的确定问题,不仅关乎起诉行为何时完成的事实问题,而且还关乎诉讼系属形成时间、诉讼时效中断及期间遵守等相关法律问题的判断,故而具有十分重要的现实意义。根据新《民事诉讼法》第 147 条的规定——时效的中断或者为遵守法律上期间而必要的裁判上请求,是在提起诉讼时或者根据第 143 条第 2 项将诉的变更之书面申请递交法院时产生效力——来推断,法律文本本身更倾向于将诉状递交法院之时确定为起诉的时点。但为了解决诉状因存在缺陷而被审判长驳回的逻辑矛盾,还须强调以诉状送达为条件而于诉状递交法院之时产生起诉的效果更为妥当。

(二)起诉的法律效果

起诉一旦完成,法院便须对原告通过诉所表达的纠纷解决或权利保护要求作出应答,进而形成"特定案件由特定法院来审判"的诉讼系属状态,这一状态将带来诉讼法与实体法上的一系列法律效果:于诉讼法方面,受诉法院、双方当事人、诉讼对象都将被确定下来,除非发生法律规定的特殊情形,否则不得再任意变更,当事人也不得再另行提起与诉讼系属中的案件相同的案件;而于实体法方面,则主要带来时效中断的效果。

---

① 白绿铉编译:《日本新民事诉讼法》,中国法制出版社 2000 年版,第 69 页第 141 条的规定。

② [日]中村英郎:《新民事诉讼法讲义》,陈刚、林剑锋、郭美松译,法律出版社 2001 年版,第 149 页。

1.受诉法院的确定

根据新《民事诉讼法》第 15 条之规定,"决定法院管辖,应以提起诉讼时为标准"。即自起诉的时点开始,受诉法院便拥有对案件的管辖权。在诉讼进行过程中,即使确定管辖的情况有所变化,如被告的普通审判籍所在地[①]发生变化,受诉法院也不会因此而丧失管辖权。但是为避免显著地拖延诉讼或者在当事人之间谋求平衡,第一审法院可在综合考虑当事人及接受询问的证人的住所、应使用的勘验物所在地及其他情况之基础上,根据申请或依职权,在必要时将已经属于受诉法院之诉讼的全部或一部分向其他管辖法院移送。[②]

2.当事人的确定

作为因起诉或被诉而成为判决承受人之人,民事诉讼的主要当事人——原告与被告——原则上在诉状提交至法院时即已固定。其后,除非发生法律明文规定的以下几种情况,当事人在诉讼过程中将不再发生变动:

第一,选定当事人的确定与变更。若诉讼中一方或双方为具有共同利益的、非法人社团的多数人(选定人),其可以选定其中一人或数人取代全体成为原告或被告(选定当事人)。诉讼系属后,其他选定人退出诉讼,选定当事人所承受判决的效力及于全体选定人。对于全体选定人及自己的诉讼而言,选定当事人是为诉讼当事人,享有实施诉讼之资格,可以为所有的诉讼行为,但因其死亡或选定被撤销,此种资格将丧失。如果在撤销原选定当事人资格的同时再选定其他人,那么构成选定当事人的变更,此种情况将引起诉讼当事人的法定变更。[③]

第二,诉讼上的继承。诉讼系属后,若发生当事人死亡、法人因合并而消灭、丧失诉讼能力、受托人信托任务终了、基于一定资格以自己名义成为他人诉讼当事人的人丧失资格、当事人破产等情形,则具有承继资格的主体可依申请取代原来的当事人获得诉讼主体地位,继续行使诉讼实施权。[④] 诉讼上的

---

① 依照日本普通审判籍管辖的有关规定,诉讼属于被告普通审判籍所在地的法院管辖。白绿铉编译:《日本新民事诉讼法》,中国法制出版社 2000 年版,第 33 页第 4 条的规定。

② 白绿铉编译:《日本新民事诉讼法》,中国法制出版社 2000 年版,第 38 页第 17 条的规定。

③ 白绿铉编译:《日本新民事诉讼法》,中国法制出版社 2000 年版,第 41 页第 30 条的规定。

④ 白绿铉编译:《日本新民事诉讼法》,中国法制出版社 2000 年版,第 65 页第 124 条、第 66 页第 125 条的规定。

继承虽然会导致当事人出现替换,但是并不会造成对诉讼同一性的破坏,即原当事人对对方当事人的主张、申请及其他诉讼行为均对新当事人发生效力,而且已经进行的证据调查、中间判决等的效力也将存续。

第三,诉讼参加。除原被告两造进行对抗的通常情况外,诉讼中还可能发生第三人参加他人间已经系属的诉讼并成为该诉讼当事人之情形,此即诉讼参加,一般有四种表现形态:一是主张诉讼结果会侵害自己权利或诉讼标的的全部或者一部分属于自己权利的第三人要求独立地参加诉讼,其在参加的诉讼中具有独立于本来当事人的地位,构成独立的当事人参加;①二是一方当事人与第三方需要合在一块来确定诉讼标的时,该第三人可以作为共同诉讼人参加诉讼,从而构成共同诉讼的参加;②三是对于诉讼结果有利害关系的第三人,为了使诉讼中一方当事人获得胜诉判决而参加到已经开始的诉讼中,辅助该当事人实施诉讼,构成辅助参加;③四是在诉讼过程中,当作为诉讼对象的权利关系因买卖或其他方式等发生特定承继时,成为新权利人或义务人的人,也可以作为当事人参加诉讼,构成权利承继人或义务承继人参加诉讼。④ 上述四种形态,均会引起一定程度的当事人增加或更替。

3.诉讼对象的确定

原告在以递交诉状的方式向法院提起诉讼时,已经通过记载请求目的表明了以诉之方式要求裁判的内容,即以诉来申请的事项。法院在判决主文中应判断的事项,必须受该申请事项的限制。若法院对原告请求以外的其他请求作出了判断,则此种判断并不具有法律效力。⑤ 不过,如果原告不变更请求的基础,在口头辩论终结之前,是可以通过提交书状的方式,要求变更诉讼的请求或者请求的原因。对此请求是否准许,由法院进行判断。但是由此而使

---

① 白绿铉编译:《日本新民事诉讼法》,中国法制出版社 2000 年版,第 45 页第 42 条的规定。

② 白绿铉编译:《日本新民事诉讼法》,中国法制出版社 2000 年版,第 47 页第 52 条的规定。

③ 白绿铉编译:《日本新民事诉讼法》,中国法制出版社 2000 年版,第 46 页第 47 条的规定。

④ 白绿铉编译:《日本新民事诉讼法》,中国法制出版社 2000 年版,第 47 页第 50 条、第 51 条的规定。

⑤ 白绿铉编译:《日本新民事诉讼法》,中国法制出版社 2000 年版,第 93 页第 246 条的规定。

诉讼程序显著拖延的,则不在此限。①

另外,根据选定当事人制度的相关规定,与诉讼系属中的原告人或者被告人有共同的利益,但不是本案诉讼的当事人,可以把该诉讼的原告人以及被告人作为自己的原告人或者被告人。在选定了应当作为原告人的情况下,该人可以在法庭口头辩论终结前,为选定人追加诉讼请求;在选定应当作为被告的人之情况下,原告在口头辩论终结之前,也可以追加与该选定人有关的诉讼请求。②

再者,在诉讼的进行过程之中,对于有关法律关系是否成立的有关争执需要进行裁判时,当事人还可以采用通过书状扩张请求的方式,请求法官根据情况作出确认该法律关系成立的判决,从而出现所谓的中间确认之诉,但从法院管辖的角度上看,该请求不能属于其他法院的专属管辖。③ 如果被告人以与本诉标的的请求或者防御方法有关联的请求作为标的为限,也可以在口头辩论终结之前,采用书面形式向本诉系属的法院提出反诉。有关反诉标的请求从管辖的角度上看,也不能属于别的法院的专属管辖,而且不能因提起反诉而造成诉讼的显著拖延。④

4. 禁止重复诉讼

对于已经系属于某一法院的案件,在当事人同一、诉讼对象相同或主要争点共通的情况下,如果允许原告人再一次向其他法院提起诉讼,从而迫使被告人在其他法院的诉讼程序中进行诉讼,显然会给被告人带来极大的负担。而且不同法院同时审理一个案件,还会造成司法资源的浪费,甚至可能导致同案不同判的矛盾发生,进而引发司法秩序的混乱。为避免上述问题的出现,按照日本新《民事诉讼法》第142条有关,对于已经法院系属的案件,当事人不可以再次重复提起诉讼的规定。⑤如果某个案件已经系属于某一个法院,作为该系属的对外法律效果,它将排斥该案的再度诉讼系属。

---

① 白绿铉编译:《日本新民事诉讼法》,中国法制出版社2000年版,第69页第143条的规定。

② 白绿铉编译:《日本新民事诉讼法》,中国法制出版社2000年版,第69页第144条的规定。

③ 白绿铉编译:《日本新民事诉讼法》,中国法制出版社2000年版,第70页第145条的规定。

④ 白绿铉编译:《日本新民事诉讼法》,中国法制出版社2000年版,第70页第146条的规定。

⑤ 日本新《民事诉讼法》第142条有关规定。

5.诉讼时效中断

起诉是要求国家动用裁判权来解决私法纠纷,构成诉讼对象之请求的目的正是实体法上的权利主张,因而起诉在实体法上也会产生一定的效果,主要表现在将导致时效中断。根据前文对起诉时点确定的论述,引起时效中断的效果原则上产生于诉状提出之时。但在特殊情况下,时效中断的效果将分别产生于下列具体时点:当在简易法院以口头方式起诉时,为原告作出口头陈述之时;当提起诉讼中之诉时,则在原告提出相当于诉状之书面时。诉讼前的和解或支付督促之申请在后来被视为起诉时,因这些申请导致的时效中断之效力,也将获得持续。当诉讼标的的承继人承继诉讼时,对于承继人而言,产生时效中断之效果也溯及至起诉之时。不过,时效中断之效果,也可能因撤诉或诉被驳回而溯及性地发生消灭。

第二节 日本民事诉讼立案受理制度的基本特征及其影响制度构建的基本理论

一、日本民事诉讼立案受理制度的基本特征

作为民事诉讼程序制度的重要组成部分,日本民事诉讼立案受理制度也历经了自我探索、继受融合、调整创新的曲折发展过程。在此过程中,东西方法律传统的碰撞、两大法系诉讼习惯的交锋,都对日本现行民事诉讼立案受理制度的立法规定与制度构造产生了重要的影响,使其在诸多方面表现出区别于其他国家的显著特色。

(一)起诉方式灵活多样

由于日本民事诉讼的第一审程序是在两个平行运作的审级系统内、于地方法院与简易法院同时展开的,为满足两级法院的不同程序需求,新《民事诉讼法》分别规定了书面与口头两种起诉方式:在地方法院,原告应制作并向法院提出诉状;在简易法院,原告除可以提出诉状外,还可以在法院向书记官口头陈述并由后者将之整理成笔录。两种起诉方式,繁简程度相异,条件限制的严格程度也有所不同,既体现了立法者对起诉程序完整性与严肃性的最大化尊重,又反映了立法者对方便民众利用简便诉讼程序迅速解决纠纷目标的极力追求,同时也为程序适用者提供了根据具体情势依法选择适用何种程序的

机会,具有较高的灵活性与适用性。

此外,新《民事诉讼法》还针对地方法院第一审程序中存在的诉讼变更、提起中间确认之诉、独立当事人参加等几种被认定为具有起诉性质的诉讼行为,规定了递交诉状以外的其他书面申请以提起诉讼的方式;针对简易法院常用的当事人提起诉讼前的和解、申请督促支付转换为起诉之特殊情形,以及当诉讼为60万日元以下的金钱请求之诉时适用小额诉讼程序审理案件等情形,分别规定了符合程序设置目的的多种特别起诉方式。这些多样化的设置,不仅极大地丰富了日本民事诉讼立案受理制度的内涵,而且更为重要的是,还为尝试优先利用诉讼外纠纷解决机制化解矛盾纠纷的当事人解除了后顾之忧。换言之,由于有多种具有很强针对性的起诉方式特别是特殊情况下的转换起诉方式存在,当事人可以在正式提起民事诉讼前,先大胆尝试诸如诉讼前的和解、督促程序等其他方式解决纠纷。如此种努力失败,纠纷最终仍需通过诉讼方式解决,前期的提出申请等行为将直接被认定为具有提起诉讼的效果。于当事人而言,这一过程并不会花费其更多的时间、精力或金钱等成本,反而会因诉讼程序的可能避免而为其节约部分成本,因此其更愿意去主动尝试。

(二)程序步骤简化连贯

从程序设置的角度来看,一般来说大陆法系国家通行的民事诉讼立案受理程序为当事人提起诉讼与法院审查受理相结合的"二元结构"。其中,当事人提起诉讼是诉讼行为,法院审查受理为职权行为,二者的行为主体与行为性质均存在较大的差异,故此各国立法往往对二者进行明确的界分,即分别设置原告起诉与法院受理两个相互关联又相互区分的程序阶段及具体要求。只有两个程序阶段皆顺次完成,立案程序才正式宣告完成,开庭审理程序也才能真正启动。

但在日本,民事诉讼的相关立法并未明确区分起诉与受理两个程序阶段,有关程序制度要求都集中规定于新《民事诉讼法》第二编"第一审诉讼程序"中的第一章"起诉"部分。根据该部分的规定,某个具体民事案件的"起诉",原则上只需经过原告提出诉状、审判长形式审查诉状、书记官向被告送达诉状三个以诉状为中心的程序步骤便可完成。其间既无须明确哪一个步骤发生起诉与受理的法律效果,也不要求单独对案件进行立案登记,甚至连属于审理前准备程序的送达诉状也在此一并予以完成,简化连贯,一气呵成。此外,诉状送达被告后,审判长还应立即指定口头辩论或其准备期日,并传唤当事人。可以说,上述规定非常显著地表明,日本的民事诉讼立案受理制度是为了避免烦琐的程序限制,在迅速推进诉讼基本目标指导下,将原本各自独立的起诉、受理、

第四章 日本民事诉讼立案受理制度

立案登记以及部分审理前准备等多个程序阶段,极大地简化为以尊重当事人的诉讼权利为核心、以诉状的依法流转为主干的三个紧密衔接的程序步骤,并为即将开始的口头辩论或其准备程序之顺利进行奠定了坚实的基础,这在强调法院职权与程序阶段分明的大陆法系国家是较为少见的。

（三）诉状记载细致严格

与程序设置的简化连贯形成鲜明对比,日本民事诉讼立法对作为起诉程序核心文书的诉状记载内容作出了非常细致的规定。这些规定不仅显著区别于英美法系国家对诉状记载简洁明了的要求,而且在普遍关注诉状记载事项的大陆法系国家之中,也显得较为严格。具体而言,根据新《民事诉讼法》的规定,提起诉讼时诉状最低限度应记载当事人及法定代理人、请求的目的及原因。其中当事人应从姓名（名称）与住所等方面作出非常详细之记载,以使其尽量特定化,而不与他人发生混同;请求的目的及原因必须达到使原告的特定请求满足法律要件的事实关系以便与其他相区别的程度。除此以外,请求理由事实、重要的间接事实及其证据等虽非新《民事诉讼法》规定的必要记载事项,但按照《民事诉讼规则》的要求,也应尽量记载之。①

之所以在新法中规定如此细致严格的诉状记载事项,原因主要在于日本在1996年修改民事诉讼法以前,基本采取"一步到庭"的审判方式,开庭前双方当事人与法院均不作实质性接触,以致开庭往往反复多次仍不能确定争点,造成诉讼严重迟延。为解决这一问题,新《民事诉讼法》完善和扩充了争点整理、证据收集程序。但由于并未配套导入适合对抗制的强有力的信息共有手段,致使争点仍不能在开庭审理过程中尽早确定,因此只能依靠诉状的详细记载来辅助争点整理过程。即考虑到诉状兼有原告最初准备书面之性质,能够帮助当事人为提出作为请求正当理由之攻击方法做好准备,进而推进争点整理的实效化,故而要求原告在诉状中尽量详细记载与其请求及原因、事实、证据等相关的所有事项,以此促进裁判迅速作出。

（四）法官与书记官分工配合

在起诉阶段,当事人提起民事诉讼后,法院还面临着民事审判权通过何种方式与程度介入,以对案件应否受理作出判断,并尽快推进后续程序的问题。

---

① ［日］小岛武司:《大陆法与英美法夹缝中的日本民事诉讼法》,［白门］第53卷（9）,2001年版,第14页。

对此,日本法院采取系统内部司法与行政人员及其相关职权合理配置①的方式予以解决,并在此过程中形成了法官与书记官分工负责、通力协作、共同推进的良好局面。如诉状递交到法院后,先由审判长审查诉状必要记载事项是否齐备,若有欠缺则命令原告在适当期限内予以补正,其间书记官可对原告进行敦促;当审判长认为起诉的形式要件已经完备时,即可对诉状予以受理,随后书记官应将诉状副本送达被告;送达完成后,审判长还应及时指定第一次口头辩论或其准备的期日,再由书记官制作传唤状送达双方当事人,随后案件进入开庭审理的准备阶段。

可以说,在诉讼递交后、口头辩论开始前的整个诉讼阶段,享有裁判权的法官与享有司法行政处理权的书记官,始终都在各自的权限范围内,积极履行自身职责,充分配合对方行动。其中,法官(独任制法官或合议庭审判长)主要审查判断起诉是否符合必备要件、是否应予受理、是否须做开庭审理的必要准备,处于主导和支配地位;书记官主要负责敦促补正诉状记载与送达事务,处于附属与配合地位。但是二者之间又并非简单的支配与被支配关系,由书记官处理的附随性事务均属于其固有权限,法官并无权代为处理,只能依法进行监督,即对书记官作出的处分不服,当事人可以向该书记官所属法院提出异议申请,对此法院应当以裁定作出裁判。正是这种界限分明的权力配置与高度配合的事务处理方式,以及对书记官尽量授权的做法,使得日本民事诉讼立案受理制度呈现出更加紧凑、连贯、高效的优势。

二、影响日本民事诉讼立案受理制度的基本理论

民事诉讼制度是关于国家公权力介入民事私权纠纷解决过程之基本原则、权限配置、程序规范、监督机制等问题的一整套全面系统的制度体系,其自身具有一定的运作原理与程式要求。故而,各国民事诉讼制度在诉讼方式、程序设置、阶段推进等方面,均或多或少地表现出一定的共通性与普适性。正如有的日本学者所言,"民事诉讼法的基础理论,容易被认为是一种超越时代思潮及案件相关人的亘古不变之定律"②。但事实上,只要通过对两大法系主要国家的民事诉讼具体程序制度进行对比分析就不难发现,各国民事诉讼制度

---

① 根据日本法院法的规定,日本各级法院在人员组成方面,均采取以法官为主并由调查官、书记官、速记官、执行官等共同构成的司法行政一体结构。其中,法官专门从事诉讼审理及裁判事务,其他各种职员分别在各自权限内处理附带性事务。

② [日]新堂幸司:《新民事诉讼法》,林剑锋译,法律出版社2008年版,旧著"序"。

第四章 日本民事诉讼立案受理制度

不但不可能完全相同,甚至还可能展现出完全不同的时代烙印或民族气息。而这其中,经过长期沉淀进而凸显本国特色的基本法律思想与理论学说的影响,往往举足轻重。

对于日本而言,虽然其民事诉讼制度在漫长的发展历程中也经历了直接继受乃至全盘照搬他国立法成果的复制过程,但是历代立法者与法学学者却始终没有放弃对适合本国国情的民事诉讼制度的追求与探索。特别是二战以后,他们一方面继续以开放的眼光与视角,不断吸收他国民事诉讼改革的最新成果,一方面又以本土法律传统思想与现实法制需求为基础,全面推进日本的民事诉讼制度完善与发展,使其持续地散发出日趋鲜明的特征。而在民事诉讼立案受理制度方面,这种扬弃式继承与渐进式探索的路径,也发挥了巨大的优势,并最终形成了以宪法基本思想、民事诉讼目的论等基本理论为指引的持续发展的制度体系。

(一)宪法基本思想的影响

宪法是一国的根本大法与最高规范,对整个国家的政治、经济、社会制度与法律体系的构建都具有深远的影响。各部门法规范不但不能与宪法规定相违背,而且还应当积极去实现宪法基本思想与精神,以及宪法条文所保障的基本价值。就诉讼立法而言,虽然现代法治国家宪法制度中有关违宪审查、公民参与司法等方面的规定仍存在不小差异,但是在法治基本思想的熏陶下,各国均十分强调司法在法治秩序中的地位,并对法院特殊作用的承认、正当程序的设置以及诉讼中基本人权的尊重等突出问题给予了充分的关注。从此种意义上看,诉讼法可以被称为"被适用的宪法"①。

第二次世界大战以后,日本在美国的直接干预和影响下,开展了以宪法为先端与核心的全面法制改革,确立了国民主权、和平主义、尊重人权等宪法基本思想与精神。② 1946 年《宪法》明确规定,国家赋予国民广泛权利,一切基本人权不受妨碍;任何人在法院接受审判的权利都不得剥夺;全部司法权属于各级裁判所。③ 这些规定均表明,当国民就其具体民事权利义务发生争议时,国家须通过法定的审判机关保障国民接受裁判权的实现,国民的接受裁判权已

---

① [日]谷口安平:《程序的正义与诉讼(增补本)》,王亚新、刘荣军译,中国政法大学出版社 2002 年版,代译序。
② 王亚新:《日本民事诉讼中的宪法性保障和民事审判权》,载《社会变革中的民事诉讼》,中国法制出版社 2001 年版,第 234 页。
③ 《高等学校法学教材参考资料 外国法制史资料选编》,北京大学出版社 1982 年版,第 808 页。

上升为宪法性权利。

伴随着宪法的修订实施与后续裁判所法的施行,日本的战时临时裁判制度被废止,以民主为基石的全新裁判制度应运而生。司法从组织上和职务上逐步独立,司法权范围得到扩充,法院内部体系趋于完善,关于民事诉讼的立法体例与主要内容也发生了巨大的变化。但是,受制于"厌讼"文化传统与裁判程序费时费力等弊端的限制,在战后的一段相当长时期内,宪法所力求保护的国民广泛参与诉讼与获得公正裁判之权利并未得到真正的落实,民事诉讼制度遭受了来自各个阶层国民之"难以利用"的批判,以至于法官与律师都产生了国民将可能远离司法进而丧失对司法的信赖之危机感。

鉴于此,20 世纪末,日本开展了旨在改善民事诉讼运作的各种活动,这种来自社会不同阶层、群体推动下的改革力量,成为日本社会将民事诉讼改革为"易于利用、易于理解的民事诉讼"的修法动力。1996 年,日本新《民事诉讼法》正式颁布,该法根据新的社会发展形势与司法需求状态,对原有民事诉讼程序制度进行了全面修改,突出体现了为实现宪法基本思想与精神,一方面要使国民尽可能"接近裁判",另一方面要为国民参与诉讼提供充足的"程序保障"。

在立案受理制度方面,该法主要通过对起诉方式的多样化设置、起诉程序步骤的简化与积极推进等途径,力促"接近裁判"目标的实现。具体来讲,该法安排了各种各样的裁判程序乃至不具有对抗性的诉讼前和解程序、督促程序,且根据不同程序的特征规定了不同的起诉方式与条件,尽量适应民事纠纷的多样性与复杂性,满足不同类型案件及其当事人的程序适用需求。起诉被提起后,原则上审判长仅须形式审查原告的诉状是否符合法定条件的要求,如无缺陷即可由书记官向被告送达诉状,以此完成整个起诉过程,程序简便紧凑,非常有利于确保当事人接受裁判权的最大化实现。

同时,该法还特别强调在起诉阶段对当事人诉讼权利保障与诉讼程序正当性保障之平衡,以此促进民事诉讼"程序保障"基本目标的实现。从前一层面上讲,基本点在于保障当事人在诉讼过程中应有的主导性;从后一层面上讲,重点保障法官的审判活动及其结果的合规性。这两个方面紧密相关,但后者以前者为前提,即虽然最后作出裁决的主体是法官,但是当事人却被视为形成裁决或者限定裁决范围的主体。详言之,在起诉阶段,当事人必须根据自己所希望的裁判内容向法院提出请求并将这些明确记载到诉状上,由于该请求划定了法院判决的范围,为此,法院所作出的判决既不能超出其请求的内容,也不能用其他救济方式替代。当然,为达成请求的目的,仅靠当事人的努力是

第四章　日本民事诉讼立案受理制度

远远不够的,故而在诉讼过程中,还要求法官除依法作出实体裁决外,也应尽量确保程序之公正,如须在起诉阶段对诉状进行严格的形式审查、发现缺陷后须限期要求补正等。

(二)民事诉讼目的论的影响

任何社会制度均为一定的目的而存在。准确把握制度目的,对于深入理解、确切运用该制度具有极为重要的意义。民事诉讼制度为何目的而设置?对于这一问题,世界各国法学界特别是大陆法系的诉讼法学者一直给予高度的关注与积极的探讨,并据此形成了所谓民事诉讼的目的论及其与其相关的各种学说,具有代表性的这些学说主要有所谓的私权保护说、维护私法秩序说、纠纷解决说、程序保障说、权利保障说、多元说等。这些有关民事诉讼功能定位的解说,都在相当程度上影响乃至决定着一国的民事诉讼立法理念、原则和技术规范。

日本早期民事诉讼立法因形成于资本主义发展初期且全盘继受德国立法成果,故也以德国当时民事诉讼目的论的支配性学说——保护当事人权利的私权保护说为目的而设置程序制度。后又随时代发展而更多从国家立场出发来考虑,倾向于保护国家法秩序的维护私法秩序说。但是二战结束之后,上述观点与新宪法所确立的民主主义社会体制难以适应,加之社会生活逐渐恢复到正常状态后民事案件急剧上升与原有民事诉讼制度难以满足国民司法需求之矛盾也日益突出,因此建立在批判维护私法秩序说基础之上的新学说——纠纷解决说应运而生并受到追捧。尽管其后也陆续出现了修正该学说的程序保障说、权利保障说、多元说等,目前纠纷解决说仍被视为日本民事诉讼目的论的通说。

按照纠纷解决说的观点,以公权力介入私权纠纷解决过程的裁判方式与诉讼制度在人类社会的早期即已存在,而调整私权关系的私法实际上是在这一过程中逐渐形成的。将民事诉讼目的视为维护私权或私法秩序其实是本末倒置的。① 民事诉讼是一种常见且常用的民事纠纷解决方式,因此其首要目的应该也必须是纠纷的强制性解决。由于这一学说高度契合了二战后整个日本社会对民事纠纷解决的强烈需求,因此当之无愧地成为后续民事诉讼制度一系列变革的直接理论基础。1996年新《民事诉讼法》的立法者更是以此为指导思想,确立了"纠纷解决迅速性"与"纠纷解决实效性"两方面具体目标,以

---

① [日]兼子一、竹下守夫:《民事诉讼法》,白绿铉译,法律出版社1995年版,译者前言。

促使民事诉讼程序制度能够"让国民容易理解,并能让国民容易利用"。

在"纠纷解决迅速性"方面,立法者认为,民事诉讼的理想无外乎追求程序公正、迅速且经济地运行。与其他国家相比,日本的民事诉讼在公正性上已经获得了较高评价,但是在迅速性层面却并不理想。① 民事诉讼制度在1980年代受到社会各阶层广泛批评的主要原因即为太慢、太贵、几乎不能为常人所理解。② 故此,立法者在1996年新《民事诉讼法》开篇即开宗明义地强调,法院应努力满足国民对民事诉讼公正性、迅速性的期望,③继而又通过增加争点和证据整理程序、增设小额诉讼程序、强化法官的诉讼指挥权等一系列措施,力争实现这一价值追求。

与此相对应,在诉讼开始阶段的起诉制度方面,该法也通过多元化的起诉方式设置,尽量减少对立案受理的条件限制、简化立案受理的程序设置,促使纠纷采取更为迅速经济的简易诉讼程序、小额诉讼程序、诉讼前和解程序、督促程序等方式予以解决。即使必须采取普通的诉讼程序处理,法官和书记官也会相互配合,采取在起诉阶段开展更多的审理前准备活动等方式,如及时指定口头辩论或其准备程序的期日并传唤当事人等,尽力推进诉讼程序迅速进行。

通过上述制度的共同运作,日本民事诉讼的平均审理周期在其后三年整体上有所缩短,但缩短幅度仍不是特别理想。④ 于是,2003年日本又继续修订新《民事诉讼法》,新增了"起诉预告"、"起诉前照会"、"计划审理"等制度,扩大了小额诉讼程序的适用范围,为民事诉讼进一步提速。根据"起诉预告"、"起诉前照会"制度的规定,准备提起诉讼的人在起诉前,即可以书面方式向应作为被告的人作出起诉的预告通知,且为了准备起诉时的主张或相关证明,还可于预告通知之日起四个月内,就一些必要事项向对方提出书面照会,要求其在指定的适当期间内以书面答复。这些规定将诉讼的准备时间大大前移,既丰

---

① [日]中村英郎:《新民事诉讼法讲义》,陈刚、林剑锋、郭美松译,法律出版社2001年版,第10页。

② [英]阿德里安:《危机中的民事司法:民事诉讼程序的比较视角》,傅郁林等译,中国政法大学出版社2005年版,第27页。

③ 白绿铉编译:《日本新民事诉讼法》,中国法制出版社2000年版,第32页第2条的规定。

④ 地方法院第一审诉讼案件的平均审理周期缩短为9.2个月,但对事实存在争议进而需要证据调查案件的平均审理周期仍达20.5个月。[日]新堂幸司:《新民事诉讼法》,林剑锋译,法律出版社2008年版,第35页。

富了起诉制度,又促进了迅速审理目的之实现。

在"纠纷解决实效性"方面,日本立法者遵循了"在一次诉讼中尽可能根本地、大范围地解决纠纷"之诉讼哲学。根据这一思想,在一个具体的民事诉讼案件中,当事人之间的争议不仅可能表现为对诉讼标的的权利与义务关系存在争议,也可能对作为诉讼标的的原因关系存在争议。在这种情况与条件下,如果法院仅仅对有关诉讼标的的权利关系的争议作出判决,并不能使纠纷从诉讼裁判中获得较为全面以及最终的解决,甚至这种对纠纷不甚全面的解决反而还会再次引发或者由此激发其他的争议。为避免上述恶果的出现,新《民事诉讼法》在起诉制度方面作出了诸多努力:一是在诉状记载事项方面,强制性规定原告必须完整记载请求的目的及原因,即既需要通过请求的目的明确原告的主张与谋求法院判决的请求,又需要通过请求的原因明确该请求的法律根据或者使请求具备理由之事实,以使纠纷最终得到彻底解决;二是在诉的变更、中间确认之诉、反诉方面,通过明确这些制度的适用条件及其与起诉的转换关系,以及强化法官在关联请求合并审理中的积极释明,尽可能促使当事人利用原有的诉讼程序一并解决相关纠纷,而不必另行提起其他诉讼程序,实现程序的高效利用与纠纷的有效解决;三是在禁止重复起诉方面,也尽可能扩张禁止重复起诉原则的作用与范围,换言之,通过扩大禁止重复起诉的方式来避免法庭对于主要争点的重复审理及裁判上可能导致的矛盾与不统一,进而提高解决纠纷所应当具有的实效性。

第五章  韩国民事诉讼立案受理制度

二战前韩国民事诉讼法深受德日法的影响,二战后又吸收融合美国法的合理因素,形成了具有本国特色的诉讼制度。韩国民事诉讼法在起诉程序中规定了诉状的必要记载事项,这表明法院对纠纷当事人的起诉实行形式审查。韩国民事诉讼立案受理制度具有以下的特质:诉之要素和种类的制度化、审前辩论内容的同一化、审查方式的形式化、当事人重要诉讼行为的书面化和民事诉讼的电子化。对起诉的形式审查有其深刻的理念基础,程序意义当事人概念体现了审判权对诉权的保障,代表了当事人理论的发展方向;区分起诉要件和诉讼要件,符合民事诉讼的理性和发展规律,使诉权和审判权在向前推进中得以平衡兼顾,也是目前大多数国家都采用的基本做法。

第一节 韩国民事诉讼立案受理的立法与制度构造

一、韩国民事诉讼对立案的规定

二战前韩国的民事诉讼法深受德日法的影响,二战后朝鲜半岛一分为二,为避免法律适用上的空白,在美国军政时期韩国仍沿用旧法,直到 1960 年韩国的第一部民事诉讼法才出台。虽然旧法被废止,但是韩国民事诉讼的内容还是承袭了德日等大陆法系国家的传统。后来韩国又吸收借鉴了英美的不应诉判决、律师照会、交叉询问等制度,这使得民事诉讼制度又带有一定的英美法色彩。

为适应社会的不断发展变化,1960 年生效的韩国民事诉讼法已经经历了

第五章 韩国民事诉讼立案受理制度

20多次修改,同时还制定了《民事诉讼规则》,[①]以发展和完善民事诉讼制度。在诸多修改中,最引人瞩目的当属2002年的修改,此次修法将诉讼程序的中心由原来的辩论为中心提前至辩论准备程序。根据2002年民事诉讼法的规定,韩国民事诉讼对立案的规定体现在第二编第一审诉讼程序中的第一章起诉中。在该章中,法律用24个条文对起诉进行详细的规定,这包括起诉的方式、诉状的记载事项、确认证书真伪之诉、请求将来履行之诉、定期金判决及变更之诉、诉的客观合并、对诉状的审查、被告的答辩义务以及未经辩论作出的判决、辩论准备程序、重复之诉的禁止、被告的变更、诉讼请求的变更、中间确认之诉、时效中断、诉的撤回、双方当事人未出庭、反诉。[②]

尽管韩国民事诉讼法对起诉的规定较为具体,可是没有对起诉的条件作出明确、具体的规定,只是在起诉的方式中规定了诉状的记载事项。《民事诉讼法》第248条规定了起诉的方式,即提起诉讼,应当向法院递交诉状。第249条规定了诉状的记载事项,即诉状中应当记载当事人、法定代理人以及请求意旨和原因等事项。第254条规定了裁判长对诉状的审查权,即诉状违反第249条第1款规定的,裁判长应当指定适当期间,命令于该期间内补正缺陷。诉状未贴附法律规定的印纸时,亦同。原告在第1款期间内未补正缺陷的,裁判长应当以命令驳回诉状。对第2款的命令,可以提出即时抗告。[③] 裁判长在审查诉状时认为有必要的,可以命令原告详细写明请求理由的证据方法;原告未添附诉状中引用的书证之藤本或影印本的,裁判长可以命令其提出。

二、韩国民事诉讼立案受理制度的基本构造

立案受理是诉讼程序启动的标志,这关涉当事人的诉讼行为和法院诉讼行为的相互关系问题,从权利权力的视角来看,体现了诉权与审判权的相互作用及其权能范围的大小。以下作者将从起诉的条件、法院对起诉的审查和起

---

① 为完善民事诉讼法的适用,韩国大法院在1983年制定并公布了《民事诉讼规则》,该规则随着民事诉讼法的修改而历经多次修改,现行的民事诉讼规则是2002年修改民事诉讼法的产物。

② 陈刚:《比较民事诉讼法》(2004—2005年卷),中国人民大学出版社2006年版,第244~323页。本章中涉及的韩国民事诉讼法的法条,均出自该书,在此统一说明。

③ 韩国民事诉讼实行三审终审制,当事人对第一审判决不服的,可以提起抗诉;对第二审判决不服的,可以向大法院提起上告。对一审和二审的决定和命令不服的,可以提起抗告;再次提起的,称作再抗告。

诉的法律效果三个方面分析韩国民事诉讼立案受理制度的基本构造，以期形成对韩国立案受理制度总体的框架把握，为进一步阐明韩国立案受理的具体问题奠定基础。

（一）起诉要件

韩国民事诉讼法没有像我国一样明确规定了起诉的具体条件，只是在第249条规定了诉状的必要记载事项。如果诉状中缺乏某一项要素且当事人又不进行补正，则法院会驳回起诉。① 为了便于理解，作者从诉状的必要记载事项抽象出原告起诉应当具备的要件，这包括起诉的内容要件和起诉的形式要件。②

1. 起诉的内容要件

（1）当事人和法定代理人

诉讼必须首先确定当事人，只有在原告和被告都明确的前提下，诉讼才能继续进行。韩国民事诉讼法规定，当事人是自然人的，应当记载其姓名、住址和居住登记号；当事人是法人的，应当记载其名称、商号和主要事物所在地，法人和非法人团体、社团还应记载代表人。此外，根据韩国《民事诉讼规则》第2条的规定，当事人还应在诉状中记载电话号码、传真号码、电子邮件等联系方式。在当事人是无诉讼行为能力人的情况下，诉状中还必须记载无诉讼行为能力人的法定代理人，由其代为进行诉讼行为，例如未成年人的父母，限定治产人和禁治产人的监护人，③但是未成年人或者限定治产人能独立实施的诉讼行为不在此限。诉讼代理人虽然不是诉状中的必要记载事项，但是为了方便送达，惯例也要求在诉状中写明。如果法定代理权、诉讼代理权或者代理人为诉讼行为欠缺必要授权的，这可构成当事人绝对上告的理由。④ 例如，韩国《民事诉讼法》第56条规定，法定代理人撤诉、和解、放弃或者承认请求或者退出诉讼的行为，需要特别授权。若无此特别授权，则可构成绝对的上告理由。

---

① 韩国民事诉讼规则还对诉状的内容和形式要件进行了规定，如诉状的内容应当简洁，并且用A4纸张做成。

② 我国多从起诉的实体条件和形式条件角度说明起诉应当具备的条件，采用起诉实体条件的说法不利于贯彻诉权保障原则，提高了起诉的门槛，采用内容条件或者内容要件较为妥当。

③ 限定（限制）治产人是指限制民事行为能力人，禁治产人是指无民事行为能力人。

④ ［韩］李时润：《新民事诉讼法》，博英社2003年版，第725页。转引自孙汉琦、陶建国：《韩国民事上告制度》，载陈刚、廖永安：《移植与创新：混合法制下的民事诉讼》（首届东北亚民事诉讼法制国际研讨会文集），中国法制出版社2005年版，第357页。

第五章 韩国民事诉讼立案受理制度

当然,法院在确定当事人时不仅仅只看诉状中的形式记载,还要综合请求趣旨、请求原因等事项综合作出判断,因为当事人的确定是法院依照职权调查的事项。如果原告在诉状中误写了当事人的姓名,则应当允许原告进行变更,这种变更在法律上称为当事人表示的订正。当事人表示的订正不能破坏当事人的同一性或者将新的当事人引入诉讼,因而当事人表示的订正不同于当事人变更。

为了规范集团诉讼代表当事人,切实维护当事人合法权益,2005 年实施的证券集团诉讼法对代表当事人的资格进行了规定。代表当事人必须能公平适当地代表全部成员的利益,而且,为了防止专业负责集团诉讼的代表当事人出现,规定代表当事人在最近 3 年期间办理 3 件以上有关证券集团诉讼案件的,都不能再行代理。有观点认为,证券集团诉讼的代表当事人应当优先赋予机构投资者。①

(2)请求趣旨

请求趣旨是指原告根据诉的类型提出的具体的诉讼请求。请求趣旨决定了法院审理的对象和范围,法院必须根据当事人的具体诉讼请求作出裁判。请求趣旨是当事人寻求司法救济的最终目的,原告提出请求的救济方式可以根据案件情况自行决定。例如,原告要求被告支付一定数额的金钱,或者要求被告履行特定的行为。请求趣旨决定了法院的审理范围,法院不能超过当事人的请求趣旨作出判决,可见,提出什么样的请求趣旨至关重要。请求趣旨也是确定法院管辖权、上诉利益、诉讼费用分担比例、时效中断期间的标准。请求趣旨应当具体、明确、特定,请求趣旨是否明确、特定,属于法院依职权调查的事项。② 根据诉的类型不同,请求趣旨的记载方式也有所不同。确认之诉要记载请求确认的具体法律关系或者具体权利。在司法实践中,韩国法院一般要求原告在诉状中就确认之诉写出法律关系的具体内容。因而,韩国确认之诉的请求趣旨一般要比形成之诉和给付之诉的请求趣旨更为具体。给付之诉应当在诉状中记载要求给付判决的趣旨、给付的对象和给付的具体内容。形成之诉要明确记载形成判决的趣旨、形成对象和内容要求。

---

① 权赫在:《证券集团诉讼的研究:韩国的经验》,载《河北法学》2007 年第 2 期。

② 请求趣旨由当事人决定,这是处分主义的基本内涵,这里的职权调查一般是指在当事人提出的请求趣旨不明确、不充分时,法院行使释明义务,目的是为了让原告提出的请求趣旨明确、特定。

(3)请求原因

请求原因是指双方争议的民事实体法律关系以及权利发生、变更和消灭的具体事实,即原告提出的支持其请求趣旨的具体事实主张。这里的事实是指案件的基本事实或者主要事实,而不包括辅助事实和间接事实。① 一般而言,如果仅根据请求趣旨即可确定特定的诉讼标的,则原告无须在诉状中明确请求原因;如果不能将某个诉讼标的具体化,则原告需在诉状中记载一定的请求原因。"法院不能改变原告提出的请求原因,从这个意义上说,原告对请求原因享有完全的不受法院干涉的权利。然而,这可能会使一些原告处于不利的地位,特别是当原告缺乏足够的法律知识以及足够的法律帮助。"②由上可见,法院不能改变当事人主张的事实,这体现了辩论主义的基本要求。

2.起诉的形式要件

(1)起诉的方式

根据韩国民事诉讼法的规定,纠纷当事人向法院起诉,原则上要向法院提交诉状,无论是起诉、反诉还是提起中间确认之诉。③ 诉状可以由纠纷当事人直接提交法院,也可以通过邮寄的方式寄出。对于当事人能否以电子邮件、电报等方式起诉,开始韩国学界对此看法不一,主要的顾虑是当事人及其代理人无法签名、盖章以及诉讼费用如何交纳问题,但后来大多持赞成态度。而且随着电子技术在诉讼中的广泛应用,韩国的大法院已开通了电子督促程序系统,建立无纸化电子法庭已成为发展趋势。

除诉状的起诉方式外,对于诉讼标的额在 2000 万韩元以下的小额诉讼案件,允许当事人采用口头形式起诉。④《小额案件审判法》第 4 条规定,法院事务官将口头起诉内容记入笔录,签名盖章后即视为起诉状。实务中有地方法院还制作了格式化的起诉状,这些格式化的起诉状弥补了当事人法律知识的欠缺,方便了当事人诉权的行使,也有利于法院对诉状的审查。而且《小额案

---

① 日韩民事诉讼法理认为,基本事实和主要事实属于同一概念,二者不同于要件事实,基本事实属于要件事实的具体化。

② Youngjoon Kwon. Litigating in Korea: A General Overview of the Korean Civil Procedure, Journal of Korean Law, Vol.7, No.1, 2007, p120.

③ 韩国《民事诉讼法》第 264 条规定了中间确认之诉,即"诉讼进行中遇对法律关系的存在与否发生争议之情形时,当事人可以另行提起请求确认该法律关系之诉讼。但以该确认请求不属于其他法院专属管辖为限"。

④ 关于韩国小额诉讼的原则与制度,参见刘秀明:《韩国小额诉讼的立法宗旨与制度特色》,载《北方法学》2015 年第 1 期。

件审判法》还规定了任意出庭制。所谓任意出庭制,是指双方当事人发生纠纷后可以同时到法院请求当即开庭审理的一种制度设计。"虽然任意出席制试图通过简化程序提高诉讼效率,但由于双方当事人很难同时出席,使得该制度在实践中基本处于闲置状态。"①

此外,韩国民事诉讼法还规定了拟制起诉。这里的拟制起诉,是指在申请支付令案件、诉前和解案件以及调解案件中,因债务人异议、和解、调解不成转为诉讼程序中,当事人的申请即视为起诉。例如,《民事诉讼法》第472条规定,债权人依第466条第1款规定提起诉讼申请的,或者法院依第466条第2款作出将申请支付令的案件转回到诉讼程序之裁定的,视为自申请支付令时提起诉讼。② 在此需要注意的是,当事人申请支付令、诉前和解、调解的时间点就视为起诉的时间点,而不是自转化时开始计算诉讼期间。

(2)诉讼费用

韩国《民事诉讼法》第116条规定,原告向法院起诉时应当按照诉额的比例预交印花以及文书送达费用,如果当事人不预交该项诉讼费用,那么法院有权停止实施该诉讼行为,诉状中还要记载诉讼费用裁判事项。此外,韩国民事诉讼法还对诉讼费用担保进行了明确的规定。所谓诉讼费用担保,是指在涉外民事诉讼中,为防止涉外原告滥用诉权,或者涉外当事人在败诉后不支付诉讼费用,要求涉外原告或者在本国无住所的原告在起诉时预先向法院交纳一定金额的诉讼行为。③ 该法第117条规定,如果原告在韩国没有住所、事务所、营业所,被告可以向法院提出申请,由法院命令原告提供诉讼费用担保,当出现担保不足的情形时,准用之。被告已经申请原告提供担保,在原告提供诉讼费用担保之前,被告可以拒绝应诉。但是,被告明知原告有提供担保之情

---

① [韩]李时润:《新民事诉讼法》,博英社2010年版,第870页。转引自谢鹏远:《韩国小额诉讼制度现况及对我国的启示》,载《河南财经政法大学学报》2014年第5期。

② 韩国《民事诉讼法》第466条第1款规定,债权人可以在法院命令补正债务人住所时,申请起诉。第2款规定,支付令除公示送达方式外无法送达,或者应当向外国送达的,法院依照职权作出裁定,将案件转回诉讼程序。

③ 德、日、韩等大陆法系的国家都规定了诉讼费用担保,德、日规定了以互惠为条件可以免除外国原告提供诉讼费用担保的义务,但韩国采用的是住所地原则,免除的条件不是根据互惠原则,而是根据案件没有争议的数额来决定。我国《诉讼费用交纳办法》(2007)第5条规定:"外国法院对中华人民共和国公民、法人或者其他组织,与其本国公民、法人或者其他组织在诉讼费用交纳上实行差别对待的,按照对等原则处理。"由此可见,我国在诉讼费用担保问题上实行的是同等原则与对等原则。此外,法国和墨西哥等国家实行司法免费原则。

形,如果被告已经进行了实体答辩,即对本案已经进行了辩论或者在准备期日已进行陈述的,则不得申请提供担保。当然,诉讼费用的担保也有例外,即当事人对部分请求没有争议的,如果没争议的部分数额足以担保诉讼费用的,那么原告无须提供诉讼费用担保。

(二)法院对起诉的审查

法院在收到原告的诉状后应当记录,并及时将案件分配到合议部或者独任判事,此种记录和案件分配事项属于法院内部的司法行政程序。《民事诉讼规则》第5条规定,诉状属于诉讼文书,法院无正当理由不得拒绝领受诉状。审判长要对诉状中的必要记载事项进行审查,例如,当事人是否确定,请求趣旨和请求原因是否明确特定,诉状是否粘附印花。诉状中欠缺必要记载事项,审判长应当指定适当期间命令原告补正该缺陷。法律对补正期间没有作出限制性规定的,法官有权随时作出补正命令,甚至在辩论开始后作出。如果原告在法院指定的期间内没有补正诉状中的欠缺,那么审判长应当以命令驳回起诉,此时诉讼终止。当然,法官应当在向被告送达起诉状副本之前作出驳回起诉的命令;如果在此之后,那么应当由合议部以判决的方式驳回起诉,原告对驳回起诉不服的,有权提出即时抗告。①

1990年以前,韩国民事诉讼实行的是证据随时提出主义,这使审前的辩论准备程序流于形式,并且导致了诉讼迟延。为了强化审前准备以实现庭审的集中审理,1990年韩国通过《民事诉讼规则》修改强化了法官的诉状审查权、辩论准备以及增加了期日前证据调查,并在实践中获得了很好的成效。法官对诉状的审查限于诉状中的必要记载事项,诉状中的任意记载事项欠缺无涉诉的合法性问题,因而不会被法院驳回。任意记载事项包括案件表示、附加文书、证据方法等攻击防御方法。如果原告在诉状中附加了任意记载事项,那么诉状兼具辩论准备书的效果。"诉状中无须附加证据。然而原告常常附加一些实质性证据,例如合同纠纷案件中附加合同的副本。实务中法院也强烈建议原告附加一些重要证据,因为这样不仅使法院审理案件更加便利,也可以使被告阐明其诉讼主张,提供有关案件的充足信息。"②审判长在审查诉状时,

---

① 韩国判例认为,诉状存在瑕疵而被法院驳回的,应当视为诉状不合法。当事人即使在抗告期间补正该瑕疵的,诉状依然不合法。但是也有学者认为,以抗告审结束期间作为判断诉状是否合法的标准更为妥当。

② Youngjoon Kwon. Litigating in Korea: A General Overview of the Korean Civil Procedure, *Journal of Korean Law*, Vol.7, No.1, 2007, p.120.

如果认为有必要,可以要求原告提供支持请求趣旨的证据方法。原告没有对诉状中书证提出副本的,法院有权命令原告提出书证复印本,但是法院不得因原告未提出证据方法而驳回原告的起诉。

经审查诉状是合法的,则法院应及时向被告送达起诉状副本。① 如果诉状中没有记载被告的法定代表人或者被告的送达地址有错误,法院会命令原告在一定期间内补正,如果原告拒绝补正,法院会以诉状不合法为由驳回起诉。2002 年韩国修改民事诉讼法规定了被告应当在收到起诉状副本之日起 30 日提出书面答辩,并增设了无辩论判决制度,这使诉讼程序中心由审判阶段提前至审前的辩论准备阶段。答辩状同样应该记载请求趣旨、请求原因等事项。被告提出答辩后,法院应当及时将答辩状副本送达原告,以保证原、被告平等获得信息的权利。若被告在 30 日内没有提交答辩状,则视为被告对原告诉请原因事实的自认,不经辩论程序而作出判决。② 但是公告送达的案件、涉及法院依职权调查的事项除外。可见,韩国民事诉讼法规定了被告在审前程序中的答辩义务,以及被告不答辩的法律后果,此举吸收借鉴了英美法系诉答程序的特点,有利于推进庭审的集中审理,提高纠纷解决的效率。

(三)起诉的法律效果

原告向法院起诉,法院经形式审查,向被告送达起诉状副本后,当事人和法院之间就产生了诉讼法律关系,并引发了诸多法律效果。在诉讼法上发生了诉讼系属和禁止重复起诉的效果;在实体法上发生了时效中断和除斥期间的效果。

1.诉讼法上的法律效果

(1)诉讼系属

诉讼系属,是指纠纷当事人的起诉行为使特定的法院产生了对当事人特定的诉讼请求可以进行审判的状态,这种状态一直持续到法院作出确定裁判,或者因原告撤诉而终结。诉讼系属产生管辖权恒定和当事人恒定的法律效果。诉讼系属后当事人不得再向其他法院起诉,其他法院在受理前或受理后发现其他法院已经受理的,应当将案件移送其他已经受理的法院。对于当事

---

① 法院向被告及时送达起诉状副本不仅有利于被告提出答辩状,也有利于维护原告的合法权益。此外,韩国法规定了迟延履行金,自诉状副本送达被告之日起计算,现在的法定利率为年 20%。年利率根据总统令确定,但最高不得超过 40%。

② 在英美法系国家,出于程序正义和诉讼效率的考虑,缺席判决不仅存在于审判阶段,而且还规定了审前程序的缺席判决,即被告不按时答辩的缺席判决,学界一般称为不应诉判决(default judgment)。

人而言,诉讼系属的目的是获得法院的有效判决;对于法院而言,诉讼系属后法院不得拒绝裁判。① 但是,案件系属于仲裁程序、强制执行程序、证据保全程序、假扣押和假处分程序的,不属于诉讼系属。督促程序的当事人之间存在实体法律关系,因而不同于其他的非讼程序,督促程序属于简易快速程序。在督促程序中,如果债务人对案件提出异议,或者向法院起诉,就可以将案件转为诉讼程序,因而,案件系属于督促程序的构成诉讼系属。对于诉前和解、民事调解程序的诉讼系属问题,学界存在不同的看法。通说认为,案件系属诉前和解和民事调解程序的,也构成诉讼系属。但是,也有观点认为,在诉前和解和民事调解程序中,只有在当事人提出起诉申请或者提出异议时,才能认定其构成诉讼系属。

关于诉讼系属的时间点,韩国民事诉讼学界认为,诉讼系属始于法院向被告送达起诉状副本之时,终于消灭。韩国民事诉讼将诉讼系属的时间起始点定位于向被告送达起诉状副本之日起,而不是原告提起诉讼之时,这是因为只有法院向被告送达了起诉状副本后,诉讼才会在原告、被告和法院之间形成诉讼法律关系。② 诉讼系属消灭的情形主要包括:法院驳回诉讼或者视为驳回诉讼、判决确定、建议和解裁定确定、建议履行裁定确定、制作和解笔录、制作放弃请求或者承认请求的笔录等。在选择性合并和预备性合并等情形时,法院对其中一个请求作出了支持原告的胜诉判决,对其他请求的诉讼系属将产生溯及性消灭效果。③

(2)禁止重复起诉

案件已经系属于某一特定法院,当事人不得就同一案件再次向法院起诉,禁止重复起诉属于诉讼的消极要件。韩国民事诉讼理论认为,构成重复起诉的判断标准是当事人同一和诉讼标的同一,即只要当事人和诉讼标的都相同,再次起诉就构成重复起诉。构成重复起诉的情形多种多样,例如,采用独立诉讼、合并诉讼的方式,也包括采用反诉、变更之诉、诉讼参加等方式。禁止重复

---

① 《法国民法典》第 4 条规定:"审判员借口没有法律或法律不明确不完备而拒绝受理者,得依拒绝审判罪追诉之。"

② 韩国诉讼系属起始点的观点着眼于民事诉讼法律关系的形成,侧重了对被告利益的保护。与此不同的是,我国台湾地区学界认为,诉讼系属于原告向法院起诉,此种观点侧重了对原告利益的保护,但却忽略了被告的利益。

③ [韩]孙汉琦:《韩国民事诉讼法导论》,陈刚审译,中国法制出版社 2010 年版,第 165 页。

起诉是法院依职权调查的事项,不以当事人提出抗辩为前提。① 若法院对重复起诉的案件作出了判决,则构成上诉的理由。

2.实体法上的法律效果

纠纷当事人的起诉在实体法上发生时效中断、除斥期间的法律后果。关于时效中断,目前韩国有两种学说,即权利行使说和权利确定说。权利行使说是韩国的通说,该说认为,诉讼标的指向的权利义务关系从原告起诉时发生时效中断的法律效力。除斥期间的判断要根据实体法加以确定。例如,《韩国民法典》第 204 条规定,对侵害占有权的,权利人应当自侵夺之日起 1 年内行使。时效中断或者必须遵守法律上期间的裁判上的请求,在提起诉讼时,或者向法院提出变更被告、变更诉讼请求、中间确认之诉的书面时产生效力,因原告撤诉或者法院作出驳回诉讼时消灭。此外,关于起诉的实体法律效果,韩国法还有些特殊规定。例如,《关于促进诉讼等法律》第 3 条第 1 款规定了诉讼系属后法定利息调到年息 20%;《票据法》第 70 条规定了票据法上偿还请求权消灭时效开始的起算日;《刑事诉讼法》第 229 条第 1 款规定了产生通奸罪的告诉要件。②

第二节 韩国民事诉讼立案受理制度的基本特征及其影响制度构建的基本理论

一、韩国民事诉讼立案受理制度的基本特征

(一)诉之要素和种类的制度化

一般认为,诉是特定的当事人向特定的法院提出的特定的请求,诉权是抽象的,诉是诉权的具体化、特定化。诉不仅具有开启程序的功能,而且还决定了法院的审理对象和范围,因而诉的理论是民事诉讼法学的基本理论。诉的理论主要包含诉的要素和诉的种类这两个基本内容,而韩国民事诉讼立案受

---

① 虽然韩国民事诉讼法贯彻辩论主义,但是在涉及诉讼要件、双重起诉、除斥期间、专属管辖、公益事项、家事诉讼、非讼程序等问题上实行的是职权探知主义。

② [韩]孙汉琦:《韩国民事诉讼法导论》,陈刚审译,中国法制出版社 2010 年版,第 166 页。

理制度中则体现了诉的要素和诉的种类的法定化、制度化。

1.诉之要素的制度化

诉之要素,是指构成一个诉应当具备的基本因素。在民事诉讼法学理论中,诉的要素有"二要素说"和"三要素说",①前者是指诉讼标的和诉讼理由;后者在前者基础上增加了当事人这一要素。其实,一个诉不可能没有当事人,当事人是区分此诉与彼诉、诉的变动的重要标准,也是法院审查判断诉之合法的重要内容。在诉的构成要素中,当事人是诉的主观要素,是构成诉的先决条件;诉讼标的则为诉的客观要素,是构成诉的核心要素,也是最狭义上的诉的要素;诉的理由是支撑诉的基本事实,是将诉具体化和特定化的重要因素。如前所述,韩国民事诉讼法在诉状的必要记载事项中明确规定了当事人、请求趣旨和请求原因,而这三点正是诉的三要素。不仅如此,当事人的仲裁申请书也必须包括诉的三要素。例如,韩国《仲裁法》规定,仲裁申请书应写明当事人全称和地址、仲裁请求概要、仲裁的理由以及证明方法,申请者必须向仲裁院总部或分部的秘书处提交导致仲裁发生事实的证据材料原件或复制件。②将诉的要素法律化、规范化和制度化是韩国民事诉讼法的一大特色,这体现了诉讼理论和法律规范的有机结合,增强了司法实践的可操作性。诉的理论的制度化有利于原告提出明确的诉讼请求,有利于被告针对性地进行答辩和抗辩,也有利于法院确定案件的审理范围,推进审判进程。

2.诉之种类的制度化

学界认为,根据诉的性质和内容,可以将诉分为确认之诉、给付之诉和形成之诉,韩国民事诉讼法对三种特殊类型的诉都作出了明确的规定。确认之诉要求确认法律关系或者权利是否存在,公民、法人和其他组织都有权提起与其有法律上利害关系的确认之诉,某项事实的认定一般不得向法院提起确认之诉。但是,德、法、日、韩等大陆法系国家都允许对证明法律关系文书的真伪提起确认之诉,韩国《民事诉讼法》第250条规定了确认证书真伪之诉,即"为确认证明法律关系的文书之真伪,可以提起确认之诉"。这也可以看作是确认之诉中法律关系或者权利的一个例外。应当注意的是,"确认之诉是附属于给付之诉。由于确认之诉不具有可执行性,因而,原告仅能对获取确认判

---

① 从形式上看,"二要素说"和"三要素说"的区别仅在于诉之主体要素的有无,但实质上诉之要素的判断难点在于诉的客体,即与诉讼标的识别判断有关,是仅指诉的声明还是兼具原因事实。

② 钟国定、丁奎琫:《韩国的商事仲裁法律制度》,载《政治与法律》1994年第3期。

决上有特定的法律上的利害关系才能允许提起确认之诉。当原告提起的是给付之诉时,提起确认之诉是禁止的。这样,基于信贷关系的存在,如果原告要求被告支付一定数额的款项,那就只能提起给付之诉而不是确认之诉"①。

给付之诉分为现在给付之诉和将来给付之诉,一般而言,提出将来给付之诉应当具有一定的限制,以防止原告滥用诉权。对此韩国《民事诉讼法》第251条规定了请求将来履行之诉,即"请求将来履行之诉,限于有必要预先提出请求时,方可提起"。法律将"预先请求的必要"作为原告提起将来履行之诉的构成要件,至于何为"预先请求的必要",则由法官根据案件的具体情况来裁量,而这又涉及诉之利益的判断问题。②

变更之诉是原告要求法院改变、消灭某种法律关系的一种请求。这表明,原告提起变更之诉必须有法律上的明确规定,其目的就是改变或者消灭现存的权利义务关系。"实体上的法律关系是主要由双方当事人自行决定的,法院无权干涉,提起变更之诉只是一个例外,因而提起变更之诉必须有立法的明确规定,例如撤销股东会决议之诉、租赁合同中要求增加或者减少租金是典型的撤销之诉。"③对此,韩国《民事诉讼法》第252条规定了定期金判决及变更之诉,即"支付定期金的判决确定后,因计算该数额基础事实发生显著变化而使当事人之间显失公平的,该判决的当事人可以提起诉讼,请求变更将来应当支付的定期金数额。此种诉讼由第一审法院专属管辖"。

(二)审前辩论内容的同一化

韩国民事诉讼法规定,诉状准用有关准备书面的规定,答辩书准用有关准备书面的规定。④ 由此可以看出,韩国民事诉讼法将起诉状、答辩状和辩论准备书状的内容予以统一规定,形成一体化和同一化,其目的在于以书面的方式进行审前准备,以促进庭审言词辩论的集中化。2002年韩国修改民事诉讼法,此次修法强化了审前准备程序,改变了以前辩论准备程序没有得到实施的

---

① Youngjoon Kwon. Litigating in Korea: A General Overview of the Korean Civil Procedure, *Journal of Korean Law*, Vol.7, No.1, 2007, p.121.

② 在大陆法系国家,一般以诉之利益作为判断给付之诉的标准。其中德国根据不同类型分别规定了不同的诉的利益,而日本和韩国"以预先提出有必要"作为将来给付之诉的判断标准。

③ Youngjoon Kwon. Litigating in Korea: A General Overview of the Korean Civil Procedure, *Journal of Korean Law*, Vol.7, No.1, 2007, p.121.

④ 不仅起诉状和答辩状准用有关准备书面的规定,而且韩国《民事诉讼法》第398条规定:"抗诉状,准用有关准备书面的规定。"

现象,使辩论准备程序成为必经阶段,突出辩论准备程序在整理争点和证据的功能,以促进庭审集中审理,也有利于当事人在审前程序以合意的方式解纷。书面辩论准备程序,是指为了使法院和对方当事人在审前程序中了解案情,当事人应当在法院指定的期间内提出书面的诉讼资料,并对自己主张的事实提供证据以供交换,必要时提出证据申请。除独任案件外,[①]书面准备程序是一种原则性的辩论准备程序,当事人应当以书面的方式进行。准备书面中要记载当事人要陈述和主张的内容,这包括事实和法律上的主张、证据申请和证据抗辩等。为了使对方当事人能够对准备书面认真对待,一方当事人在提出准备书面时,应当为对方当事人留有必要的准备时间,而且法院应当向对方当事人送达准备书面的副本。

韩国《民事诉讼法》第 274 条规定了准备书面的记载事项。该条规定准备书面应当记载以下的事项,并由当事人或代理人签名或盖章:当事人的姓名、名称或者商号及住所;代理人的姓名及住所;案由;攻击防御方法;对对方当事人的请求及攻击防御方法的陈述;添附的文书;书面的做成日期;法院名称。其中涉及当事人之间攻击防御方法的,必须记载证明事实上主张的证明方法和对方当事人的证明方法之意见。如果当事人未在书面准备程序中提出主张、证据申请,法院认为当事人之间没有新的主张,据此可以终结书面辩论准备程序;如果当事人在书面准备期间内较为充分、完整地提出了主张和证据,那么法院会及时安排进入辩论程序;如果法院认为当事人的主张、证据存在不全面、不清晰时,那么法院会安排当事人在辩论准备期日继续整理争点和证据,然后进入庭审辩论程序。此外,法律还规定了在准备书面中应当添附的事项,以及准备书面中没有记载该事项的法律后果,即当事人在准备书面中未记载的事实,在法庭辩论时当事人不得主张。

(三)审查方式的形式化

为保证原告提起的诉能顺利进行,也使法院审判权的行使有意义且有必要,法院要对原告的诉状行使审查之职责。审判长只审查原告诉状中的必要记载事项是否有欠缺,审查诉的三个构成要素是否明确、特定,即对是否构成独立之诉进行审查。当事人与本案是否有法律上的利害关系,以及证据问题都不属于必要记载事项。虽然书面准备程序中规定了当事人的证据方法和攻击防御方法,原告可以参照书面准备程序提交诉状,但是这都不属于起诉状中

---

① 独任案件原则上不需要书面准备程序,但对方当事人不进行准备书面就无法进行陈述的,也可以进行书面准备。

的必要记载事项。如果原告在诉状中添附了书面证据,那么起诉状兼具书面准备的特点;如果原告没有在诉状中附加书面证据,那么审判长也不得以诉之不合法为由驳回起诉。由此可见,韩国民事诉讼中没有和我国类似的立案庭和受理程序,法院对原告起诉实行的是形式审查,法院无正当理由不得拒绝接受原告的起诉。

(四)当事人重要诉讼行为的书面化

原告向法院起诉原则上应当提交诉状。不仅如此,原告还应向法院提交以下的书面资料:和被告人数等同的起诉状副本;被告是无诉讼行为能力的人,提交其法定代理人的资格证明;被告是法人的,提交其代表人的资格证明;不动产案件应当提交不动产登记簿复印本;亲属继承案件应当提交家族关系登记复印本;对票据纠纷案件应当提交票据、支票复印本;对其他重要文书应当提交复印本。法律进一步规定,起诉状、答辩状、抗诉状准用有关准备书面的规定,并在准备书面辩论中详细规定了具体的内容;原告撤诉、诉讼请求的变更、中间确认之诉、上告理由书必须采用书面的方式;"飞跃上告的合意必须为书面形式,提出飞跃上告时如无书面合意则为不合法"①。由上可见,韩国民事诉讼法要求当事人对重要的诉讼行为应当采用书面的方式为之,否则不合法。书面材料有助于使当事人的诉讼行为明确化、具体化,但也带来了一定的缺陷,诚如韩国学者金详洙所言,"韩国的诉讼实践中,当事人并不喜欢准备书面,时而进行口头陈述,学者们认为这一趋势可能会造成口头辩论的形骸化"②。此外,书面主义不仅在民事诉讼中被广泛应用,当事人向宪法法院起诉也必须提交请求书及相关资料原件。在违宪法律审判和弹劾审判中应依次附法院的提请书、国会追溯议决书的原本。③

(五)民事诉讼的电子化

电子科技的发展不仅改变了人们的工作方式和生活方式,也给司法审判领域带来了一场深刻的变革。为了进一步减轻法院的工作负担,方便当事人进行诉讼,韩国的法院在推进民事审判数字化方面作出了很多努力,主要成果

---

① [韩]李时润:《新民事诉讼法》,博英社 2003 年版,第 725 页。转引自孙汉琦、陶建国:《韩国民事上告制度》,载陈刚、廖永安:《移植与创新:混合法制下的民事诉讼》(首届东北亚民事诉讼法制国际研讨会文集),中国法制出版社 2005 年版。

② [韩]金详洙:《韩国民事诉讼法》,日本信山社 1996 年版,第 46 页。转引自孟涛、房国宾:《韩国民事诉讼法基本原则探析》,载《河北法学》2003 年第 3 期。

③ 胡岩:《浅析韩国的违宪审查制度》,山东大学 2009 年硕士学位论文。

有:试行远程网络审理、设立网络登记所、设立电子法院。① 韩国地方法院很早就探索实行电子法庭(Tele-Courts)和电子诉讼(Tele-Trials),并在1995年有了电子法庭法案(Tele-Court Act)。② 2001年司法部为了简化诉讼程序,方便民众诉讼,提出了司法电子化计划,2004年构建了督促案件电子文件专用系统,2006年公布施行了《督促程序中关于对电子文件使用的法律》,③ 2009年实现了诉讼材料提交和接收的电子化,2010年颁布了"民事诉讼中利用电子文书的相关法规",④ 给电子诉讼提供了法律依据。2010年专利诉讼中开始启用电子资料,2011年也运用到普通民事诉讼中。⑤ 电子诉讼已经超越了简单的材料储存手段,整个诉讼过程涉及的文书都以电子形式完成,这包括书状的提交、送达、庭前准备资料、证据交换、判决书和上诉书等。例如,韩国电子诉讼的立法规定,在受送达对象对电子文书进行确认时即为送达,若受送达人在收到电子文书7日内没有依法及时确认,则视为在确认期限过后的第8天完成了电子文书的送达。⑥ 韩国采用这种电子送达方式有效地解决了实践中的送达难问题,推进了诉讼进程。民事诉讼中诸多行为的电子化便于国民利用诉讼程序,使司法的可接近性进一步增强,提高了送达效率,减轻了法院负担,也使法庭辩论得以加强,提升了司法审判的透明度。

二、韩国民事诉讼立案受理制度的问题

(一)诉讼费用的比例制阻碍了国民接近司法

韩国的诉讼费用主要包括裁判费用、当事人费用和律师费用。裁判费用以贴付印花方式交纳,具体交纳标准规定在《民事诉讼等印花法》中。当事人费用是指为了进行诉讼而由当事人自己支付的费用。根据韩国的法律,律师

---

① [韩]孙汉琦:《韩国民事诉讼法导论》,陈刚审译,中国法制出版社2010年版,第55页。

② Peter Gilles:《德国民事诉讼程序电子化及其合法化与"E—民事诉讼法"之特殊规则》,张европ果译,载张卫平:《民事程序法研究》(第三辑),厦门大学出版社2007年版。

③ 朱静雅:《电子民事诉讼行为初论》,南京师范大学2013年硕士学位论文。

④ 目前规范韩国电子民事诉讼的主要法规有两个:一是《关于在民事诉讼等中有关利用电子文书的法律》,二是《在民事诉讼等中关于利用电子文书等的规则》。

⑤ 从2011年起,在韩国,除刑事案件外所有案件都引入了电子诉讼,其中2010年还制定了《宪法裁判所在审判程序中对使用电子文件的规定》,这样,宪法裁判所的审判程序同样可以使用电子文件。

⑥ 杨建文:《韩国民事电子诉讼制度的发展》,载《人民法院报》2013年5月3日。

第五章 韩国民事诉讼立案受理制度

费可以列入诉讼费用,但并不是给律师的报酬都可以算作诉讼费用,《大法院规则》规定按诉讼标的额之比例支付律师报酬,高昂的律师费也使部分当事人望而却步。① 韩国的诉讼费用实行比例制而非定额制,而且比例很高。② 诉讼标的额越大,当事人交纳的诉讼费用就越高。这对于经济困难的当事人而言,无疑是一种很大的经济负担。当事人的诉讼成本较高,这妨碍了国民接近司法寻求救济。值得一提的是,韩国在2009年推出了诉讼保险业务。所谓诉讼保险,是指投保人购买一定的诉讼险,当投保人遇到纠纷提起诉讼时,由保险公司支付诉讼费用的一种保险制度。设立该项制度的目的在于减轻当事人的诉讼费用负担,让民众能够接近司法、利用司法。

(二)诉讼案件激增导致法官办案压力大

诉讼费用的比例制在一定的程度上提高了起诉的门槛,但韩国法院受理的案件数却呈增长趋势,这是一个矛盾但却很现实的问题。据报道,"截至2008年4月1日,韩国全国共有法官2352人,2006年全国发生的1734855件诉讼案件平均到2352名法官身上,每名法官一年至少要处理737件"③。法院受理案件数量增多,一个重要的原因是滥诉现象较为严重。"据韩国国务总理室对外公布的数据显示,2011年韩国全部提起诉讼的案件中,被法院按照不起诉处理的占70.8%,起诉的只有18.7%,其他方式解决的占10.5%。"④可见,滥诉现象十分严重,甚至已经演变为困扰韩国社会的一大恶疾。滥诉现象的产生具有多因性,电子诉讼制度无疑助长了滥诉现象。韩国推行的电子诉讼方便了当事人起诉和答辩,而且通过电子诉讼比一般正常诉讼费用低10%。这导致诉讼案件大增,"从2011年到2012年4月末,韩国通过电子诉讼方式起诉的民事案件有212927件,已经达到同期总体民事诉讼案件的

---

① 在韩国,除宪法诉讼中规定实行律师强制代理外,其他法没有规定律师强制代理。但是,如果当事人聘请代理人代为诉讼,除特定案件外,必须聘请律师,这无疑加大了当事人的诉讼成本。

② 在韩国的股东代表诉讼中,诉讼费用实行的是定额制。在韩国公司法中,股东派生诉讼被视为不知道诉价的诉讼,因此,不论其具体的请求金额多少,而一律将其诉价定为1000万韩元来计算印纸税(诉价的5%)。[韩]李哲松:《韩国公司法》,吴日焕译,中国政法大学出版社2000年版,第521页。

③ 曹士兵:《案多人少的韩国法院》,载《人民司法》2009年第1期。

④ 王刚:《先起诉再说渐成社会风气,韩总理牵头应对诉讼过度现象》,载《法制日报》2012年5月8日。

24.6%"①。电子诉讼的推行不仅在实践中导致了案件数量的上升,而且有些民众对电子诉讼不熟悉,感觉被孤立、排斥,进而使他们产生对司法的不信任。此外,韩国的调解、和解、仲裁等非讼纠纷解决机制不如其他国家发达,国民利用程度较低,因而大量纠纷涌入法院,法官承办案件的压力很大。例如,一名大法院大法官年均处理1500起案件,下级审法院法官的情况也大致如此。

值得一提的是,韩国在推行电子诉讼早期同样存在一个其他国家都会遇到的问题,即法院对当事人身份真实性的审查与确认,为了解决这一问题,韩国实行了网络实名制。韩国最高法院的电子诉讼服务需要有相关机构统一发放的电子证书才可以使用,该电子证书在电子诉讼中就充当着身份证的功能,因而,电子诉讼的法律法规对身份确认和信息保密等问题未做过多强调。②

(三)民事案件刑事化的不良倾向

刑事诉讼和民事诉讼本来是两种性质完全不同的诉讼形式。刑事诉讼具有浓厚的职权色彩,国家权力广泛、深刻地渗透到刑事诉讼的各个环节,而民事诉讼是公权力解决私权纠纷的程序装置。尽管制度设计上两种诉讼制度区别很大,可是在实践中仍存在着"民事案件刑事化的不良倾向"③。所谓民事案件刑事化,是指原本可以通过民事诉讼程序解决的纠纷,当事人却要求警察机关或者检察机关实施犯罪侦查,向这些机关提起告诉、告发。④ 据报道,"每年韩国诈骗、侵占、渎职等原本通过民事诉讼就可以解决的刑事诉讼案件有23万件至25万件之多,显示出韩国国民很强的希望通过刑事诉讼解决财产纠纷的倾向"⑤。当事人对民事案件提起刑事诉讼,不仅增加了侦查机关的侦查任务,降低了侦查的质量和效率,也给对方当事人造成不必要的物质和心理负担。

---

① 王刚:《先起诉再说渐成社会风气,韩总理牵头应对诉讼过度现象》,载《法制日报》2012年5月8日。

② 张兴美:《电子诉讼中的诉讼参与人真实性问题——基于外观主义的分析》,载《广东社会科学》2016年第4期。

③ [韩]孙汉琦:《韩国民事诉讼法导论》,陈刚审译,中国法制出版社2010年版,第108页。

④ 被害人向侦查机关控告的行为称为告诉,一般人提出控告要求的,称为告发。

⑤ 王刚:《先起诉再说渐成社会风气,韩总理牵头应对诉讼过度现象》,载《法制日报》2012年5月8日。

三、影响韩国民事诉讼立案受理制度的基本理论

在韩国民事诉讼中,没有类似于我国的立案受理程序。只要当事人向法院起诉,法院必须受理。若原告的起诉在必要记载事项上存在瑕疵,当事人不予补正或者不能补正,则法院以命令驳回诉讼。如果诉之成立要件合法,那么法院就开始审理案件,但法院在作出本案判决前,要对诉讼要件进行审查。若诉讼要件有欠缺且无法补正,则法院无须判断原告的诉讼请求是否正当即可以判决驳回诉讼,此谓诉讼判决。法院在诉讼要件具备的情况下才会对原告的诉讼请求作出判决,此谓本案判决。影响韩国民事诉讼启动程序的基本理论主要是程序意义当事人理念,以及对起诉要件和诉讼要件分别予以审查。

(一)起诉要件:程序意义当事人理念

当事人的确定在不同的国家、同一个国家的不同历史时期都可能采用不同的标准。在民事诉讼确定当事人的基本理论中,有实体意义当事人说和程序意义当事人说。所谓实体意义当事人说,是指当事人与案件有实体法上的利害关系,这里所说的利害关系是指法律上的权利义务关系。由于实体意义当事人说无法解释诉讼担当,即第三人参加诉讼的情形,例如遗产管理人、遗嘱执行人参加诉讼,后来又产生新的实体法说,即纠纷管理权说。纠纷管理权说,是指对他人的纠纷虽然不享有实体法上的权利义务,但是对该纠纷享有管理权和处分权,因而有权以原告的资格起诉。程序意义上的当事人与实体法上当事人概念正好相反,确定当事人不是根据实体法上的权利义务关系,而是纯粹诉讼法上的概念。根据孙汉琦教授对韩国民事诉讼当事人的界定,"当事人属于形式意义上的概念,是指以自己的名义要求法院行使裁判权,以维护其自身权利的人及相对人"①。在韩国民事诉讼中,程序意义当事人的确定又分为三种不同的学说,即意思说、行动说和表示说。②表示说是韩国的通说,并为判例所支持,该说认为确定当事人以诉状中记载的为准。如果原告起诉时并不知道被告已经死亡,判例采用意思说允许原告变更被告。③

在韩国民事诉讼立案受理程序中,审判长只对诉状中的必要记载事项进

---

① [韩]孙汉琦:《韩国民事诉讼法导论》,陈刚审译,中国法制出版社2010年版,第108页。
② 意思说认为,应当以原告或者法院的意旨为标准确定当事人;行动说认为,应当以当事人实施的行为为标准确定当事人。
③ [韩]孙汉琦:《韩国民事诉讼法导论》,陈刚审译,中国法制出版社2010年版,第112页。

行审查。若必要记载事项完整,则启动民事诉讼程序;若必要记载事项有欠缺,则命令原告在一定的期间内补正该缺陷。即使实务中当事人未提交书面证据以证明与本案的关系,法院也不得因当事人没有提供该重要证据而驳回诉讼。关于起诉的原告是否为本案的适格当事人,那是立案后法庭审理需要查明的问题。因此,在韩国的立案受理程序中,审判长不看当事人是否与本案有利害关系,而只就形式审查来确定当事人。程序意义当事人概念是韩国民事诉讼法只在起诉程序中规定了诉状必要记载事项的重要原则,也是韩国法院对诉状进行形式审查的理念基础。程序意义当事人的概念体现了司法审判对诉权的保护,符合诉讼的规律,代表了当事人理论的发展方向,也是目前大多数国家都采用的基本理念。诉权虽然以实体法为依据,但是从本质上说是一项程序性权利,更是公民享有的一项宪法权利,权利受到损害的纠纷当事人能利用国家提供的救济手段公平理性地解决纠纷。

(二)韩国法诉讼要件之基本内涵

诉讼要件是法院作出本案判决的前提条件。如果原告之诉不具备诉讼要件,那么法院不能作出本案的实体判决,法院应当以诉之不合法为由作出驳回诉讼的判决。韩国法没有对诉讼要件的含义及其内容在法律上作出明确的规定,但当事人不得随意变更诉讼要件。诉讼要件包括法院的诉讼要件、当事人的诉讼要件和诉讼对象的诉讼要件。管辖权和审判权等属于有关法院的诉讼要件;有关当事人的诉讼要件包括当事人能力、当事人诉讼能力、当事人适格、法定代理权以及诉讼代理权等;有关诉讼对象的诉讼要件包括案件具有民事性、诉讼标的特定、具有诉之利益、不构成重复起诉以及再诉、不受既判力约束等。

诉讼要件可以划分为积极的诉讼要件和消极的诉讼要件。积极的诉讼要件是指法院必须在具备该要件的情形下才能作出本案判决,大部分的诉讼要件都属于积极的诉讼要件。例如,管辖权、审判权[①]、当事人能力和当事人适格等诉讼要件。消极的诉讼要件,又称诉讼障碍要件,是指以其不存在作为本案判决的前提。例如,当事人有仲裁协议、判决已经发生既判力等。由于大部分的诉讼要件都属于积极的诉讼要件,缺乏此要件法院不能为本案判决,因而对诉讼要件的合法性审查属于法院依职权调查的范围。尽管当事人没有对诉讼要件提出异议、抗辩,法院也要依职权审查,被告提出此种抗辩主张,只是对

[①] 韩国法规定,公民因法院的主管问题发生争执有权向宪法法院提出宪法诉愿程序寻求救济,参见张卫平:《民事案件受理制度的反思与重构》,载《法商研究》2015年第3期。

第五章 韩国民事诉讼立案受理制度

法院起到督促审查之职责。但是针对一些消极诉讼要件,只有在当事人提出妨诉抗辩时法院才会予以审查。例如,仲裁协议、不起诉契约、原告不提供诉讼担保等。

韩国民事诉讼法规定了立案受理阶段的形式审查,这并不意味着程序意义当事人就是受到法院判决约束的人。法院在接受原告的起诉后,进行本案审理时要审查原告之诉是否具备诉讼要件。对诉讼要件的审查时间,一般认为,应当在本案审理前先行审查诉讼要件,因而,法院在对诉讼要件审查前不得作出判决驳回原告的诉讼请求。但是,目前韩国备受瞩目的观点认为,对于本案判决,诉讼要件与实体法上的构成要件属于同一顺位,因此,法院在作出本案判决前无须先行审查诉讼要件。① 若法院认为原告的诉讼请求无法获得法院的支持,则没有必要审查诉讼要件,法院可以直接驳回原告的诉讼请求。"现在日本、德国、韩国主流观点更倾向于将说诉讼要件和权利保护要件并行审理,②而不是在确定诉讼要件成立之后才对权利保护要件进行审理。"③这样既可以减轻法院的负担,提高纠纷解决的效率,也可以让当事人尽快从诉讼中抽身,减轻其讼累。

由于韩国法在诉讼要件的审查上实行的是并行主义理论,因而,法院对于诉讼要件的审查时间也限定于法庭事实审言词辩论终结之时。如果当事人在起诉时欠缺某些诉讼要件或者某些诉讼要件存在瑕疵,只要当事人在法庭辩论终结之前对诉讼要件的缺陷予以补正,法院就仍认为诉讼要件合法,有权作出本案判决;如果当事人在起诉时诉讼要件合法,但是后来由于某些原因在法庭辩论终结前又丧失诉讼要件的,那么法院无法对该案件作出本案判决,只能作出驳回诉讼之判决。此诉讼判决是一种消极的确认判决,法院作出该判决可以不经过辩论程序直接判决驳回诉讼。未经辩论的判决无法给当事人提供充分的程序保障,而程序正义是既判力获得合法性和正当性的根据,因而,诉讼判决不具有既判力。但是,法院以诉讼能力欠缺,以及代表权存在瑕疵为由作出的诉讼判决,当事人的法定代理人和合法代表人可以重新起诉。④

---

① 〔韩〕孙汉琦:《韩国民事诉讼法导论》,陈刚审译,中国法制出版社 2010 年版,第 151 页。

② 权利保护要件,是指法院针对原告的诉讼请求作出的支持其诉讼请求所必须具备的条件。权利保护要件是与诉讼要件相对而言的,是诉讼的实质要件。

③ 张卫平:《起诉条件与实体判决要件》,载《法学研究》2004 年第 6 期。

④ 〔韩〕孙汉琦:《韩国民事诉讼法导论》,陈刚审译,中国法制出版社 2010 年版,第 151 页。

(三)诉讼主体要件

1.当事人能力和当事人的诉讼能力

当事人能力和当事人的诉讼能力是诉讼要件的主要内容,是法院审查其他诉讼要件的前提和基础。纠纷当事人只有具备了当事人能力,才能享有参加诉讼的资格;当事人不具备诉讼能力,只能由法定代理人或合法代表人代理(代表)进行诉讼。当事人能力,是指当事人能够成为民事诉讼主体的资格,韩国民事诉讼法上的当事人能力相当于我国民事诉讼法上的当事人诉讼权利能力。只有当事人具备了这种能力或者资格,才能成为诉讼主体;反之,法院无权对该当事人行使审判权。

当事人能力可以分为实质上的当事人能力和形式上的当事人能力。如果当事人能力源于民法等实体法,那么表明该当事人具有实质上的当事人能力;如果当事人能力源于民事诉讼法,那么表明该当事人具有形式上的当事人能力。根据实质上当事人能力的判断标准,自然人因出生而享有当事人能力,因死亡而丧失当事人能力。① 法人的当事人能力始于依法成立,终于清算结束,在破产清算期间仍具有当事人能力。② 根据形式上当事人能力的判断标准,韩国《民事诉讼法》第 52 条规定,对于非法人社团或者财团,承认其享有当事人能力,由代表人或者管理人代表其进行诉讼,判决的既判力和形成力及于非法人团体而不是团体的内部成员。对于合伙组织是否具有当事人能力,韩国民事诉讼法没有作出明确的规定,学说和判例对此仍有很大的争议。

韩国法上当事人的诉讼能力类似于我国民事诉讼中当事人的诉讼行为能力。当事人的诉讼行为能力源于本国民法对当事人行为能力的规定,若外国人依据本国法不具有诉讼行为能力,而依据韩国民法享有诉讼行为能力,则认为该外国人享有诉讼行为能力。未成年人、限制治产人和禁治产人由其法定代理人代理实施诉讼行为。当事人的诉讼行为能力是当事人亲自实施诉讼行

---

① 根据韩国民法的规定,胎儿原则上不具有当事人能力,但在涉及继承、遗赠、侵权损害赔偿等情形时,法律视胎儿已经出生,享有当事人能力。

② 我国新民事诉讼法司法解释规定了法人在破产清算期间享有当事人能力,取消了清算组织代替法人的诉讼承担的规定。《最高人民法院关于适用〈中华人民共和国民事诉讼法〉的解释》(2015)第 64 条规定:"企业法人解散的,依法清算并注销前,以该企业法人为当事人;未依法清算即被注销的,以该企业法人的股东、发起人或者出资人为当事人。"《最高人民法院关于适用〈中华人民共和国民事诉讼法〉的解释》(1992)第 51 条规定:"企业法人未经清算即被撤销,有清算组织的,以该清算组织为当事人;没有清算组织的,以作出撤销决定的机构为当事人。"

为的必要条件,是诉讼行为有效成立的要件,如果无诉讼行为能力人实施了诉讼行为,除非法定代理人追认,否则属于无效的诉讼行为。在当事人欠缺诉讼行为能力要件时,法院会责令当事人补正,如果在庭审辩论终结前当事人仍不能补正,那么法院会驳回诉讼。

值得一提的是,韩国《民事诉讼法》第 144 条规定了当事人的辩论能力。当事人的辩论能力,"是指当事人出席法庭实施有效辩论的能力,它包括实施出庭申请、主张、立证等诉讼行为的能力(陈述能力)"①。当事人的辩论能力只是诉讼行为有效成立的要件,而不属于诉讼要件的范畴。立法规定当事人辩论能力的原因在于,韩国民事诉讼法没有实行律师强制代理,当事人本人可以亲自参加诉讼。② 如果当事人在辩论能力方面有欠缺,那么不仅无法维护其合法权益,也阻碍了诉讼的顺利进行。因而法律规定,如果当事人不能对诉讼关系进行必要陈述,法院有权对其作出禁止陈述的裁判,使其丧失辩论能力。

2.当事人适格

当事人适格,是指在一个具体的诉讼中能够作为正当当事人进行诉讼,并受本案判决拘束的资格。对于当事人适格的判断是法院依职权调查的事项,无须当事人申请启动。只有在当事人适格的情形下法院才会继续审理本案并作出判决,判决只拘束于适格当事人。如果存在当事人不适格的情形,那么法院会变更当事人,命令合格当事人参加诉讼。一般而言,当事人只有与本案具有法律上的利害关系,才能成为适格当事人。在特定的情形下,第三人也可能成为本案第三人,这一般被称为诉讼担当。因而,韩国民事诉讼中的当事人适格可以分为两种情形,即普通的当事人适格和特殊的当事人适格。

在普通的当事人适格情形下,当事人与案件具有法律上的权利义务关系,这种权利义务关系根据诉的种类不同又有所不同。在确认之诉的情况下,原告对要求确认的民事实体法律关系、权利必须享有确认利益,具有确认利益的人即为适格原告,与适格原告利益相对的另一方则为适格被告。在给付之诉的情形下,原告要求被告为一定行为或者不得为一定行为,有权请求的一方为

---

① [韩]孙汉琦:《韩国民事诉讼法导论》,陈刚审译,中国法制出版社 2010 年版,第 120 页。

② 在小额诉讼中当事人的近亲属可以代理其进行诉讼,在非讼案件、刑事附带民事诉讼、家事诉讼和知识产权案件中当事人可以聘请非律师代为诉讼,但法律仍作出了诸多的限制。

适格原告,相对方为适格被告。"给付之诉是根据当事人的主张判断当事人适格,因此在当事人适格的判断上并不要求必须是实际请求权人或给付义务人。本案审理的目的就是判断原告和被告是否为实际请求权人或者给付义务人。本案审理终结后,当事人为判明为非请求权人或者给付义务人的,法院作出驳回请求的判决。"①形成之诉是当事人改变、消灭现有法律关系,因而,形成之诉当事人是否适格要根据法律的规定加以判断。

在特殊的当事人适格情形下,与诉讼结果没有法律上利害关系的第三人由于取得诉讼实施权而成为本案适格当事人,此谓诉讼担当。韩国法上的第三人诉讼担当分为法定诉讼担当和任意诉讼担当。法定的诉讼担当是指第三人依据法律的规定或者法院任命取得当事人适格,这主要包括以下的三种情形:(1)并存的当事人适格,即第三人获得适格主体地位,同时实体法律关系或者权利主体并不丧失其适格主体地位。例如,韩国《民法》第404条规定的代位权、《民法》第353条规定的质权人直接请求质权标的之债权、《商法》第403条规定的股东代表诉讼。(2)代替的当事人适格,即第三人获得适格主体地位,同时实体法律关系或者权利主体丧失其适格主体地位。例如,在遗嘱执行人、破产管理人和整理公司管理人等取得当事人适格后,继承人、破产人和整理公司就丧失了当事人适格。(3)职责性诉讼担当,即第三人因其承担某种职责而产生的诉讼担当。例如,父母双亡认知请求诉讼中的检察官、海难救助诉讼中的船长、禁治产人与亲生父母诉讼中的监护人等。任意的诉讼担当,是指诉讼标的权利义务主体将自己的诉讼实施权信托给第三人,由第三人进行诉讼。韩国的传统观点认为,只有在法律有明确规定的情形下,当事人才能实施诉讼实施权的信托,因为韩国实行律师代理主义,非律师不得代替他人进行诉讼。②

(四)诉讼客体要件

诉讼要件包括诉讼主体要件和客体要件,诉讼客体要件是指诉讼对象,即诉的利益。无利益则无诉,诉不具备诉的利益,法院会以诉不合法驳回起诉,以确保法院审理的案件有必要且有价值。诉的利益包括权利保护资格和权利

---

① [韩]孙汉琦:《韩国民事诉讼法导论》,陈刚审译,中国法制出版社2010年版,第122页。

② 现在韩国判例认为,考虑律师的费用较高,应当允许当事人在不故意违反律师代理原则且具有合理理由的情形下,将诉讼实施权授予第三人。[韩]孙汉琦:《韩国民事诉讼法导论》,陈刚审译,中国法制出版社2010年版,第122页。

保护利益两个方面的内容。

1.权利保护资格

权利保护资格是诉的利益的一般要件,任何纠纷当事人向法院起诉,不管提起的是确认之诉、给付之诉还是形成之诉,有权获得本案判决的可能性。根据韩国民事诉讼法理,权利保护资格分为以下的内容:

(1)请求的对象必须是可以起诉的实体法律关系或者具体权利。单纯的事实性问题不得起诉,但可提起确认证书真伪之诉。从应然的角度而言,法律关系或者权利受到侵犯,当事人都可以向法院起诉,因为司法审判是权利救济的最后屏障,理应允许国民利用司法审判制度以维护其合法权益,促进社会的公平正义。但是,一国审判权所能提供的救济范围与司法权在国家权能中的定位,以及社会经济发展阶段,乃至司法体制、政治制度密切相关。就诉讼中的技术性制度而言,如果对权利救济不加以一定的限制,会导致一些负面效应。例如,原告在本案判决后又撤诉的行为,如果法律允许原告以同一诉讼标的再次起诉,不仅造成司法资源的浪费,也给对方当事人造成讼累。因而,韩国《民事诉讼法》第267条规定,原告在法院对本案作出终局判决后撤诉的,不得就同一纠纷再次起诉。

(2)没有法律上或者约定的禁止起诉事由。法律上的禁止起诉事由,例如,原告对同一请求已经获得胜诉的确定判决、禁止重复起诉、禁止再诉。约定上的禁止起诉的事由。

(3)不属于特别救济程序的范围。如果法律对某些纠纷规定了特别的救济程序,那么当事人只能通过特别救济程序获得救济,不得提起诉讼。例如,法律规定了诉讼费用的确定程序,则当事人只能通过该程序获得救济,不得提起诉讼。

(4)没有违反诚信原则。韩国《民事诉讼法》第1条就规定了诚信原则,当事人和诉讼关系人应秉承善意,诚实信用地进行诉讼,而任何违反诚信原则的诉讼都不具有权利保护的资格。

2.权利保护利益

与权利保护的资格不同,权利保护的利益属于诉的特定利益,是指在每一个具体类型的诉应当具备的特殊利益。确认之诉、给付之诉和形成之诉都具有不同的权利保护利益。

(1)确认之诉的利益。韩国民事诉讼法没有就确认之诉的利益问题作出明确的规定,但是学说和判例都认为,确认之诉的利益应当是"即时确定的法律利益",这包括以下三个方面的内容:具有法律上的利益;自己的权利或者法律地位面临一定风险等影响安定的因素;只有提起确认之诉方能消除此种不安定因素,如果能够提起给付之诉或者形成之诉,那么不得提起确认之诉。

(2)给付之诉的利益。纠纷当事人有权提起现在给付之诉,对于将来给付之诉,韩国民事诉讼法继受日本的"预先请求的必要性"为条件,纠纷当事人只有在预先提出请求确有必要的情形下才能提起将来给付之诉。

(3)形成之诉的利益。当事人提起形成之诉必须以法律上的明确规定为前提,否则不具有诉的利益。对于下列诉讼,即使法律允许提起形成之诉,法院也认为不具有诉的利益:当事人已经实现其诉讼目的,例如,当事人在公司已经解散后又提起公司成立无效之诉;无法恢复原状的情形,例如,当事人在停止营业期间已届满的情形下,又对停止营业的处分提起了撤销之诉。① 此外,韩国《行政诉讼法》第 12 条规定,"撤销诉讼,可由请求处分等的撤销的、具有法律上的利益者提起"②。可见,原告没有法律上的利益,就不能提起行政撤销之诉。法律上的利益包括严格的利益和缓和的利益,严格上的法律利益是仅指具有法律上的明文规定,缓和上的法律利益不仅包括法律上的利益,还包括对法律的合理解释。③ 从韩国行政诉讼的受案范围来看,对法律的合理解释在一定的程度上扩展了形成之诉的利益范围,宽于民事诉讼中的明确法律规定。

---

① [韩]孙汉琦:《韩国民事诉讼法导论》,陈刚审译,中国法制出版社 2010 年版,第 156 页。

② 吴东镐、康贞花:《韩国行政诉讼法》,载《行政法学研究》2006 年第 3 期。

③ 孟令军:《论我国行政诉讼原告资格认定规则——兼谈韩国相关规定的启示》,延边大学 2011 年硕士学位论文。

第六章 美国民事诉讼立案受理制度

第一节 美国民事诉讼立案受理的立法与制度构造

在经历了殖民地时期、邦联制时期、联邦宪政初期和确立司法审查制的发展阶段后,美国现行的司法体制奉行三权分立的宪政原则,由联邦司法系统和各州司法系统组成,并且各自相对独立。① 这种双重司法系统是由美国联邦宪法规定的联邦与各州分权的联邦体制决定的。根据该体制,美国的联邦法院与各个州法院相互之间没有上、下隶属一类的审级关系,联邦法院所拥有的管辖权由联邦宪法及国会制定的法律规定,而各州法院的管辖权则由各州宪法规定。从具体的民事诉讼视角观之,虽然美国相当一部分州采纳了联邦民事诉讼规则或者以其为范本,在一定程度上与联邦民事司法保持了一致,但是从整体上来看,它们仍然存在着明显的差异。换言之,联邦民事诉讼和司法不能代表各州的民事诉讼及其司法。② 鉴于这一原因,本章仅从美国联邦的层面来探究民事诉讼立案受理的相关问题。

一、美国民事诉讼立案受理的历史与发展

(一)美国民事诉讼立案受理所建基的法律传统

1.普通法的传统

毋庸置疑,从历史和经验的纬度审视,英国法对美国法有着决定性的影

---

① 程汉大:《西方宪政史论》,中国政法大学出版社 2015 年版,第 278~279 页。
② [美]史蒂文·苏本、玛格瑞特·伍:《美国民事诉讼的真谛》,蔡彦敏、徐卉译,法律出版社 2002 年版,第 71 页。

响,这种印迹时至今日仍能清晰地看到。亨廷顿曾指出:自 17 世纪上半叶,英国殖民者带着中世纪末期和都铎王朝时期的政治思想及其制度漂越大西洋。这些思想和行为方式在新世界确立以后,虽然有所发展,但是在殖民地时期的一个半世纪的时间里,并没有发生多少根本性的变化。① 这种一以贯之的传统就是普通法的传统。所谓普通法的传统,最早可追溯至 12 世纪及其后在英格兰形成发展的高度集权的皇家司法,其主要基础即为耳熟能详的"自然法则"②以及产生于斯的"自然正义"理念。而其主要的制度特征则表现为可溯源至古日耳曼法的判例法、遵循先例的保守主义、辩论式的诉讼程序以及陪审制的事实认定方式。虽然普通法就其基本特征而言,主要是一种关于司法和法学思想的模式,以及一种解决法律问题的方法而非诸多一成不变的具体规定,但是它总是成功地按照自己的原则铸造出了各种各样的规定,不管这些规定的渊源如何,也无论要推翻、取代这些原则的企图来势有多么的汹涌,但是它总是十分成功地捍卫着自己的原则。③

2.对抗制的传统

自 1776 年美国独立后,各州在民事诉讼程序上基本沿用英国的制度模式,主要体现为:"在法律上存在普通法和衡平法的划分;在普通法范围内实行令状制度;对案件事实的认定实行陪审团审判;在诉讼程序的构架上,采用对抗制的诉讼模式。"④进入 19 世纪中叶后,美国民事诉讼程序开始进行本土化的改造,主要集中在两个方面:一是诉讼程序的法典化运动,二是对抗制的改革。所谓"对抗制",奉个人主义和利己主义为圭臬,从广义上可以涵盖整个美国社会的发展模式,从狭义上则最集中地展现在审判制度中:当事人自治和当事人进行原则是其本质特征,律师的竭诚辩护和法官的被动消极是其显著必要特征,而全胜抑或全败的零和救济方式则成就其结果特征。⑤ 从经济发展和增长的方式和模式来看,自由竞争主义无疑为对抗制的产生提供了丰厚肥沃的土壤。时至今日,尽管历尽社会变迁,对抗制仍然是美国联邦民事诉讼中

---

① [美]塞缪尔·P.亨廷顿:《变化社会中的政治秩序》,王冠华等译,三联书店 1989 年版,第 90 页。
② [美]莫顿·J.霍维茨:《美国法的变迁:1780—1860》,谢鸿飞译,中国政法大学出版社 2004 年版,第 5~6 页。
③ [美]罗斯科·庞德:《普通法的精神》,唐前宏等译,法律出版社 2013 年版,第 1 页。
④ 汤维建:《外国民事诉讼法学研究》,中国人民大学出版社 2007 年版,第 3 页。
⑤ 汤维建:《外国民事诉讼法学研究》,中国人民大学出版社 2007 年版,第 210~212 页。

第六章 美国民事诉讼立案受理制度

最具代表性的特性之一。

(二)美国民事诉讼立案受理的发展阶段

在美国,一个典型的民事案件通常要经历以下正当的程序阶段:诉讼的开始(诉答和诉的合并)、使案件充实饱满(开示程序)、为审判做好准备(即决判决和其他审前程序)、审判和上诉。① 与我国不同的是,在美国的民事诉讼理论和立法中并没有统一的"立案"概念。基于对抗制的诉讼模式,美国民事诉讼的开始完全交由当事人进行,根据《美国联邦民事诉讼规则》第 3 条有关民事诉讼从原告向法院递交诉状时开始的规定,②诉的开始主要从诉答程序中得以体现。所谓诉答程序,是从原告起诉和被告答辩的视角命名的程序,在此阶段中若从法院的视角观之,则为其受理案件的环节。故美国民事诉讼立案受理的发展阶段可以从诉答程序的演进过程看出端倪。

1.诉答程序的功能

诉答程序,是美国联邦民事诉讼审前程序的一个重要组成部分,是启动整个民事诉讼程序的第一道"门槛",是诉讼双方当事人通过交换诉状和答辩状的方式来开始诉讼以及确定诉讼有关争点的程序。③ 具体包括原告的起诉和被告的答辩。原告的起诉一旦符合诉答程序的要求,则诉讼活动即可正式开始。而原告必须在诉状中提出一个可审理的诉讼请求,否则,将有可能被法院驳回,而不在证据开示和其他诉讼事项上浪费诉讼当事人和法院的时间。④ 因此如何认识和把握诉答程序设定的标准,成为当事人尤其是原告必须要解决的问题。诉答程序在美国联邦民事诉讼的历史上先后承担了以下功能:陈述事实、阐明争点、发出通知以及控制诉讼流量。⑤ 在不同的发展阶段,诉答程序可能兼具其中的某些或者全部的功能。

2.诉答程序的发展阶段

(1)普通法诉答(common-law pleading)。普通法诉答主要适用于英国殖

---

① Joel Wm.Friedman,Michael G.Collins,*The Law of Civil Procedure case and materials* Ⅰ(*Third Edition*),Thomson Reuter 2010,p.393.

② Federal Rules of Civil Procedure Rule.3:A civil action is commenced by filing a complaint with the court.

③ 白绿铉:《美国民事诉讼法》,经济日报出版社 1996 年版,第 37 页。

④ [美]理查德·D.弗里尔:《美国民事诉讼法》(上册),张利民等译,商务印书馆 2013 年版,第 348 页。

⑤ 汤维建:《美国民事司法制度与民事诉讼程序》,中国法制出版社 2001 年版,第 303 页。

民时期和美国建国以来的第一个世纪,大致在19世纪中叶之前。其主要建基于英国普通法上的令状(Writ)制度。所谓令状,"原本为签发给英格兰王国司法官员的一项命令,据此要求被告采取规定的步骤,对于令状中陈述的不法行为作出回应"①。令状制度构成英国普通法法院诉讼程序的核心。

在美国的普通法诉答时期,原告如欲起诉,必须首先为其诉讼请求选择恰当的实质性令状。然后,原告才能请求法院针对其案件类型签发令状和整理争点,并请求相应的诉讼形式。而不同的诉讼请求对应着各不相同的令状和诉讼形式,不同的诉讼形式也有不同的诉讼程序与之匹配。这种令状和诉讼形式标准化的严格要求使得诉答程序成为发现事实和单一争点的主要工具。与之对应的是,被告对令状作出的回应,亦即提交答辩状(response),主要有三种选择:提出"禁止诉讼的抗辩"(plea in bar)、"拖延抗辩"(dilatory plea)或者"妨诉抗辩"(demurrer)。② 具体来讲,如果被告没有提出法院缺乏听审案件的管辖权的争点,其还可以辩称,即使原告人的诉称为真,但却有可能不存在明确的诉因;或者,被告人也可以对原告人诉称的事实从根本上予以否认,影响陪审团随后裁判的事实争点;以及,被告也可以"提出'承认与避免',承认自己确实实施了原告诉称的不法行为,但对于这种不法行为却可以作出良好的抗辩"。③ 被告完成上述答辩并不会导致诉答程序结束,原告亦可针对答辩进一步提出反驳,被告针对反驳还可以提出复答辩书,直至形成一个单一的事实争点。然而,普通法诉答程序的不断发展,带来了两个突出的问题:一是对诉状和令状格式化技术化的过度要求,使得诉答程序本身愈加复杂,诉讼的核心不再是法律层面的是非曲直,而是程序本身或诉状中的细节;④ 二是单一争点的要求,使得法院仅在该争点上对案件作出裁判,而如若被告的抗辩选择了错误之点,则会导致其满盘皆输。由于上述问题,当事人往往因为细节和技术上的失误,导致起诉被驳回,无法实现实体上的权利救济。不仅如此,可以说律师界的一半努力都花费在了诉答的问题上。误用了诉讼形式的律师,有时

---

① [美]史蒂文·苏本、玛格瑞特·伍:《美国民事诉讼的真谛》,蔡彦敏、徐卉译,法律出版社2002年版,第9~10页。

② 汤维建:《美国民事司法制度与民事诉讼程序》,中国法制出版社2001年版,第306页。

③ [美]史蒂文·苏本、玛格瑞特·伍:《美国民事诉讼的真谛》,蔡彦敏、徐卉译,法律出版社2002年版,第55页。

④ [美]劳伦斯·弗里德曼:《二十世纪美国法律史》,周大伟译,北京大学出版社2016年版,第312页。

只因为这个原因而输掉了诉讼,案件的实体问题往往被全盘忽略,而永远到不了审判阶段。①

(2)法典诉答(code pleading)。1848 年随着纽约州《菲尔德民事诉讼法典》的通过,目的在于革除普通法诉答积弊的法典诉答应运而生,并迅速地被美国半数左右的州所采用,适用的人口也超过了美国一半的人口。法典诉答废除了普通法诉答的令状制度和复杂的诉讼形式,代之以统一的诉讼形式。法典的起草者菲尔德意识到,将诉答程序作为决定现实中事实是否实际发生的唯一判断工具是欠缺科学性的,他将判断事实是否实际存在的功能交由后续的发现程序来承担。② 因此,诉答程序的功能由过去单一争点的公式化确定转变为事实展示(法典诉答又可称为事实诉答)。按照法典诉答,原告人所提交的诉状只需要陈述"构成诉讼原因的事实"即可。③ 换言之,原告自己需要"申明能够表明自身法律上的权利和被告过错行为的事实。如果事实主张符合某种法定权利的范式,案件便能继续进行"④。

虽然在法典诉答之下,普通法诉答的极端形式主义已经被完全抛弃,但是其又产生了难以克服的弊端。其一,虽然法院被告知仅有一种诉讼形式,但是实体法实际上却对救济提供了不同的根据。有一些法官采纳了这样的"诉答理论":他们根据诉状采纳了一种实体法上的根据,而排除了其他的事实(尽管诉状的主张可能也支持这些事实)。其二,关于什么是"构成诉讼原因的事实"存在界定上的困难。很多法院要求诉答陈述所谓的最终事实,而不是一般性的结论或证据事实,这些问题在概念上难以区分,在司法适用中,法官也难以明确指出如何界定,这样又为出现冗长、复杂的诉答状制造了潜在的可能性。⑤ 很多案件因为原告不能准确区分而被驳回起诉。

法典诉答对之后的美国联邦民事诉讼规则的制定产生了巨大的影响,时

---

① 汤维建:《美国民事司法制度与民事诉讼程序》,中国法制出版社 2001 年版,第 305 页。

② [美]理查德·D.弗里尔:《美国民事诉讼法(上册)》,张利民等译,商务印书馆 2013 年版,第 351~352 页。

③ Joel Wm.Friedman,Michael G.Collins,*The Law of Civil Procedure case and materials* Ⅰ(*Third Edition*),Thomson Reuter 2010,p.398.

④ 汤维建:《美国民事司法制度与民事诉讼程序》,中国法制出版社 2001 年版,第 309 页。

⑤ Joel Wm.Friedman,Michael G.Collins,*The Law of Civil Procedure case and materials* Ⅰ(*Third Edition*),Thomson Reuter 2010,p.398.

至今日,其仍然是纽约州和加州等州所采取的诉答模式。

(3)通知诉答(notice pleading)。19世纪末,法典诉讼程序和适用于联邦的诉讼程序均受到了严厉的批评,"简洁"和"灵活"成为改革呼声的主题。1934年美国国会通过了《授权法案》,该法案授权联邦最高法院制定一个适用于联邦地区法院普通法案件的民事诉讼规则。查理斯·卡拉克向代表顾问委员会起草的规则草案体现了放松诉答程序、放宽补正的权利、扩充当事人与诉因的合并等立场,① 草案很大程度上被联邦最高法院采纳提交国会,并最终于1938年9月1日正式生效。《联邦民事诉讼规则》(以下简称《规则》)第2章、第3章专门规定了诉状开始、传唤令状以及诉答文书和申请书等内容,相较于法典诉答最明显的变化在于不要求原告在诉状中陈述事实,而只要求"简短和清晰地陈述诉讼请求,表明原告有权获得救济"[《规则》第8条第(a)款第(2)项]。这种简化的起诉方式是更普遍地贯穿于所有规则的自由主义理念的一部分。② 在新规则之下,起诉不再是原告进入法院庭审的一种实质性障碍。而诉状仅仅将会启动诉讼并通知对方当事人和法院其类型,与此同时,随着诉讼活动的后续进行将会使得当事人缩小争议的范围,检验诉讼请求的有效性和强度。尽管对简化联邦民事诉讼规则的起诉制度,早期在法官和律师之间存在阻力,联邦最高法院还是在1957年Conley v. Gibson案(以下简称Conley案)中对该制度给予了明确的认可。③ 在接下来的50多年中,联邦最高法院从未动摇过这些原则,通知诉答在联邦法院系统和过半数的州的法院得以适用,并且之后的两起典型案件反映出联邦法院对最初在Conley案中确立的理想自由主义通知诉答持续一致的沿袭。第一个案件,是发生在1993年的Leatherman v. Tarrant County Narcotics Intelligence & Coordination Unit案,在Conley案30多年后,联邦最高法院作出了简要的但与Conley案的裁决一致的再次确认。④ 2002年,在第二起案件——Swierkiewicz v. Sorema N.A.案中,联邦最高法院得出了相同的结论:在被规则9(b)确认的两

---

① [美]史蒂文·苏本、玛格瑞特·伍:《美国民事诉讼的真谛》,蔡彦敏、徐卉译,法律出版社2002年版,第55页。

② Richard L. Marcus, *The Revival of Fact Pleading Under the Federal Rules of Civil Procedure*, 86 COLUM. L. REV. 433, 439 (1986).

③ 355 U.S. 41 (1957), *abrogated by Bell Atlantic Corp. v. Twombly*, 127 S. Ct. 1955 (2007).

④ Leatherman v. Tarrant County Narcotics Intelligence & Coordination Unit, 507 U.S. 163, 168 (1993).

种情形下,不允许实行提高的起诉标准。①

通知诉答的关键组成共有四个方面。第一个方面,在诉状中关于权利主张的陈述起到通知的功能,告知被告该权利主张及其基础。② 第二个方面,与此相关,在诉答阶段关于事实的细节不是必需的;随后的诉讼阶段会引出这些细节,并将案件中涉及的问题形成体系框架。第三个方面,只有在确认缺少主张的情形下才能颁发驳回令状;当有人提出原告仍然有可能举出能够证明责任的事实,驳回起诉就是不恰当的。最后,诉答程序并不是可以剔除无益主张的合理的装置。相反,其他的审前程序——广泛的证据开示和即决判决——是挖掘缺少利益主张的合理的手段。③

与法典诉答相比,通知诉答与其最根本的区别在于原告起诉状所承载的叙述事实的功能。法典诉答需要原告较为详尽的描述案件事实,以便其有关的救济权能够从实体法的角度被推导出来,此举对原告的真实义务要求甚高;④而通知诉答则全面废弃了这一要求,使得诉讼的门槛大大降低,民事诉讼在早期就被驳回的概率几乎不会发生,而这也成为美国当前诉讼爆炸的一个主要原因。

(4)合理诉答(plausible pleading)。2007年5月21日联邦最高法院对Twombly反垄断案作出判决,其改变了《规则》第8条第(a)款第(2)项对通知诉答的解释,采用了一种全新的更为严格的"合理诉答标准",即要求原告在起诉时必须主张充分的事实以说明其所寻求的救济之合理性。在这一复杂的反垄断案中,法院关注的一个核心问题是"是否应当依原告的申请而启动后续费用高昂的证据开示程序"⑤。联邦最高法院在被告的动议之下驳回了原告的

---

① 534 U.S. 506, 508 (2002).

② See, e.g., Mayle v. Felix, 545 U.S. 644, 655 (2005) ["Under Rule 8(a), applicable to ordinary civil proceedings, a complaint need only provide 'fair notice of what the plaintiff's claim is and the grounds upon which it rests.'" (quoting Conley, 355 U.S. at 47)].

③ Swierkiewicz, 534 U.S. at 514 (stating that "claims lacking merit may be dealt with through summary judgment under Rule 56"); Leatherman, 507 U.S. at 168-69 (stating that "federal courts and litigants must rely on summary judgment and control of discovery to weed out unmeritorious claims sooner rather than later").

④ 汤维建:《美国民事司法制度与民事诉讼程序》,中国法制出版社2001年版,第268页。

⑤ Kevin M.Clermont, *Principle of Civil procedure (fourth edition)*, Eagan: West Academic Publishing, 2015, p.65.

起诉,理由是原告"没有能够提出充分的事实证明被告达成了事实上的协议以限制贸易"①。联邦最高法院对《规则》第8条第(a)款第(2)项的要求作出了进一步的解释:原告不仅应当提供充分的事实主张,还应当通过其主张的事实表明其应当获得的救济不仅仅是基于一种猜测而且在推论上具有其合理性②。由此表明,之前法院在Conley案中确立的"无须具体事实"的通知要求已经退出历史舞台。但是,联邦最高法院比仅仅支持起诉必须包含事实的主张的观点走得更远。它认为事实主张必须展现法律责任的合理的场景,"在假设起诉中所有的主张都是真实的前提下(即使事实上是有疑问的),事实主张必须足以在猜测性的水准之上启动权利救济"③。在反垄断方面,这意味着起诉必须提供"足够的事实以提起合理的预期:在证据开示中将披露非法协议的证据",以及"分辨那些可能足以使串谋可信的事实"。联邦最高法院重新解读了《规则》第8条第(a)款第(2)项,不仅要求陈述诉讼请求的事实的诉答,还要求证明请求合理性的事实的诉答。该合理诉答制度要求诉状阐述的事实不仅包括责任的承担,还包括证明"权利救济的合理性"。此外,法院还指出合理诉答要求诉状要"表现出原告将会对存在合理基础的预期'予以证明'"④。2009年5月18日的联邦最高法院在Iqbal案的判决中,将Twombly案确立的合理起诉标准由反垄断案件扩展至所有的民事诉讼,此后,《规则》第8条第(a)款第(2)项成为启动民事诉讼的过滤器和重要屏障,与之相对应,法院案件管理的能动性亦大大增强。

与通知诉答的"完全放任"不同,合理诉答对所有民事案件的起诉均施加了限制,甚至走得更远。原告在主张其诉讼请求时所依据的具体事实,不应仅仅是一种可能性,更要达到合理性和充分性的标准方可。那么原告在一般情况下究竟提供多少具体事实、论证到何种程度才能达到"合理"的标准呢?联邦最高法院也没有给出明确的答案(似乎也不可能给出明确的答案),需要法官仰赖自己的经验和智识在个案中具体分析判断。

合理诉答标准实质上是将原告人本来应当是在后面简易判决或审判阶段的诉讼责任提到了起诉阶段,从而强化了法院的司法审查,要求法院在原告起

---

① Kevin M.Clermont,*Principle of Civil procedure*(fourth edition),Eagan:West Academic Publishing,2015,p.65.

② A. Benjamin Spencer, "Plausibility Pleading".49 *B. C.L.Rev*.(2008).

③ Twombly, 127 S. Ct. at 1965.

④ Kevin M.Clermont,*Principle of Civil procedure*(fourth edition),Eagan:West Academic Publishing,2015,p.67.

诉时应当审查其诉讼主张以保证其不是结论性的,而且该主张所依据的具体事实是必要的和充分的。① 由此可见,美国的合理起诉标准其实凸显了在联邦司法系统中,法官在诉答程序实施诉讼流量控制上的司法能动倾向,反映出联邦法官角色职能的一种微妙的变化。可以说该标准的出现绝非偶然,是美国民事司法改革对社会现实积极回应的产物。只是引发公众质疑的是该标准确立的方式并非通过正式的立法活动,而是由联邦最高法院法官作出判例这种"法官造法"的方式完成,这在美国制定法日益频繁的今天显得有些"不合时宜"。

表6-1 诉答类型之比较

诉答类型	适用时间	主要渊源/判例	适用范围	主要功能	主要缺陷
普通法诉答	19世纪中叶之前	英国普通法与衡平法	绝大多数州	陈述事实、确定唯一争点	极端形式主义牺牲实体利益
法典诉答	1848年至1938年	《菲尔德法典》	超过半数州(纽约州和加州至今仍在适用)	披露事实、简化程序	过重的真实义务
通知诉答	1938年至2007年	《联邦民事诉讼规则》	联邦法院系统和绝大多数州(至今仍有部分州继续沿用)	通知被告原告的主张及其基础	诉讼门槛过低催生滥诉和"诉讼爆炸"
合理诉答	2007年至今	Twombly反垄断案	联邦法院系统和超过半数以上的州	控制诉讼流量	强化对起诉的司法审查易导致诉讼启动的困难

二、美国民事诉讼立案受理制度的基本构造

按照美国联邦民事诉讼规则以及相关的判例,其民事案件受理主要由以下内容构成:

(一)起诉

根据《规则》第3条的规定,民事诉讼始于原告向法院递交诉状。起诉状应当是对案情的简要陈述,其提出后一经证实就可以使法院为原告作出判决

---

① 张海燕:《进步抑或倒退:美国民事起诉标准的最新实践及启示——以Twombly案和Iqbal案为中心》,载《法学家》2011年第3期。

的事实。在美国,民事起诉状通常按照以下顺序进行编排:"第一,原告和被告的身份证明;第二,对双方所涉事务的叙述;第三,对被告给原告造成损害行为的陈述;第四,对原告所遭受损害赔偿的性质及程度的声明;第五,对判决的要求。"①

1.起诉的主体。在美国所有民事诉讼的首要的问题在于,诉讼当事人是否已经达到必要的标准并为诉讼程序的启动提供了充足的根据。有关起诉主体的考量因素主要包括:第一,该当事人是否属于"有利害关系的真实当事人";第二,所涉及的这些当事人在法律上是否具有提起诉讼或者被诉的"能力";第三,被告是否具有"诉讼资格"。② 一般而言,该规则强调的是已知的原告应当依照适用的实体法享有其所要求强制执行的权利,旨在确保现有的当事人是合适的当事人③。

(1)有利害关系的真实当事人。有利益关系的真实当事人通常适用于诉讼中的原告,提出权利主张的任何当事人——参与诉讼人、交叉请求人或者反请求的人——在法律上必须被证明是与特定请求具有利益关系且属于真实的当事人。根据《规则》第17条第(a)款的规定,"每项诉讼应以有利益关系的真实当事人的名义进行",与遗嘱有关的执行人、遗产的管理人、监护人、寄托的受托人、信托受托人以及为了他人利益而订立合同的当事人,可以按照自己的名义提起诉讼,而不需要把从诉讼进行中受益的当事人并入该诉讼。

从历史上来看,普通法与衡平法对当事人是否为"有利益关系的真实当事人"这一标准所持的态度并不一致,前者的适用更为严格,表现为对被告而言,只有拥有该权利的法定产权人才能起诉;而后者则允许任何对衡平法权利或受益权有争议的主体均可起诉。依照美国现代联邦民事诉讼的程序要求,"有

---

① [美]杰弗里·C.哈泽德、米歇尔·塔鲁伊:《美国民事诉讼法导论》,张茂译,中国政法大学出版社1998年版,第108页。
② [美]杰克·H.弗兰德泰尔、玛丽·凯·凯恩等:《民事诉讼法》,夏登峻等译,中国政法大学出版社2003年第3版,第307页。
③ 有利害关系的真实当事人实质上属于大陆法系民诉理论当中的当事人适格问题。而当事人适格问题属于诉讼是否合法的诉讼要件的审查事项,并非诉讼成立要件的题中应有之义。在此,有利害关系的真实当事人的规定也应当理解为首先提醒原告慎重起诉,以使被告免遭无端的讼累。而原告是否属于真实的当事人的判断,应当是在案件受理后法院在后续程序中审理的内容。诉讼能力和诉讼行为能力的问题亦同理。

利益关系的真实当事人不必是从诉讼的成功中最终获益的人"[1],这一要求反映出当事人概念的分化,与之相伴的是认定有利害关系的真实当事人将更为困难。

(2)当事人的诉讼能力。《规则》第 17 条第(b)款规定了当事人起诉或被诉的能力,这是一个比有利害关系的真实当事人更为宽泛的概念,主要决定该主体是否胜任当事人的一般能力。[2] 如未成年人和法院宣告的精神病人通常欠缺诉讼能力,他们提起的诉讼或针对其提起的诉讼,应由其监护人或针对其监护人进行,或者法院可以指定一个"诉讼监护人",专门为此诉讼服务,代表无诉讼能力人。《规则》第 17 条第(b)款规定,联邦法院将依据其住所地来决定自然人的起诉和被诉的能力。同时该款第(2)项还规定,公司的诉讼能力由成立州的法律决定;该款第(3)项规定非法人企业如合伙和有限责任公司的诉讼能力由联邦法院所在州的法律决定。

根据《规则》第 9 条(诉答文书特别事项)第(a)款对当事人诉讼能力的规定,除当事人有必要表明法院管辖权之外,没有必要主张以下事项:第一,当事人起诉或应诉的能力;第二,委托代理人起诉或应诉的诉讼权限;第三,作为当事人社团组织的合法存在。如果当事人意欲对上述的任一事项提出异议时,必须提出起诉者所知的能够支持其主张的详细事实。[3]

(3)列明当事人。根据《规则》附录所列的部分格式以及律师填写民事案件登记表的要求,在列明当事人时,应当填写原告和被告的姓名(姓,名,中间名的首字母);如果原告或被告是一政府机构,应使用其全名或标准缩写;如果原告或被告是某政府机构的官员,那么应同时明确该政府机构和该官员的身份,注明两者的名称与头衔。除了美国政府作为原告的案件以外,每个提交的民事案件均应填写第一原告在案件起诉时的住所地所在县的名称。在美国政府作为原告的案件中,填入第一被告在案件起诉时的住所地所在县的名称。

---

[1] See C.Clark,Code Pleading 21(2d ed.1947),转引自[美]杰克·H.弗兰德泰尔、玛丽·凯·凯恩等:《民事诉讼法》,夏登峻等译,中国政法大学出版社 2003 年第 3 版,第 307 页。

[2] [美]理查德.D.弗里尔:《美国民事诉讼法(下)》,张利民、孙国平、赵艳敏译,商务印书馆 2013 年版,第 753 页。

[3] Stephen C. Yeazell, *Federal Rules of Civil Procedure:With Selected Statutes,Cases,and Other Materials*-2013,Wolters Kluwer Law & Business,2013,p.32.

最后,还应当填入律师所在公司的名称、地址、电话号码和在案律师姓名。①

(4)关于起诉主体的特殊情形——匿名诉讼。一般情况下,当事人在诉状中不使用真实姓名或者隐去真实姓名,将会由于不符合《规则》第 10 条第(a)款要求确定原告身份的规定而遭到法院驳回起诉。但是在特殊情况下,如涉及"在非常隐私的事项中保护隐私"的情形,如可能会被公众知晓自己为同性恋、节育、堕胎、转换性别、精神疾病非法出生的孩童福利权利等,法院允许当事人使用虚拟的姓名。这些例外被 Doe v. United Service Life Insurance Company、Doe v.Shapiro 等判例所支持。②

2.起诉的要求。按照《规则》第 8 条第(a)款的规定,所有的起诉状都必须符合三项要求:第一,需要陈述拥有事务管辖权及其理由;第二,陈述其关于诉讼的请求;第三,要求所寻求的救济。不满足上述任何一项要求,起诉状均将遭到驳回,而驳回并不影响实体性权利,通常允许原告进行修改和补正。在三项要求中,陈述诉讼请求是最重要,也是实践中最容易被质疑为不充分的。

(1)陈述有事物管辖权的理由。《规则》第 8 条第(a)款第(1)项规定,起诉状必须包含"一个简短清晰的对法院管辖理由的陈述,除非法院早已享有管辖权或者诉讼请求不需要管辖权的支持"。在此提及的管辖权为事物管辖权③,原告需承担证明其诉讼请求能够被联邦法院审理的举证责任。虽然本条明确要求陈述"简短清晰",但是当事人和律师并不能将其陈述得过于简短或过于结论性。④《规则》附录当中的文书格式对具体应当如何进行管辖权的陈述作出了示范。《规则》第 84 条明确规定在附录中的格式能够满足《规则》的各项

---

① 《美国联邦地区法院民事诉讼流程》,汤维建、徐卉、胡浩成译,法律出版社 2001 年版,第 29~33 页、第 57 页;[美]斯蒂文·苏本、马莎·L.米卢、马克·N.布诺丁、托马斯·O.梅茵:《民事诉讼法——原理、实务与运作环境》,傅郁林等译,中国政法大学出版社 2004 年版,第 26~29 页。

② [美]斯蒂文·苏本、马莎·L.米卢、马克·N.布诺丁、托马斯·O.梅茵:《民事诉讼法——原理、实务与运作环境》,傅郁林等译,中国政法大学出版社 2004 年版,第 213 页。

③ 也可称之为"诉讼标的管辖权",它是用来划分联邦法院和州法院之间对特定争议的管辖权的制度。在划分联邦法院和州法院的事物管辖权是遵循州法院行使一般性的权力,联邦法院行使特定权力的原则,亦即除法律明文规定赋予联邦法院的事物管辖权之外,其余的事物管辖权均由州法院保留行使,而无须作出特别的规定和说明。汤维建:《外国民事诉讼法学研究》,中国人民大学出版社 2007 年版,第 9~10 页。

④ [美]理查德·D.弗里尔:《美国民事诉讼法(上)》,张利民、孙国平、赵艳敏译,商务印书馆 2013 年版,第 358 页。

第六章　美国民事诉讼立案受理制度

要求,并有助于实现《规则》所希望达到的简短扼要地陈述的目的。① 换言之,当事人和律师使用其中的格式,则可以达到"简短清晰"的要求。

在格式 7 管辖权主张中,原告可以选择相应的范文进行陈述。在第(a)款关于异籍管辖权的主张中,原告可以这样表述"原告是 A 州的公民,被告是 B 州的公民,争议事项在不计算利息或诉讼费用的情况下超过了《美国法典》第 28 编第 1332 条所规定的金额"②。而不需要表示为什么一方当事人是某一州的公民或为什么争议事项超过了《美国法典》第 28 编第 1332 条所规定的金额(7.5 万美元)③。此外,与异籍相关的专用术语是当事人的州籍,亦即要表明当事人的居所在审判地。若当事人为公司时,则必须说明公司组建的州和公司主营业地所在的州。在第(b)款基于联邦问题的管辖权上,可从用如下格式进行陈述:"根据[美国宪法第×条第×款][美国条约(此处说明条约)][美国法典第×编第×条]发生的诉讼。"④在第(c)款基于请求的海事或海商性质请求的管辖权上,可如此陈述:"这是一起海事或海商管辖权案件[如果原告意欲根据《规则》第 9 条第(h)款援引海事程序,则应做如下说明:这是《规则》第 9 条含义内的海事或海商请求]"。⑤

(2)陈述诉讼请求。《规则》第 8 条第(a)款第(2)项规定,原告应当"简短和清晰地陈述诉讼请求,表明其有权获得救济"。这一项要求是通知诉答和合理诉答的分野。根据合理诉答标准,原告的陈述必须同时在事实和法律上均保证其充分性。

在法律方面的充分性上,原告必须在起诉状中陈述一个诉讼请求,否则法院可以主动地驳回诉讼,或者被告可以根据《规则》第 12 条第(b)款第(6)项的规定,申请法院原告的起诉,法院准予驳回起诉的申请。若起诉状中提出了数个所声称的诉讼请求,而唯有一个是充分的,法院则可以驳回所有有缺陷的诉

---

① Stephen C. Yeazell, *Federal Rules of Civil Procedure: With Selected Statutes, Cases, and Other Materials*-2013, Wolters Kluwer Law & Business, 2013, p.160.

② Stephen C. Yeazell, *Federal Rules of Civil Procedure: With Selected Statutes, Cases, and Other Materials*-2013, Wolters Kluwer Law & Business, 2013, p.169.

③ [美]理查德·D.弗里尔:《美国民事诉讼法(上)》,张利民、孙国平、赵艳敏译,商务印书馆 2013 年版,第 358 页。

④ Stephen C. Yeazell, *Federal Rules of Civil Procedure: With Selected Statutes, Cases, and Other Materials*-2013, Wolters Kluwer Law & Business, 2013, p.169.

⑤ Stephen C. Yeazell, *Federal Rules of Civil Procedure: With Selected Statutes, Cases, and Other Materials*-2013, Wolters Kluwer Law & Business, 2013, p.169.

讼请求。这种驳回一般并不会影响原告的实体权利,而是给其另一个尽力提出法律上充分的诉讼请求的机会。但是,在某一时间点,如果能够清楚地表明原告不能提出在法律上充分的诉讼请求,法院将会作出影响实体权利的驳回。① 因为原告不能提出法律认可的诉讼请求,任由诉讼继续进行将会浪费被告的时间以及有限的司法资源。在对起诉状(或起诉状中单个诉讼请求)法律方面的充分性进行裁定时,法院只对起诉状进行形式审查,而不会涉及证据问题。

在事实方面的充分性上,则主要解决假设法律给予了原告获得救济的权利,在其陈述诉讼请求时究竟应当具体到什么程度的问题。如前所述,《规则》并没有给出明确的答案,联邦最高法院则是通过判例的形式进行了一度富有争议的解释:

在 Twombly 反垄断案中,原告 William Twombly 和 Lawrence Marcus 代表一个由"从 1996 年 2 月 8 日至今……本地电话和(或)高速互联网服务的用户"组成的拟制的群体提起诉讼。本案的被告是在 AT&T 剥离[简称现任本地交换运营商("ILEC")]之后创建的一系列区域电话服务的专营商。而 AT&T 的剥离是在 1996 年的通信法案下,进行的一系列旨在促进竞争对手[指在本案中作为竞争性的本地交换运营商("CLECs")]进入当地市场的义务。

被告被指控合谋扼杀 CLEC 竞争从而限制贸易的行为从两种方式上违反了 Sherman 法案。第一,原告诉称"ILECs 在他们各自的服务区从事平行行为以抑制 CLECs 急剧增长的业务量"。被告的平行行为"据称包括就有权使用 ILEC 网络与 CLECs 签订不公平的协议、提供劣质的网络链接、高额收费以及在计费方式的设计上破坏 CLECs 与自己客户的关系"。第二,原告指控被告 ILECs 同意不与其他经营商相互竞争以限制贸易。

位于纽约南部地区的美国联邦地区法院驳回了上述诉状,因为它仅仅宣称自觉的平行比较,这种比较并没有根据谢尔曼法案的第一部分规定提出请求。联邦地区法院进而解释道:"原告没有提出相应的事实能够表明在其他区域竞争 CLECs 与被告的显见的经济利益相对立,因而没有得出他们的行为是

---

① [美]理查德·D.弗里尔:《美国民事诉讼法(上)》,张利民、孙国平、赵艳敏译,商务印书馆 2013 年版,第 362 页。

第六章 美国民事诉讼立案受理制度

串谋的结果的结论。"①随后,联邦第二巡回上诉法院推翻了该裁决,因为它认为地区法院适用了错误的标准。根据1957年联邦最高法院在Conley v. Gibson案中"没有事实"的表述,第二巡回上诉法院认为驳回的裁决是适当的,"法院应当得出结论:没有事实允许原告证明特别是被宣称的并行行为是勾结的产物而不是巧合"②。

然而,联邦最高法院推翻了第二巡回上诉法院的意见,认为"陈述诉求要求诉状有足够的事实(作为真实的)表明协议已经达成"③。原告并没有陈述足够的事实表明签订了上述协议,虽然存在已经定有协议的"可能性",但是原告必须超越可能性而提出"合理性或者可信性"。苏特法官起草的多数派意见认为:"我们只需要足够的在表面上是合理的事实,陈述要求救济的诉讼请求。因为在此原告没有将其诉讼请求推过从想象到合理的界限,所以必须驳回他们的诉讼请求。"④

联邦最高法院通过描述诉答的三个范围将合理诉答与之前的诉答区别开来:第一个层次由主要的结论性诉答构成;第二个层次由事实上中立性诉答构成;第三个层次由事实上暗示性诉答构成。当单独满足第三个部分时即达到充分的要求。只有提示了责任诉答事实的起诉才满足《规则》第8条第(a)款第(2)项对表明有权启动救济的诉讼请求的要求。⑤

联邦最高法院在提及可能性和合理性之间的"界线"时第一次表述了区分诉答范围的观点:"对平行行为的主张……使得起诉更接近于提起诉讼请求,但是没有更进一步的事实上的支持,它将会阻断'权利救济'的可能性和合理性之间的界线。"为了支持这一论断,法院引用了1999年联邦第一巡回上诉法院的DM Research, Inc. v. College of American Pathologists案⑥作为参照,并阐述如下:"DM Research案当中的边界即是结论性和事实性之间的界线。它存在于事实性的中立和事实性的提示之间。每一个范围都必须进入到合理

---

① Twombly, 313 F. Supp. 2d at 188, vacated, 425 F.3d 99 (2d Cir. 2005), rev'd, 127 S. Ct. 1955 (2007).

② Twombly v. Bell Atlantic Corp., 425 F.3d 99, 114 (2d Cir. 2005), rev'd, 127 S. Ct. 1955 (2007).

③ Twombly, 127 S. Ct. at 1965.

④ [美]理查德·D.弗里尔:《美国民事诉讼法(上)》,张利民、孙国平、赵艳敏译,商务印书馆2013年版,第372页。

⑤ Twombly, 127 S. Ct. at 1966.

⑥ 170 F.3d 53 (1st Cir. 1999).

责任的范围。"①此后,被分割为两个界点的诉答的三个层次变得清晰起来。在结论性诉答和事实性诉答的第一个界点支持提出诉讼请求的可能性,但也可以支持不包括责任的情形。第二个界点位于"事实性中立"诉答和"事实性提示"之间,后者将诉讼请求仅仅是可能的变为合理的。

(3)要求所寻求的救济。根据普通法的实践,原告在起诉状的结尾提出判决要求,前面使用"因此(Wherefore)"或"为此(Therefore)"。②《规则》附录当中的格式10包含了一个经典的请求"为此,原告要求对被告做出赔偿[ ]美元的判决,外加利息和诉讼费"③。赔偿通常以一次性总付金额的形式提出,但根据《规则》第9条第(b)款、第(g)款的规定,对"欺诈、错误以及特定损害赔偿"提出的事实主张,当事人应详细陈述。

在上述三个事项中,欺诈在实践中被当事人陈述的情形较多,要求对构成欺诈的细节进行详细陈述的主要理由在于:第一,设定此要求旨在保护其他当事人,防止欺诈行为的指控引起名誉侵害;第二,实践经验表明,欺诈的提出常常是处于滋扰目的或为提高获得有利解决方案之机会;第三,因欺诈的事实类型众多,意味着被指控实施欺诈的当事人应该被告知具体的指控,以便能够作出回应。④

对于主张错误亦要求详细陈述的缘由,其原理与欺诈的情形类似。此外,由于《规则》第9条第(b)款对原被告均适用(如被告在合同案件中可以错误为由提出肯定性抗辩),而根据《规则》第60条第(b)款第(1)项的规定,被告可以寻求以错误为由而推翻判决,其提出该申请必须列举详细的事实。在这一点上,详细陈述事实保证了《规则》前后逻辑上的一致性。

对于特定损害赔偿而言,由于其并不是一般性的事件导致的损失,换言之是对"争议中的诉求类型来说是非同寻常的",比如在非法拘禁的诉求中,原告要求获得构成特殊损失的"大额的经济赔偿"。⑤ 而对于特定案件中特定损害

---

① Twombly, 127 S. Ct. at 1966 n.5.
② [美]理查德·D.弗里尔:《美国民事诉讼法(上)》,张利民、孙国平、赵艳敏译,商务印书馆2013年版,第359页。
③ Stephen C. Yeazell, *Federal Rules of Civil Procedure: With Selected Statutes, Cases, and Other Materials*-2013, Wolters Kluwer Law & Business, 2013, p.172.
④ [美]理查德·D.弗里尔:《美国民事诉讼法(上)》,张利民、孙国平、赵艳敏译,商务印书馆2013年版,第390页。
⑤ [美]理查德·D.弗里尔:《美国民事诉讼法(上)》,张利民、孙国平、赵艳敏译,商务印书馆2013年版,第393页。

第六章　美国民事诉讼立案受理制度

的事实陈述到什么程度才足够,很难准确地描述。

《规则》对上述三项提出详细陈述的要求,也充分体现了联邦法院试图通过对诉答文书的严格要求使得相当一部分案件无法通过诉答程序进入后续的审判,以达到控制诉讼流量的目的。

3.起诉状的格式。《规则》第10条第(a)款要求所有诉答文书必须有一个标题,包含法院名称、案件名称、案件编号和《规则》第7条第(a)款规定的文书名称。《规则》第10条第(b)款要求当事人用"数字编号的段"(与用字母编号的段相对)提出其主张:"每一段的内容尽可能限于一组单独的事项。"在以后提出的诉答文书中,引用各段的编号即可。此外,该款和《规则》第10条第(c)款明确允许借助段落的参见进行合并。《规则》第10条第(c)款也规定了当事人可以在诉答书中附上书面文件作为展示证据,为所有的目的该文书均因此被视为诉答文书的一部分。①

4.起诉状的修改。联邦诉答程序的一个显著标志是允许修改诉答文书以使其最高程度上与诉答的目的保持一致。因此,一方当事人可以改正诉答中的错误或者根据新掌握的信息进行修正。② 根据《规则》第15条第(a)款第(1)项的规定,作为一项当然的权利,如果行动足够迅速,原告在审判之前有一次机会可以不向法院申请即对起诉状进行修改,通常是在接到答复的动议或答辩状后的21天内作出。但如果他的起诉状是不允许应答的文书,那么原告必须在送达他的起诉状的21天内进行修改。③ 关于修改的内容,大多数法院均认为可以涉及提出新的诉讼请求以及增加或剔除被告。④ 除此之外,原告在审判过程中,甚至审判之后还可以进行修改。

---

① See Stephen C. Yeazell, *Federal Rules of Civil Procedure: With Selected Statutes, Cases, and Other Materials*-2013, Wolters Kluwer Law & Business, 2013, p.33-34,[美]理查德·D.弗里尔:《美国民事诉讼法(上)》,张利民、孙国平、赵艳敏译,商务印书馆2013年版,第354页。

② Kevin M.Clermont, *Principle of Civil procedure (fourth edition)*, Eagan: West Academic Publishing, 2015, p.78.

③ Stephen C. Yeazell, *Federal Rules of Civil Procedure: With Selected Statutes, Cases, and Other Materials*-2013, Wolters Kluwer Law & Business, 2013, p.43.

④ [美]理查德·D.弗里尔:《美国民事诉讼法(上)》,张利民、孙国平、赵艳敏译,商务印书馆2013年版,第419页。

(二)书记员登记案件①

1.原告递交起诉状和民事案件登记表。原告可以通过邮寄或者直接递交诉状给法院书记员(也可以依法官的准许提交给法官,法官应在诉状上注明提交日期并立即转交书记处),与此同时,每个案件的当事人或律师还应当提交一份民事案件登记表,该表记载联邦管辖权的根据、诉讼的性质以及案件发生的县区等事项,法院书记员处和美国法院管理局使用这些登记表编制对法院资源产生影响的事项统计数字,并将所有的与所提起的某一案件有联系的案件作为一个系统进行标注。律师必须在该登记表上签名、注明日期并就其正确性作出证明。②除此之外,如若原告希望案件由陪审团审理,还应当在具备美国联邦宪法第七修正案的规定标的额超过20美元的基本条件下,向法院同时提交陪审团审理请求书。

2.法院书记员的形式审查。书记处负责接待的书记员应当就提交起诉状的格式进行审查,审查的内容包括根据《规则》第11条的要求,对律师在起诉状中的签名予以检查;并且应当在错误发生之前或者错误发生之时就找出错误,并向提交文件的律师指出其问题所在,以便律师能够在提交之前对有关问题予以纠正;如果接待书记员不认识在提交起诉状上签名的律师,应当检查该地区的律师名册,确认该律师是否为该地区法院律师协会的会员;如果提交的文件中包括传票,接待书记员则在传票上署名,并在其上加盖地区法院的印章。③

3.法院书记员登记案件。在形式审查完毕后,法院的助理书记员(the clerk of the court)会登记案件,并给诉讼分配一个连续的案卷号(或"案件号"或"待审案件编号"),并将其计入管理登记簿,这个案卷号将会出现在本案中的每一份文件中。案卷号之前冠之以"民"(Civ.)字,表明它是民事案件;案卷号后的前两位数字是起诉的年份,然后是该年度该地区法院起诉案件的自然顺序编号。随后,书记处将会使用诸如计算机编程等能够确保随机选择的程

---

① 在美国联邦法院系统当中,书记处的书记员并非为法院永久雇佣的人员,而是法官个人录用的相关人员作为自己的助手,主要负责协助受雇法官进行法律研究、审查起诉状和答辩状、草拟法律意见、准备法官开庭备忘录等工作。杨天勇:《法院书记员职业化概论》,中国政法大学出版社2015年版,第79页。

② 《美国联邦地区法院民事诉讼流程》,汤维建、徐卉、胡浩成译,法律出版社2001年版,第11页。

③ 《美国联邦地区法院民事诉讼流程》,汤维建、徐卉、胡浩成译,法律出版社2001年版,第13页。

序,将案件分配给地区法官和治安法官,并将确定好的审理案件法官姓名的首字母附在案卷号的最后。如民 16-00105(Civ.16-00105)意指该地区法院 2016 年受理的第 105 个民事案件。在新案指派了法官之后,起诉状转交给备审案件的书记员,自此意味着诉讼已经开始,亦即法院受理了该民事案件。

(三)起诉的法律效果

1.诉讼时效运行。当载有诉讼请求的起诉状提交法院之时,诉讼时效制度当即开始运行,亦即发生时效中断的效力。尤其需要注意的是法律时效届满后诉答文书修改产生的法律效果的问题:第一,原告可能寻求法院许可其修订诉状,以便在时效届满后增加一项新的诉讼请求;第二,原告可能寻求修正许可以便在时效届满后增加新的被告。根据《规则》第 15 条第(c)款的规定,一项在时效届满后修改的起诉状,其效力将"回溯"至时效届满之前提交的起诉状,进而避免了时效制度的障碍。[①]

2.错误的起诉可能遭到制裁。根据《规则》第 11 条第(a)款的规定,律师在提交给联邦法院的起诉文书上的签名构成对以下事项的核实证明:第一,该律师已经阅读过该文书;第二,已尽最大限度的了解文书中陈述在事实上是正确的,在法律上是有理由的,并且提交该文书并不具有诸如骚扰另一方或拖延诉讼的不适当之目的。[②] 该条第(c)款规定,如果起诉状在事实上有错误或法律上无理由,将会因为违背上述条款而导致法院对律师及当事人课以相应的制裁,如法院可以命令原告补偿被告因回应不恰当的起诉状而花费的金钱,包括律师费在内。[③]

3.诉状的送达应当在法定的期间内完成。虽然诉状的送达并非美国联邦民事诉讼启动的要件,但是为了保证被告获得通知和被听审的机会,根据《规则》第 4 条第(m)款的规定,如果诉状和传唤状在法定的期间(提交诉状的 120 天内)不能完成送达,那么有可能导致法院依当事人申请或依职权撤销该诉讼。[④]

[①] [美]理查德·D.弗里尔:《美国民事诉讼法(上)》,张利民、孙国平、赵艳敏译,商务印书馆 2013 年版,第 425~427 页。

[②] [美]凯恩:《民事程序法(英文)》,法律出版社 2001 年版,第 99~100 页。

[③] Stephen C. Yeazell, *Federal Rules of Civil Procedure: With Selected Statutes, Cases, and Other Materials*-2013, Wolters Kluwer Law & Business, 2013, p34.《美国联邦地区法院民事诉讼流程》,汤维建、徐卉、胡浩成译,法律出版社 2001 年版,第 10~11 页。

[④] Stephen C. Yeazell, *Federal Rules of Civil Procedure: With Selected Statutes, Cases, and Other Materials*-2013, Wolters Kluwer Law & Business, 2013, pp.18-19.

4.非自愿撤销诉讼。所谓非自愿撤销诉讼,指的是法院在原告希望继续进行诉讼的前提下撤销案件,例如由于原告没有陈述诉讼请求或者在即决判决动议失利之后而撤销案件。根据《规则》第41条第(b)款之规定,除非法庭有相反的命令,这种撤销和其他非自愿撤销案件就是"司法权运作的结果"①,并会产生既判力效力。在很多情形下,法院可以同时进行非自愿撤销诉讼和制裁原告。

第二节 美国民事诉讼立案受理制度的基本特征及其影响制度构建的基本理论

一、美国民事诉讼立案受理制度的基本特征及其问题

(一)美国民事诉讼立案受理制度的基本特征

1.民事诉讼程序启动的当事人控制原则。在对抗制的传统之下,实行程序启动的当事人控制是题中应有之义,其首先指的是当事人有权以自认为适当的方式处置权利并寻求相应的救济,法官恪守被动中立原则,不得随意扩大审判的外延,亦即当事人自治原则;其次指的是"当事人决定、选择提出事实主张和证明活动的方式,不受法院的干涉"②,亦即当事人诉追原则,当事人完全掌握和控制法官和陪审团所接受的信息量,各种证据均由当事人提供。当事人控制原则在程序启动环节的集中体现就是原告主导起诉的诉讼请求和事实,其一旦向法院提交符合形式要求的起诉状,则法院必须受理案件,启动民事诉讼进入诉答程序。

2.法院案件受理审查的形式化。法院在收到原告提交的格式化诉状和案件登记表之后,仅对诉状进行形式审查,如当事人的基本信息、司法管辖权的理由、诉讼请求以及请求寻求的救济、签名是否具备等,而且《规则》第5条第(d)款第(4)项还规定,"书记员不得仅因当事人提交的诉状不符合本规则或

---

① [美]斯蒂文·苏本、马莎·L.米卢、马克·N.布诺丁、托马斯·O.梅茵:《民事诉讼法——原理、实务与运作环境》,傅郁林等译,中国政法大学出版社2004年版,第436页。
② 汤维建:《美国民事司法制度与民事诉讼程序》,中国法制出版社2001年版,第228页。

者地方法院规则或实践的要求而拒绝接收提交的文件"①。审查形式化的特征是对当事人主义模式和司法被动中立的直接体现,也是对英美法系程序正义原则的严格遵循。

3.案件受理纳入积极的法院案件管理活动中,成为民事诉讼改革的重要组成部分。所谓案件管理,是20世纪70年代以来,西方国家为根治民事司法过程中所存在的"堵塞"和"拖延"的问题,而极力推行的司法改革措施,②具体而言是指"法院及法官在诉讼进行中对案件进行的一种微观的、司法上的针对具体个案特征所进行的管理,主要包括案件分流、审前准备以及法院与当事人的诉讼协作等内容"③。这样一种管理型司法的出现,背后的动因即在于"接近司法"运动。美国的案件管理在西方国家中比较有代表性,法官一改过去消极被动的角色,在民事诉讼中通过积极行使职权对诉讼程序进行有效的疏导,在很大程度上缓解了诉讼拖延,帮助当事人降低了诉讼费用。从内容上来看,案件管理可进一步划分为程序管理和证据管理,作为诉答程序"民事诉讼守门人"的重要组成部分和典型的程序管理事项,起诉受理自然成为案件管理至关重要的一环,与此相对应,书记处的书记员协助法官要求当事人严格遵循联邦法院的管理规则和程序规则,确保民事诉讼有效率地运转。

4.在案件受理依据的法律渊源上,存在制定法与判例法的分歧。从诉答程序的历史发展来看,联邦民事诉讼确立的通知诉答其直接法律渊源即为《规则》,然而随后的合理诉答其依据的联邦民事诉讼规则并没有作出相应的修改,而仅仅是联邦最高法院分别于2007年和2009年审判的Twombly案和Iqbal案,前者主要适用于反垄断案件中,而后者则将合理诉答的标准扩展到了所有民事诉讼的案件。时至今日,虽然联邦法院系统和大多数的州法院均采纳了合理诉答,但是围绕联邦规则和判例的争议与讨论仍在继续。

(二)美国民事诉讼立案受理制度存在的问题

1.民事诉讼的启动完全交由原告自主启动,侧重于保护原告的利益,易对被告的权益造成不利的影响。美国的民事诉讼向来被视为"利己主义"行为,受个人主义的深刻影响,在法律的制度安排上甚至是"鼓励"原告通过提起诉

---

① Stephen C. Yeazell, *Federal Rules of Civil Procedure: With Selected Statutes, Cases, and Other Materials*-2013, Wolters Kluwer Law & Business, 2013, p.23.

② 陈桂明、吴如巧:《美国民事诉讼中的案件管理制度对中国的启示——兼论大陆法系国家的民事诉讼案件管理经验》,载《政治与法律》2009年第7期。

③ 王福华:《从审判管理到案件管理》,载傅郁林、兰姆寇·凡瑞:《中欧民事审判管理比较研究》,法律出版社2015年版,第260页。

讼的方式实现自己的实体权利。这种价值理念和诉讼传统一度成为美国精神的代表性标志之一。然而在过度自由主义的诱导下，原告滥用诉权、提起毫无意义的诉讼或者"轻率诉讼"①等情形大量出现，由此导致司法通道被过度占用，司法效率低下。与此同时，由于诉讼程序的启动完全取决于原告，被告被通知应诉时程序已经开启，虽然可以通过在答辩状中提出反请求、发出各种动议等方式进行攻击防御，但是将付出巨大的财力和精力。如何应对被告经常被无端牵扯进诉讼程序，成为亟待解决的现实问题。

2.合理诉答存在一定的缺陷，且仍然争议不断

(1)合理诉答标准内涵和边界均不甚明确，与现行制度规范存在明显的逻辑冲突。合理诉答中的"合理"究竟指的是什么，原告满足"合理"要求的诉讼主张究竟应当达到何种程度，无论是 Twombly 案还是 Iqbal 案的判决都语焉不详，各级法院司法适用中难免无所适从，在具体案件中必将会缺乏明确的指引；而且，该标准强调针对具体案件灵活处理的司法哲学将会导致缺乏统一适用的尺度，必然导致"同案不同判"大量涌现，司法公正的根基极易受到侵蚀。A.Benjamin Spencer 教授还认为，就合理起诉标准而言，实际上违反了《规则》第 8 条第(a)款第(2)项的规定，并与《规则》第 8 条第(e)款、第 8 条第(f)款、第 9 条第(b)款、第 11 条第(b)款、第 12 条第(e)款和第 56 条等存在明显的逻辑冲突。②

(2)合理诉答客观上增加了原告起诉的难度，与"接近正义"的司法理念有一定的背离。联邦最高法院在民事案件中抛弃了通知诉答"无须具体事实"的标准而启用合理诉答标准，使原告起诉时事实主张甚至证明的负担明显加重，民事诉讼的开启更倾向于控制诉讼流量的司法效率导向，这与程序基本权的原理背道而驰。与此同时，在合理起诉标准下，原告事实上在诉答阶段就要承担通常在证据开示阶段才需承担的证明责任，这与英美法系传统相对独立的诉讼程序划分与职能分立的制度设计有较大的出入。换言之，从最初目的的角度上看，《规则》第 8 条第(a)款第(2)项规定的目的，是避免不熟悉法律的当事人在起诉阶段浪费时间，而不是通过该手段来审查原告的主张是否具有价

---

① [美]史蒂文·苏本、玛格瑞特·伍：《美国民事诉讼的真谛》，蔡彦敏、徐卉译，法律出版社 2002 年版，第 106～107 页。

② See A. Benjamin Spencer,"Plausibility Pleading".49 *B.C.L.Rev.*(2008).p.469.

值。① 此外,Spencer教授还认为,合理起诉标准实际上还剥夺了原告人在起诉事实有多种可能解释的条件下,作出有利于自己事实推断的权利。②

(3)合理诉答标准有违宪之嫌。在美国民事诉讼学理上,Suja A. Thomas教授和Kenneth S. Klein教授均认为,合理诉答标准有违宪之嫌③;因为,如果民事案件在起诉阶段就被法官以"事实主张未达到合理的标准"为由驳回起诉,那么法官在此就越俎代庖地进行了所谓的事实审,而事实审通常由陪审团来完成,毫无疑问由此当事人就丧失了接受陪审团审判的权利和机会。显然,合理诉答标准是违反了宪法第七条修正案关于民事案件当事人有获得陪审团审判权利的规定的。

二、影响美国民事诉讼立案受理制度的基本理论

(一)正当法律程序理论

1.正当法律程序的内涵与渊源。作为当今世界最成功的宪政国家,美国的联邦宪法通过一系列修正案和判例确定了各项基本权利。其中的程序基本权就是由宪法修正案正当程序条款当中予以确认的。正当程序条款的基本含义源自1215年英王钦定《大宪章》第39条有关任何自由人,如果没有经过同级贵族的依法裁判,或者依据国法,均不可以被逮捕、监禁、没收财产、剥夺法律方面的保护权、流放,或者加以其他任何的损害。④ 联邦宪法第5修正案和第14修正案分别规定了两个正当程序条款,前者针对的是联邦的权力,主要在刑事诉讼中适用;后者主要针对各州,在民事诉讼领域中适用。两者虽然针对的是各自不同的领域,但都是确保任何公民"非经正当程序,对其生命、自由或财产"不得被剥夺。⑤

---

① 张海燕:《进步抑或倒退:美国民事起诉标准的最新实践及启示——以Twombly案和Iqbal案为中心》,载《法学家》2011年第3期。

② A. Benjamin Spencer, Plausibility Pleading. 49 *B. C. L. Rev.* (2008). p. 469.

③ See Suja A. Thomas, Why the motion to dismiss is now unconstitutional". 92 *Minn. L. Rev.* (2007—2008). p. 1852; Kenneth S. Klein, "Ashcroft v. Iqbal Crashes Rule 8 Pleading Standards on to Unconstitutional Shores". 88 *Neb. L. Rev.* (2009—2010). p. 262. 转引自张海燕:《进步抑或倒退:美国民事起诉标准的最新实践及启示——以Twombly案和Iqbal案为中心》,载《法学家》2011年第3期。

④ [美]阿兰·艾德斯、克里斯托弗·N.梅:《美国宪法个人权利案例与解析》,项焱译,商务印书馆2014年版,第65页。

⑤ [美]阿兰·艾德斯、克里斯托弗·N.梅:《美国宪法个人权利案例与解析》,项焱译,商务印书馆2014年版,第65页。

根据正当程序所施加的限制的不同,可以将其进一步划分为程序性正当程序和实质性正当程序。所谓程序性正当程序关注的是法律实施过程当中的程序,这种意义上的程序要求政府对个人生命、自由或财产进行剥夺的时候,必须依据被认为是公正的程序进行。而实质性正当程序则有所不同,它要求的是法律本身是否公正、理性并有无充分的正当理由,而考虑的不是实施该法律的程序本身是否公正或充分。正当程序对程序基本权的规定主要隐含在程序性正当程序当中。

2.正当法律程序对案件受理制度的影响——保护当事人程序基本权

(1)对原告——平等法律保护的权利

平等法律保护的权利,亦即司法平等权,意味着任何人在其权利受到侵害后,都能有效地诉诸司法,获得法律的救济。① 美国联邦宪法第 14 修正案规定:各州不可以在其辖境内拒绝任何人享有平等法律保护的权利,据此,平等法律保护的权利首先被明确地规定在各个州都适用,不仅如此,事实上这一原则也被要求以及还被默认为适用于联邦政府和司法系统。正如有学者所言,"宪法的规定对个人施以保护,使其在有关他们权益的普通诉讼得以使用。许多界定政府立法及司法部门权限的宪法规定,也可以在普通诉讼中给予考虑"②。

(2)对被告——通知和接受听审的权利

在民事诉讼中,程序性的正当程序不仅表明原告有权要求法院进行审判,还表明被告有权也应当得到以其为被告的诉讼程序开始的通知。被告享有被提供适当的通知和被听审的机会和权利,而对于法院而言,被告的此项权利恰恰是宪法赋予它们的义务,是对法院行使管辖权进行必要限制的体现。若被告没有接到适当的通知,则法院的裁判将会在其他司法程序中遭受到攻击从而归于无效。由于以最低联系为基础的管辖权的演变与发展,已经使得越来越多的人为了应诉而不得不奔赴他乡,因此严格符合宪法要求、对被告行使管辖权应当具备正当基础的呼声越来越高,通知的新标准也在随之发展,以确保被告的此项权利能够得以实现。

在实践中,通知被告与书状的送达制度密切结合起来。通常来说,典型的情形是被告收到包括起诉状副本、传票等在内的系列诉讼文书时,即视为得到

---

① 汤维建:《外国民事诉讼法学研究》,中国人民大学出版社 2007 年版,第 187 页。
② [美]杰弗里·C.哈泽德、米歇尔·塔鲁伊:《美国民事诉讼法导论》,张茂译,中国政法大学出版社 1998 年版,第 53 页。

第六章　美国民事诉讼立案受理制度

了通知。如何送达才能保证被告能够得到充分的通知,成为判断通知是否正当的标准。传统的通知方式是直接送达,即由行政司法官、执法官或者被法律授权的其他人亲手将诉讼书状送达被告。在 Pennoyer v.Neff 案的判决中明确了对被告财产的扣押、辅之以通知诉讼的告知,在对物或准对物管辖中构成了完全符合宪法的适当通知。无论是针对财产本身的诉讼使被告不必出庭的理论,还是根据财产所有人总是知道涉及其财产的事件并因此能够获释其财产被扣押和卷入诉讼的理论,有被告的姓名和住址即可,法院只要求最低限度的通知。① 至今为止,直接送达仍然是充分的、在某种程度上来说最好的通知方式。

当然,正当程序并不要求对被告必须进行直接送达,立法还规定了"替代性送达",亦即将书状留置于被告家中、邮寄给被告等。在联邦法院,原告可以在替代性送达的方式中进行选择:《规则》第 4 条第(e)款第(2)项规定了在被告常住所的留置诉讼书状来对被告个人进行送达;《规则》第 1 条第(e)款第(1)项规定要依据联邦地区法院所在州或送达发生地所在州的立法来对被告个人进行送达。在实践中,法院必须对这些方法的使用进行仔细审查确保其通知被告的公平公正;法院通常会对"经常居住地"和"年纪适当并且能够负责的送达主体"作出严格的解释,防止替代送达被滥用。

除此之外,公告送达对人诉讼如果没有特殊情形通常会被认为不符合正当性的要求。在对人诉讼中,只有当某州有住所地者没有其他送达方法或者当某州公民故意隐匿自己以躲避送达时,公告送达才是正当的。② 如在 Mullane v.Central Hanover Bank & Trust Co.案中,联邦最高法院将有关诉讼中通知的宪法要求表述为:"在任何被赋予终局性的诉讼中,正当程序的基础的和基本的要求是,根据所有的情况,合理筹划通知,以告知未决诉讼的利害关系人并向其提供提出反对意见的机会。该通知必须具有如此的性质,以至于合理地传达需要的信息,且它必须提供让利害关系人出庭的合理时间……当通知是一个人的应尽义务时,只是一种形式上的程序不是正当程序。所采用的途径必须是这样:确实想通知缺席者的人为完成通知任务所可能合

---

①　[美]杰克·H.弗兰德泰尔、玛丽·凯·凯恩等:《民事诉讼法》,夏登峻等译,中国政法大学出版社 2003 年第 3 版,第 153 页。

②　[美]杰克·H.弗兰德泰尔、玛丽·凯·凯恩等:《民事诉讼法》,夏登峻等译,中国政法大学出版社 2003 年第 3 版,第 153 页。

理采纳的方式。"①

从诉讼书状送达的格式要求来看,联邦法院强调传票和诉状必须一起送达,没有诉状只有传票的送达将会被视为无效。准确区分诉讼书状送达不符合要求和诉讼书状的送达不符合要求在实务中显得十分重要。前者通常指的是传票内容有误或者不适当填写,导致传票无效,将会导致起诉被无偏向地驳回;而后者则会导致法院对被告无管辖权,起诉可以因诉讼书状的送达不当而被驳回。如果诉讼时效已过,任何起诉或后来的其他起诉都会被无偏向地驳回。② 对于不符合条件的诉讼书状及其送达,被告可以提出动议要求撤销或者宣布送达无效,或者提出抗辩以撤销原告的起诉。换言之,被告驳回起诉的动议既可以用于质疑诉讼书状的适当性,也可用于质疑送达的充分性。

最后,值得注意的是,当事人可以约定并无其他规则规定的特定送达方式。当被告事先约定管辖法院时,诉讼书状可以采用符合正当程序要求的任何方法。如送达依据的是《规则》第 4 条第(e)款第(2)项作出的,合同双方约定的接受送达的代理人不必一定为被告所了解,只要该代理人实际上将未决之诉讼通知了被告即可。③

(二)诉因理论(cause of action)

1.诉因的概念与渊源

诉因是源自英国普通法的一个古老的概念,兼具程序意义与实体意义,一般理解为构成诉讼的各种原因事实。这些原因事实不仅能够引起诉讼程序的开启,而且还能体现出实体权利的存在,如侵权法上的人身权利。但是尽管如此,诉因的概念还是模糊不清的,因此对其内涵的界定理论界进行了不懈的努力,主要产生了两种比较有代表性的定义:

第一种是"主权利"理论。该理论认为"一个诉因与生成遭受到的伤害的性质相关,因而一个人享有一项主权利以使其不动产免受损害,享有其他权利

---

① 马兰案,《美国联邦最高法院判例汇编》(第 339 卷),第 308 页。转引自[美]理查德·D.弗里尔:《美国民事诉讼法(上)》,张利民、孙国平、赵艳敏译,商务印书馆 2013 年版,第 149 页。

② [美]杰克·H.弗兰德泰尔、玛丽·凯·凯恩等:《民事诉讼法》,夏登峻等译,中国政法大学出版社 2003 年第 3 版,第 164~165 页。

③ [美]杰克·H.弗兰德泰尔、玛丽·凯·凯恩等:《民事诉讼法》,夏登峻等译,中国政法大学出版社 2003 年第 3 版,第 159 页。

以使其免受违约行为的损害,享有其他权利以使其名誉免受伤害等等"①。该理论的优势在于其关注损害本身,而非造成损害的行为或如何救济,依此理论原告可在起诉时阐明已经发生的事实,并要求获得其有权得到的所有救济,即便这些要求原本不能在一个单独的令状中被提出并被主张。然而该理论的缺陷也是显而易见的。比如"主权利"的内涵应当如何理解和界定?假设铁路机车因维护失当放出火花导致原告临近的两块农田着火,如何分析其中存在几个诉因?如果同样的火灾还毁坏了原告的播种设备,还会产生另一个诉讼吗?可见,这一理论可能面临着实践中的诉讼便利和成本等现实问题。

第二种是"产生法律效果的总体事实"理论。照此理论,"一个诉因并不是通过适用实体法定义,或由寻求救济性质定义,亦非由所遭受损害的类型定义,而是完全由事件定义,这些事件引起了一项或多项要求获得救济的权利主张"②。原告在诉状中只需阐明相关的一组事实并将其予以证明,即可获得法律所提供的各种类型的救济。这一理论的优点在于其提供了简便易行的准则,而缺陷则在于:一方面,由于没有将被主张应适用的具体法律告知给被告和法院,被告对如何进行相应的准备无所适从;另一方面,原告如何将"产生法律效果的事实"限定为对单一诉因进行定义?定义一个诉因通常使用的规范是"产生于相同行为或事件或者一组行为或事件"这样的字眼,③但这样的方式仅仅将不确定性转移到了如何定义"相同"一词上,而回避了本来的问题。

2.诉因理论在诉答程序中作用的演变

(1)普通法诉答阶段作用凸显。在普通法早期的普通法诉答阶段,诉讼的开始以颁发令状为先决条件,而每一个令状均由不法事实的发生亦即个案诉因而制作,并形成自己独特的格式,包含特定的程序。这一系列的诉因及相应的令状逐渐为普通法所认可,并具有排他性,亦即普通法对除此之外的诉因不予认可,对相应的损害也不提供救济。④ 这也就是普通法上的著名格言"无救济即无权利"的来源,意指程序的重要性超过了实体权利本身,有多少诉因就应当有多少诉讼形式,基于这些诉因而产生的损害都应当得到救济,换言之,

---

① [美]杰克·H.弗兰德泰尔、玛丽·凯·凯恩等:《民事诉讼法》,夏登峻等译,中国政法大学出版社 2003 年第 3 版,第 228 页。
② [美]杰克·H.弗兰德泰尔、玛丽·凯·凯恩等:《民事诉讼法》,夏登峻等译,中国政法大学出版社 2003 年第 3 版,第 228 页。
③ [美]杰克·H.弗兰德泰尔、玛丽·凯·凯恩等:《民事诉讼法》,夏登峻等译,中国政法大学出版社 2003 年第 3 版,第 229 页。
④ 《元照英美法词典》"action on the case"词条,北京大学出版社 2013 年版,第22 页。

有诉因即有诉权。在这一时期,诉因与令状、所寻求的救济就形成了一种对应关系:有了不法事实亦即诉因的存在,原告便享有诉权,可以选择对应的诉讼格式并寻求相应的救济。但是对于原告起诉而言,并不是所有的不法事实都一定有令状对应,因此当新的不法事实出现时,司法官员就必须颁发新的诉讼格式以满足救济权利的需要。由于诉因与诉讼格式的严格对应性,所以原告在一个诉讼程序的起诉中被禁止合并诉因或分割诉因,也不得针对同一个诉因选择不同的诉讼程序。与此同时,基于同一事实,原告可能同时存在普通法和衡平法上的实体权利,但是必须分别提出普通法上的诉因引起普通法诉讼,提起衡平法上的诉因引起衡平法诉讼,诉因之间同样不能进行合并。

(2)法典化运动过程中其作用日渐式微。在法典诉答阶段,由于令状制度被废除,普通法诉讼与衡平法诉讼被统一的联邦民事诉讼程序所取代,过于格式化和技术化的起诉要求被摒弃,原告只需在诉状中就提出的诉讼请求简明陈述所依据的原因事实,并避免不必要的重复即可。① 在1938年美国联邦民事诉讼规则颁布之后,通知诉答对起诉的要求变得更为宽松,并且在促进纠纷的一次性解决这样的诉讼经济的考量因素之下,允许进行当事人和诉讼请求的合并,这势必会导致在同一个诉讼程序中当事人对各种诉因的合并,使得大量的复杂诉讼和集团诉讼出现。直至现行的合理诉答,原告后续证据开示和审判阶段的诉讼责任被提前到了诉答阶段,其提出诉讼请求依据的事实不再仅仅是一种可能性的要求,必须要达到充分合理能够推导出其主张的程度。由此不难看出,在联邦民事诉讼法典化的进程中,较之于普通法诉答阶段,诉因在程序法上的作用逐步减弱:一方面,由于采用了统一的诉讼程序,所以原告采用何种诉因均不影响诉讼程序的统一适用,纯粹的技术化要求失去了作用空间,诉因对程序启动的制约作用消失了;另一方面,诉因与所寻求的救济之间严格的对应关系也被打破,原告所能够获得的救济也不一定与其主张的诉因曾经获得的救济完全相同,该救济有可能曾经与其他的诉因相对应,②诉因亦丧失了对救济措施的制约作用。

(3)一事不再理与禁止再诉的判断标准。诉因除了上述的作用之外,其还是源于普通法上的一事不再理原则和禁止再诉原则的判断标准。一事不再理

---

① [美]杰克·H.弗兰德泰尔、玛丽·凯·凯恩等:《民事诉讼法》,夏登峻等译,中国政法大学出版社2003年第3版,第226~227页。

② 段厚省、周恬:《英美民事诉讼中诉因制度的历史变迁》,载《东方法学》2008年第5期。

或者既判力原则要求就当事人及利害关系人的权利而言,一个具有管辖权的法院根据案件具体情况所作出的终审判决是终局性的,对当事人而言,该判决构成了对同一诉因、同一诉讼请求、同一主张而起诉的绝对禁止。[1] 而禁止再诉原则,要求对于一个因不同诉因而对同一当事人之间的问题或争议作出的先前判决,构成了随后因同样的问题或争议而起诉的禁止。

3.诉因理论对现行美国民事司法的影响

从以上的论述可以看出诉因理论对程序法的影响日益减弱,为原告提供诉权之后似乎再无存在的价值,甚至在《规则》制定中诉因的概念也被彻底剔除了。但是这仅仅是其程序法意义的一面,如前所述,诉因本身还兼具实体法的意义,这方面的意义并没有受其程序法地位式微的影响。其作为普通法的重要遗产,在美国现今的法学教育和司法实践中仍然具有重要的价值:在法学院的案例教学中,诉因仍然是教授学生进行法律分析所依据的重要理论和方法,频频出现在法学教材中;在司法实践中,律师仍然习惯于运用诉因理论就案件的事实和法律问题展开相应的攻击和防御,诉因在法官裁判过程中仍然是重要的考量因素和判断标准。

---

[1] [加]罗杰·赛勒:《法律制度与法律渊源》,项焱译,武汉大学出版社2010年版,第118页。

第七章 英国民事诉讼立案受理制度

作为英美法系代表国家的英国,在漫长的历史发展过程中,不仅形成了诸如正当法律程序、程序先于权利、陪审团审理等法律原则及制度设计,而且还形成了以对抗制为特征的诉讼文化和以"令状"为基础的独特诉讼构造。而伴随着英国经济社会的发展变迁和司法改革的不断推进,英国在充分汲取历史有益经验的基础上,建立了以"诉答程序"、"管理型司法"为特征的现代民事诉讼制度体系,而这对于英国乃至英美法系国家诉讼制度尤其是立案受理制度的形成和发展都产生了深远的影响。

第一节 英国民事诉讼立案受理的立法与制度构造

一、英国民事诉讼立案受理的历史与发展

就英国法而言,其本身就是一个长期演进的历史产物。德国法学家 K.茨威格特曾指出:"相比其他两大法系而言,英国法更为注重它的历史源流。"① 因此,研究英国民事诉讼法必须"追根溯源",通过回顾、考察其历史来把握其制度精髓。总体上,英国民事诉讼法律制度在演进发展过程中大致经历了五个阶段:第一个阶段为盎格鲁撒克逊时期;第二个阶段为普通法时期;第三个阶段为衡平法时期;第四个阶段为 19 世纪的民事司法改革时期;第五个阶段为 20 世纪 90 年代以来的民事司法改革时期。以下,本章对于英国民事诉讼立案受理制度的历史研究亦围绕这五个阶段展开分析。

---

① [德]K.茨威格特·H.克茨:《比较法总论》,潘汉典等译,法律出版社 2003 年版,第 272 页。

(一)盎格鲁撒克逊时期的立案受理制度

随着5世纪中叶盎格鲁撒克逊人对不列颠岛的入侵和征服,英国开始从分裂走向统一,而早期的法律制度也由此开始形成。此后,在盎格鲁撒克逊时期至1066年诺曼登陆期间,英国法律体系深受古日耳曼法的影响,无论是在法律观念上还是在具体的法律制度上都无不打上了古日耳曼法的烙印。根据古日耳曼法的规定,根据案件性质的不同,当事人应向不同的法院提起诉讼。其中,对于侵权行为案件,原告可向地区法院起诉,且其必须亲自偕同其血亲到庭起诉,同时陈述其起诉理由。

进入盎格鲁撒克逊时期,英国中央及地方司法体系日趋成熟,并建立了以贤人会议为中央司法机构和以郡法院、百户区法院、村镇法院以及封建法院为地方司法机构的司法组织体系。这一时期,英国的司法机构兼具司法审判和行政管理职能,既能对所有民刑案件拥有广泛的司法管辖权,同时也能对所辖地区的各种综合性行政事务进行管理。与此同时,在经过较长时期的司法实践,中央司法机构和地方司法机构的诉讼程序也日臻完善,并逐渐形成了较为固定的诉讼制度。不过,该时期诉讼并无刑民之分,几乎所有的案件都适用同一诉讼程序。①

就该时期英国民事诉讼的立案受理程序来看,也主要包括起诉与答辩两个方面。首先,诉讼程序起始于原告向法庭提起诉讼,在提出正式控诉前,原告须经过宣誓程序,保证自己在法庭上的言词"准确无误"后,再向法庭进行陈述,并明确其诉讼请求和诉讼理由。在陈述形式上,法律并未规定严格的形式要求,原告可以口头形式为之。案件为法院所受理后,法院将向原告发出通知,告知其具体的开庭时间和地点,原告应当在规定的时间亲自到庭参与诉讼。其次,在传唤被告的方式上,英国沿袭了古日耳曼习惯法的传统,由原告负责将被告扭送到法庭。并且,这种由原告将被告"扭送到庭"的做法一直延续到9世纪。此后,英国将其改为由法院根据原告的申请直接传唤被告出庭,而如果被告拒不出庭且没有正当理由的,法院可对被告进行罚款。最后,与原告陈述程序类似,被告到庭后也应当经过宣誓程序,再针对原告的主张的实施进行答辩陈述。

可见,在诺曼征服之前的盎格鲁撒克逊时期,英格兰已经存在较为固定的诉讼程序,由于沿袭古日耳曼部族法的司法规则较为古老和传统,也使得该时期英国的立案受理制度较为原始和落后。但即便如此,该时期所确立的立案

---

① 毛玲:《英国民事诉讼的演进与发展》,中国政法大学出版社2005年版,第40页。

受理程序规则在诺曼征服后的两个多世纪内依然还存在,并影响着英国民事诉讼制度的发展。

(二)普通法时期的立案受理制度

1066年来自欧洲大陆的诺曼人实现了对英国的征服,之后,威廉在英国加冕为王,建立诺曼王朝。为巩固自身在英国的统治地位,诺曼王朝在保留盎格鲁撒克逊时期政治法律制度的同时,也进行了对诸多领域的改革以加强中央集权。其中,司法制度建设作为改革的重要内容,集中体现为英国建立了王室法院,并在司法实践中不断强化中央司法权力,以此削弱乃至剥夺地方法院、教会法院以及封建法院的司法管辖权。随着中央王室法院体系的建立,英国的司法制度也得到了飞速的发展,并在12至13世纪形成了一套特色鲜明的诉讼程序及审判方法,这套诉讼程序和审判方法就是后世所谓的"普通法"。所谓普通法,"就是中世纪时期由英国王室法庭在全国范围内施行的习惯法和判例法"①。普通法时期,民事案件的诉讼过程大致包括三个阶段:颁发适当的令状、起诉与答辩以及审判程序,立案受理制度则主要包括获取令状以及起诉与答辩三个方面。其中,对于当事人而言,获得适当的令状无疑最为重要,它决定着整个诉讼过程的启动和推进,也关系着诉讼的成败。

最初,令状是作为信件式的通知或者行政命令,被教皇以及各国统治者用于行政管理。至1154年—1189年,英王亨利二世对令状进行了司法化改革,统治者不再通过令状指示大臣对当事人进行救济,而是要求当事人向王室法院申请令状以接受审判,自此,令状制度成为当事人在王室法院提起诉讼的前置条件。② 当事人获得令状后,法院必须为相应的受理行为,此时,取得令状一方当事人的诉权在获取令状之时同步获得了彰显。③ 也正是依托令状这项制度,王室法院将大部分民事案件的管辖权从地方法院和封建法院中收回,令状成为当事人寻求救济的必经手段,可以说,"没有国王的令状,任何人都不得在王室法院提起诉讼"。

根据令状制度,原告欲提起民事诉讼应当首先从王室法院大法官处获得令状,这种令状有开启诉讼的功能,因而被称为原始令状。原告如果要向普通法法院提起诉讼,必须请求国王发布令状,并须向国王支付费用后方可从文秘署获得令状。就内容而言,令状主要包括诉讼请求性质、原被告双方当事人姓

---

① 程汉大:《英国法制史》,齐鲁书社2001年版,第48页。
② 徐昕:《英国民事诉讼与民事司法改革》,中国政法大学出版社2002年版,第30页。
③ 陈浩:《民事令状研究》,中国政法大学出版社2015年版,第120页。

第七章 英国民事诉讼立案受理制度

名、双方争执标的及其他涉及传讯、陪审团召集等方面的内容。① 虽然众多的令状为当事人寻求权利救济提供了充分的保障,但是由于每个令状只适用于某类案件,当事人在进行诉讼时,必须根据案件性质选择合适的令状,否则将因为令状选择错误而面临败诉的风险。这是因为令状的选择不仅决定着案件将适用哪些先例,也决定着以何种形式传唤被告、证据如何提出以及案件判决如何执行等。② 一旦当事人选择了错误的令状,其诉讼请求将会被驳回,这样原告就必须另行选择令状,重新起诉。

与此同时,令状类型的不同还决定着诉讼程序的不同,在获得相应令状后,原告必须遵照与之相适应的诉答程序方能获得救济。这就要求,当事人在申请令状的过程中仍需遵循程式化的诉讼程序,必须依照法定内容和形式完成诉讼事项,诉讼主张方能成立。而一旦对事实陈述不清或者法律适用不当,均有可能导致败诉。与之相对应,每种诉讼形式中的答辩均有特定的方式,而一旦在答辩中选错令状,也将必然导致败诉。令状不仅决定着起诉与答辩的形式,而且在不同的令状下,相关案件的审理、裁判与执行也会有不同的形式要求。由此可见,在普通法时期,当事人民事诉讼能否顺畅提起以及其民事权利能否得到充分的救济,与当事人的令状选择是否恰当休戚相关,此即所谓的"无令状即无救济"。

随着社会经济的复杂化及案件类型的多元化,令状的种类也呈多样化趋势,据统计,亨利二世末期适用于王室法庭的司法令状只有15种左右,但到爱德华一世时期已突破500种。③ 但这种司法令状的广泛应用非但不能有效应对纠纷复杂化提出的挑战,反而带来了诉讼程序的繁杂化以及形式主义的弊端。一方面,当事人的民事权利完全依赖于相应的诉讼程序而存在,④ 而一旦原告错误地选择了令状,"其错误并不因纠正而清除,也不能为其抉择而辩护"⑤,纯粹的程序主义不利于当事人权益的有效保障。另一方面,为维护诉

---

① 〔比〕R.C.范·卡内冈:《英国普通法的诞生》,李红海译,中国政法大学出版社2003年版,第37页。

② 〔德〕K.茨威格特·H.克茨:《比较法总论》,潘汉典等译,法律出版社2003年版,第296页。

③ 程汉大:《英国法制史》,齐鲁书社2001年版,第100页。

④ 〔英〕R.J.沃克:《英国法渊源》,夏勇等译,西南政法学院法制史教研室、科研处编译室1984年版,第22页。

⑤ 由嵘:《英国普通法程序优于权利的成因》,载林榕年:《外国法制史论文集》,中山大学出版社1990年版。

讼法律制度的稳定性，法官在颁发新型令状问题上也逐渐趋于保守，这就使得原告在遇到新型案件纠纷时难以寻求有效的救济途径。正是基于此，为矫正令状制度在使用上的日趋僵化问题，英国自1852年颁行《普通法程序法案》起，开始逐步取消令状制度。但是，直到1873年—1875年《司法法》的颁行，令状制度才得以彻底废除。至此，英美法系早期与诉权紧密捆绑在一起的具有典型"启诉"意味的原始令状、启诉令状、起始令状制度终被废除。① 而《司法法》的颁行，在埋葬令状制度的同时，也开启了"一切诉讼均以当事人诉状形式启动"的新时代。

（三）衡平法时期的立案受理制度

14—15世纪，英国普通法诉讼程序早期所具有的灵活、简便的特征日趋弱化，尤其是伴随着商品经济的发展，新型案件不断出现，现有的令状类型难以满足人们纠纷解决的需要，由于找不到合适的令状，人们发现自己的某些权利难以在普通法的体系下获得救济。而在此时，作为公平正义源泉的国王，始终行使着最高审判权，而在自身权利难以为普通法院所保护的情况下，个人可能以权利救济的迫切性为由请求国王干预。而国王在接到民众请求后，一般会把这种请求交托给他的最高行政官员，即被称之为"国王良心守护人"的大法官来进行处理。至14世纪中后期，由于案件数量越来越多，一个专门受理这些普通法案件之外的机构——大法官法院（衡平法院）便应运而生。

起初，衡平法院在受理审查此类案件时，并未对诉讼做严格的程序要求。当事人起诉不以获得法院的令状为前提，而衡平法院法官也无须严格按照普通法的法律规定和程序规则进行审理，大法官们只需秉承内心道德或自然公正原理处理案件即可。而随着衡平法院行使司法权力的常态化，衡平法院也逐渐在司法实践中仿照普通法院的模式，创制出具有自身特色的审理规则和理论学说。② 而这些审判规则和理论学说即后世所谓的"衡平法"。不难看出，衡平法之所以产生，在很大程度上源于普通法的僵化这一现实动因。③ 也正因为如此，在立案受理方面，衡平法试图不像普通法法院那样成为诉讼程序的"奴隶"，并为之设置了较为简便的程序，具体而言：

---

① 陈浩：《民事令状研究》，中国政法大学出版社2015年版，第121页。

② ［德］K.茨威格特·H.克茨：《比较法总论》，潘汉典等译，法律出版社2003年版，第281页。

③ 冷霞：《英国早期衡平法概论——以大法官法院为中心》，商务印书馆2010年版，第220页。

第七章 英国民事诉讼立案受理制度

首先,衡平法院对起诉的门槛要求更低。在衡平法院提起诉讼无须特定的令状即可开始,原告只需向法院提交相关请求书或起诉状即可启动诉讼程序。起诉书内容主要涵盖"叙述"、"指控"、"质问"三个部分。其中,"叙述"是指原告向法院陈述案件事实,并说明其起诉理由;"指控"是指原告向法院指控被告如何侵犯或损害其合法权益;"质问"则是指原告向法院申明被告的行为违背了道德和正义要求,并且该案件在诉至大法官法院前已经穷尽了其他救济途径。需要说明的是,法律对于请求书或起诉状既无特定的形式要求,也未对诉讼范围进行限制。其次,当请求书或起诉状提出了诉请大法官裁决的某种理由之后,大法官便会颁发传唤令状,将其送达被告后令其出庭应诉答辩。如若被告收到传票对其不予理睬,大法官将以"蔑视法庭罪"对被告进行拘押。通常而言,被告在收到原告的起诉书后,应对起诉书的全部或者部分内容进行抗辩。通常而言,被告抗辩将主要涉及以下情形:第一,原告起诉是否属于大法官法院受案范围或者由大法官法院审理是否恰当,如被告认为不适宜或者不恰当,将向法院提出拒绝应诉的抗辩;第二,被告是否有新的证据需要向法院提交,如果有其可向法院申请提交;第三,如果被告仅接受原告起诉书中的部分内容而非全部内容,其可就接受部分进行答辩。不过,无论被告基于何种情形进行抗辩,均应就请求书上的主张制作答辩状,且被告必须发誓,对全部事实进行如实陈述,并宣誓据实回答大法官的一切提问。从形式上看,答辩状"是一种比普通法辩护更为冗长和琐细的文书,因为它所陈述的不仅仅是答辩,而且载有影响大法官运用自由裁量权以利于被告的其他因素"①。最后,被告答辩后,原告还可对被告的抗辩和申辩进行回应。如果原告认为被告的答辩书具有事实陈述不清、陈述与案情无关联性或者陈述内容存在明显错误的,其可对答辩书予以否认,并要求被告取消或者修正;而如果原告认为虽然被告答辩合法,但是答辩书的部分内容与案件事实不一致,其亦可向法院提交新证据证明其主张,并要求被告据此再行答辩。待双方诉辩主张完成以后,争点由此而集中,诉讼开始进入审判阶段。

可见,较之以普通法法院,衡平法大法官法院的诉答程序更为简单灵活,而不像普通法法院那样僵硬地遵守程序性和技术性规则。②且就法官的裁判来看,大法官法院也不会因为形式上的错误就判决被告败诉;当事人不会因为

---

① [英]R.J.沃克:《英国法渊源》,夏勇等译,西南政法学院法制史教研室、科研处编译室1984年版,第57页。

② 丁宝同:《简论英美诉答对中国之启示》,西南政法大学2004年硕士学位论文。

答辩不当或者形式缺陷而败诉,法官将根据事情的真实情况来判决。然而,衡平法发展到后期,其诉答程序也逐渐变得精细和复杂起来。以法院对起诉状的要求为例,随着律师的参与作用不断加强,衡平法上的起诉状和请求书也要求前后一致、面面俱全。最初的衡平法院对起诉状格式并无要求,但当衡平法诉讼规则稳定化以后,要求起诉状必须包括"叙述"、"对被告的指控"以及"质问"三个部分,甚至还要求原告在起诉书中一一列举需要被告回答的问题,这对于普通的当事人而言均存在一定的专业难度,若无专业人员的帮助很难完成。至后来,衡平法对起诉书的要求也变得同普通法诉状一样烦琐而复杂。①

由于早期的衡平法是以矫正普通法所具有的程序僵化弊端而出现的,因而在适用上具有显著的补充性特征。事实上,在15世纪以前,大法官法院主要审理无法通过普通法法院解决的部分案件,主要包括普通法有缺陷、普通法法院救济不周、被告对普通法法官威慑过大以及普通法法院没有管辖权的情形。② 换言之,衡平法创设之初的功能在于有效匡正和弥补普通法的缺陷和不足,因此衡平法院的受案范围和受案数量也应当有所限制。然而,随着衡平法体系的日趋系统、独立,衡平法法院审判程序和方法更加规范和便捷,这一新兴的纠纷救济途径也日渐受到人们的欢迎。自16世纪起,大法官法院的受案范围逐渐扩大,收案数量也持续增加,而这也对英国普通法法院的管辖权以及司法权威带来了巨大的挑战。因为,一旦当事人因对普通法法院的判决心生不满便将案件诉至大法官法院,则显然会降低民众在普通法法院的诉讼意愿,由此普通法的司法权威也将不复存在。③ 正因为普通法法院和衡平法法院的同时存在,而两套法院的管辖权并不存在明确的界限,致使有些案件在一个法院提起诉讼之后,还必须在另一个法院再次起诉方能得到完整的审判。甚至,"在某些情况下,一个法院的原告甚至会成为另一个法院的被告"④。两套法院系统诉讼程序的烦琐以及管辖权的混乱,也直接导致了19世纪的司法改革。

---

① [英]R.J.沃克:《英国法渊源》,夏勇等译,西南政法学院法制史教研室、科研处编译室1984年版,第57页。
② [法]勒内·达维德:《当代法律主要体系》,漆竹生译,上海译文出版社1984年版,第301~310页。
③ W.S.Holdsworth, *A History of English Law*, Vol.1, Methuen& Co. LTD, Sweet & Maxwell, London, 1992, p.461.
④ [英]J.A.乔罗威茨:《民事诉讼程序研究》,吴泽勇译,中国政法大学出版社2008年版,第21页。

第七章　英国民事诉讼立案受理制度

(四)19世纪司法改革时期的立案受理制度

18世纪中后期,英国传统司法制度的弊端愈发明显,无论是在普通法法院还是在衡平法院,都不同程度地出现了司法组织混乱、法院管辖权限不清、诉讼程序烦琐僵化以及审判效率低下等问题。① 其中,就普通法诉讼程序而言,种类繁多的令状让诉讼程序变得愈加复杂,当事人稍有错误,就会因纯技术方面的原因而败诉;而衡平法院的诉讼程序虽然确立之初具有程序简便的特点,但是随着衡平法基本规则的确立,其在实施过程中同样出现了程序烦琐和僵化的缺陷。② 与此同时,英国诉讼制度与经济发展的不对应性也日渐明显。18世纪60年代开始的英国工业革命为英国经济发展扫清了封建残余,新工业城市如雨后春笋般逐渐涌现,城市人口也急剧增加,英国的经济基础、政治体制和社会机构由此发生了剧烈的变化。新的社会经济基础要求与之配套的上层建筑,然而在当时,作为上层建筑主要内容之一的司法制度却具有浓厚的封建色彩,无法适应社会发展的需要。有鉴于此,自19世纪30年代开始,英国便开始了大刀阔斧的司法改革,其主要措施之一就是简化普通法法院和衡平法法院的诉讼程序。就立案受理领域的司法改革而言,也主要通过改革普通法法院诉讼程序和衡平法法院诉讼程序的弊病来进行:

普通法法院诉讼程序的改革主要是通过几个法案的颁布来完成的,包括1832年的《统一程序法案》、1833年的《不动产时效法案》,此外还有1852年至1860年期间颁布的三个《普通法程序法案》。1832年颁布的《统一诉讼程序法》拉开了英国司法改革的序幕,该法针对各个法院不同的诉讼程式,要求废除以往不同类型的令状格式,规定三个普通法法院都统一适用传唤令状程序,原告根据传唤令状来选择具体诉讼形式,并使用非技术性的语言阐述他的请求根据和实质诉求。此外,该法案还简化了传唤令状的程序,规定令状可直接送与被告,无须由案件受理法庭签署,也无须送交所在郡郡长。但在效力上,这种直接送达的效力与法院传唤无异,如果被告拒不出庭,原告同样可以依法获得缺席判决。然而,该法案也具有明显的局限性,反映在对令状制的改革方面,该法案并没有彻底消除令状制:一方面,该法案并未否定令状制度对于起诉的重要性,原告提起诉讼仍然需要符合特定的形式要求,并对诉讼理由予以详细的说明;另一方面,如果原告选错令状,除非中途放弃诉讼,否则仍会由于这类技术性原因而败诉。

---

① 程汉大:《英国法制史》,齐鲁书社2001年版,第376～385页。
② 程汉大:《英国法制史》,齐鲁书社2001年版,第380页。

正因为如此,1852年《普通法程序法案》针对三个普通法法院诉讼程序的弊端进行了更进一步的改革。尤其是,该法案通过对旧的诉讼程序进行大幅度改革,废弃了古老的诉讼形式,创立了新的程序规则,反映在对令状的选择上,原告再也不必根据传唤令状来选择具体的诉讼形式,这使得令状制度加速了在英国消亡的步伐。此外,该法案还对普通法院的诉讼程序进行了改造,努力推动普通法法院和衡平法法院诉讼程序的统一。在此基础上,英国于1854年颁布的《普通法诉讼程序法》也允许被告在普通法法院受审之后,按照衡平法程序进行抗辩,在衡平法法院得以颁发普通法禁令的诉讼中,被告有权利基于衡平法的保障获得与普通法判决相对立的补偿。

就英国衡平法院诉讼程序的改革而言,也主要是通过议会根据司法委员会的调查报告颁布法令的方式进行的,相关的法律规范主要包括1852年《衡平法院诉讼程序法》和1858年《衡平法修正法令》。针对衡平法诉讼程序上的诸多积弊,1852年《衡平法院诉讼程序法》主要从以下两个方面进行改革:一是以书面传票的方式取代衡平法院长期使用的封建传唤令状,并附在起诉状之后向法院提出;二是授予衡平法法院独立处理诉讼争议的权力,相关案件无须再经普通法法院审理裁判,从而避免因案件在两套法院系统之间转换而造成的管辖权混乱以及诉讼迟延等问题。1858年的《衡平法修正法令》对衡平法法院诉讼程序作了进一步的修改和完善,并再次强调同一诉讼无须同时经过普通法法院和衡平法法院审理的原则,防止法院在管辖权问题上"互不相让"的情况发生。

该时期,令状制度的取消,为英国民事诉讼的现行体制框架奠定了基础和框架。① 而通过对两套法院系统诉讼制度进行改革,英国建立了可为所有法院统一适用的简单便捷的程序规则,审判质量和诉讼效率得到了明显的提升。对此,英国学者 Hold Sworth 评价到,"改革之后,我们开始有了一般意义上的诉讼法律制度,对于诚信诉讼当事人而言,仅因技术、疏忽和错误诉讼步骤导致败诉的情形将变得极其罕见"。②

(五)20世纪90年代司法改革时期的立案受理制度

历史地看,19世纪开始的英国司法改革建立了较为简明而高效的诉讼程

---

① 张卫平:《诉讼构架与程式:民事诉讼的法理分析》,清华大学出版社2000年版,第42~43页。

② W.S. Hold Sworth, *A History of English Law*, Vol.1, London: Methune&Co. LTD,Sweet &Maxwell,1922,p.647.

第七章 英国民事诉讼立案受理制度

序,客观上提升了英国民事司法的质量和效率。不过,伴随着 20 世纪英国经济社会的发展,诉讼案件也呈现出前所未有的爆炸性增长特征,英国的民事诉讼程序开始出现程序繁杂、效率低下、费用高昂及诉讼结果不确定等问题,人们接近司法的途径不充分,公众开始对诉讼制度提出了更高的要求。[1] 正如沃尔夫勋爵在《接近司法》中期报告中所指出的,"目前复杂的诉讼程序已构成接近法院的障碍,给当事人施加了不必要的负担"[2]。有鉴于此,在沃尔夫的主导推动下,英国于 20 世纪 90 年代掀起了一场跨世纪的民事诉讼改革。在改革预设目标上,沃尔夫所倡导的改革旨在消除现有民事司法制度的价格昂贵、进程迟缓、强弱当事人之间的诉讼资源不对等、诉讼不确定性突出等问题,因而在改革路径上,整个改革围绕避免诉讼、促进当事人的纠纷解决为中心,出台了诸多减少诉讼延迟、降低纠纷成本的改革方案。[3] 其中,此次改革最为重要的成果在于制定了一部完备的英国民事诉讼法典,亦即 1999 年实施的《民事诉讼规则》(*Civil Procedure Rules*)(以下简称《规则》)。《规则》的出台,标志着英国民事司法制度变革初显成效,并为英国现代民事诉讼的制度构建提供了全新的视角。

与大陆法系传统意义上的法典不同,英国《民事诉讼规则》并非一个由若干法律条文组成的独立文本,而是一整套法律文件的"组合体",它包括英国最高法院大法官《民事诉讼规则》序言、《民事诉讼规则》、《诉讼指引》、《术语解释》、《附表》、《议定书》和《诉讼格式》以及《索引》八个部分,其中,《民事诉讼规则》是主体内容。而就立案受理制度来看,相关规定主要见之于《民事诉讼规则》部分,主要包括"如何提起诉讼—诉状格式"、"可选择诉讼程序"、"对诉状明细的回复"、"送达认收书"、"答辩和再答辩"、"案情声明"以及"对案情声明的修正"等内容。其他部分也有关于立案受理制度的附带性内容,如《诉讼指引》中对《规则》中如何提起诉讼、可选择诉讼程序、送达认收书、案情声明等内容的细化规定,再如《诉讼格式》中相关文书的程式化规定等。

《民事诉讼规则》颁布实施后,英国又及时将规则实施情况进行总结反馈,

---

[1] John Peysner & Mary Seneviratne,"The management of civil cases: a snapshot", *Civil Justice Quarterly*(2006),pp.1-10.

[2] See *Access to Justice: Interim Report to the Lord Chancellor on the Civil Justice System in England and Wales*(1995).

[3] Hazel Genn, *Judging civil justice*,Cambridge university press,Cambridge,2010, p.55.

并先后发布了《民事司法改革的初期评估报告》(2001 年)①和《民事司法改革的后续评估报告》(2002 年)②。而随着英国经济社会的发展和民事司法实践的需要,至 2016 年 9 月,《规则》又历经了 86 次修改更新,而《规则》中有关立案受理制度及其相关制度的规定也在持续地发展和完善。③ 为此,本章以下对英国民事诉讼立案受理制度的介绍,将以最新的《规则》及相关法律规范为基础。

二、英国民事诉讼立案受理制度的基本构造

从历史演进的角度来看,英国是典型的遵循当事人主义的国家,民事案件的立案受理制度并无严格的"立案"与"受理"之分,而诉答程序作为英国民事诉讼审前程序的重要组成部分,是整个英国民事诉讼程序启动的首要门槛。诉答程序由诉讼的提起与答辩程序两个部分组成,④是指当事人双方在相关交换起诉状与答辩状的运动过程中,启动诉讼程序并依次确定和明确案件争点的程序。⑤ 通常而言,诉讼的提起需要符合诉答程序对原告的特定要求,一旦原告起诉达到标准,即意味着"诉讼的列车"已开始驶离站台。因此,诉答程序是民事诉讼程序的开端,⑥对它如何设计直接关系到法院对案件的受理,原告只有满足诉答程序设定的条件,符合诉答程序规定的标准,方能顺利启动民事诉讼程序,就此而言,满足诉答标准是原告进入法院之门的一把"钥匙"。⑦

自普通法的早期阶段至今,诉答程序在英国民事诉讼中一直占据着重要的地位。19 世纪之前,英国民事诉讼的立案受理均以诉答为基础,在普通法上,诉答程序经历了当事人在法庭上进行言辞辩论到书面形式诉答的演变;在

---

① Emerging Findings:An early evaluation of the Civil Justice Reforms,March 2001. http://webarchive.nationalarchives.gov.uk/+/http:/www.dca.gov.uk/civil/reform/ffreform.htm,下载日期:2016-08-01.

② Further Findings:A continuing evaluation of the Civil Justice Reforms,August 2002.http://webarchive.nationalarchives.gov.uk/+/http:/www.dca.gov.uk/civil/reform/ffreform.htm,下载日期:2016-08-01.

③ 英国司法部网站,http://www.justice.gov.uk/courts/procedure-rules/civil,下载日期:2016-09-24.

④ 姜启波、李玉林:《案件受理》,人民法院出版社 2008 年版,第 72 页。

⑤ 沈达明、冀宗儒:《1999 年〈英国民事诉讼规则〉诠释》,中国法制出版社 2005 年版,第 26 页。

⑥ 汤维建:《美国民事诉讼规则》,中国检察出版社 2003 年版,第 135 页。

⑦ Phillips v.County of Allegheny,515 F.3d224,230(3d Cir.2008).

第七章　英国民事诉讼立案受理制度

衡平法上,诉答程序也包括陈述、指控、质询等9个部分的内容,涉及的程序极为复杂、冗长、技术性较强。① 而伴随着英国司法实践的发展,诉答程序繁杂、低效的弊病在19世纪日趋凸显。有鉴于此,英国先后于1873年、1875年两次出台《司法法》,将普通法诉讼程序和衡平法诉讼程序进行合并,并着重对诉答制度进行改革,最终仅在高等法院保留了诉答程序。该时期,诉答程序仅要求以书面形式阐述当事人所依赖的案件事实,而对于为证明这些事实所必需的证据以及当事人获取救济所依赖的法律规定,则无严格的要求,这使得诉答对案件事实的展示更加简单明晰,程序也更为简洁。② 在20世纪末民事司法改革中,诉答程序进一步发展演变为"案情声明"制度。所谓案情声明,是指当事人在诉答程序中通过诉状表、诉状明细、答辩状、再答辩状以及《规则》第18.1条规定的进一步信息等诉讼文书来表达对案情的主张,包括事实主张和法律主张两个方面。"案情声明"制度作为诉答程序的继续和发展,成为诉答程序的现代表现形式。③ 从《规则》的相关规定来看,有关立案受理制度的内容主要涉及"如何提起诉讼——诉讼格式"、"可选择诉讼程序"、"对诉讼明细的回复——一般规定"、"送达的确认"、"管辖权异议"、"答辩与再答辩"、"案情声明"、"对案情声明的修正"、"进一步信息"、"事实陈述"等方面的内容。以下,本文主要分起诉与答辩两个方面对英国民事诉讼立案受理制度予以介绍。

(一)起诉

20世纪90年代之前,英国民事诉讼程序主要以传统的令状制度为基础制度设置,当事人起诉时,应根据诉讼标的额等事项的差异,区别适用《最高法院规则》或《郡法院规则》。《规则》则以诉状格式(Claim Forms)的形式取代了令状或其他发动诉讼的形式,从而将启动诉讼形式减少为一种。此后,当事人无论向高等法院起诉还是郡法院起诉都适用统一的"诉状格式",其无须向法院申请令状并等待数月或几年来观察事态的发展,而仅需遵循法定的格式要求和时间安排来实施诉讼行为。④ 根据《规则》第7.2条的规定,英国民事诉讼以法院依原告申请签发诉状格式为起点。而在诉讼时效的起算上,根据英

---

① 徐昕:《英国民事诉讼与民事司法改革》,中国政法大学出版社2002年版,第130页。
② 常怡:《比较民事诉讼法》,中国政法大学出版社2002年版,第557页。
③ 徐昕:《英国民事诉讼与民事司法改革》,中国政法大学出版社2002年版,第131页。
④ Lord Robin Byron, An Update on Dispute Resolution in England and Wales: Evolution or Revolution, *Tulane Law Review*, 2001, Vol.6.

国《1980年诉讼时效法》规定,①如果诉状为法院办公室接受的时间早于法院签发诉讼格式的日期,时效应自法院接受诉状之时起算。

1. 诉讼格式的要求

在英国,诉状格式是由原告向法院申请签发的一种命令,诉讼格式签发的对象是被告,其一方面旨在告知被告已被原告起诉的事实,另一方面法院也据此确定其对相关案件是否享有管辖权。就诉状格式内容而言,需要载明原告诉讼请求的性质、请求救济的类型以及根据诉讼指引要求的其他事项等内容。

根据《规则》第4.1条第(1)款的规定,"诉讼指引中列明的文书格式应在其适用的情形下使用"。对此,《诉讼指引》中以表格形式对文书的适用格式予以了补充:原告提起诉讼的,如果提起的诉讼为第7章之诉,应使用N1号文书格式;提起第8章之诉,则应使用N208号文书格式;提起专门目录案件的诉讼,则应使用专门文书格式。其中,第7章的诉状格式可适用于包括遗嘱认证及消费信用在内的各种类型的民事诉讼案件,第8章的诉状格式主要适用于原告请求法院就不可能涉及实质性事实争议的事项进行裁决,或基于特定规则或诉讼指引要求许可运用第8章诉讼程序的情形,如主张临时性损害赔偿的,诉前已经和解的以及为了取得法院对当事人协议确认的判决的。②

《规则》还简化了英国民事诉讼的提起方式,对诉状的书写也不再要求严格的技术性,只需要具备相关的要点即可。根据《规则》第16.2条的规定,诉状格式应符合以下要求:(1)诉状格式必须准确陈述诉讼请求性质、希望获得救济的范围以及《诉讼指引》规定的其他事项。(2)如果原告提起的系金钱给付之诉,其还应在诉状中准确载明具体的诉讼标的额。(3)如果原告的诉讼明细未随诉状格式同时送达至被告,那么原告应将该情况在诉状中载明,并将诉状明细随后单独送达。(4)若原被告双方均以代表的身份起诉或应诉,均应在诉状格式中明确其代表资格。(5)对于原告未在诉状中提及的救济措施,如果法院经审查后认为有必要对原告进行相应的救济其可依职权为之。

其中,根据不同的诉请性质,原告在诉状格式中的陈述也有所区别。在给付金钱之诉中,原告须陈述:(1)原告提起诉讼的款项金额;(2)原告希望被告偿还的金额大小,是不超过10000英镑,在10000英镑至25000英镑之间抑或

---

① 英国法律委员会曾主张对《1980年诉讼时效法》进行全面的改革,该委员会于1998年对外公布《关于诉讼时效法的征求意见报告》,并于2001年对外公布了《关于诉讼时效法的最终报告》,但直到现在该报告尚未得到国会的批准。

② 齐树洁:《英国民事司法改革》,北京大学出版社2004年版,第373页。

第七章 英国民事诉讼立案受理制度

是超过 25000 英镑;(3)原告无法明确希望被告偿还的金额。就人身损害赔偿诉讼而言,原告须陈述希望就所受痛苦、伤害以及舒适的丧失而获得概括赔偿的金额大小,是否超过 1000 英镑。就承租人向出租人提起的房屋租赁诉讼而言,承租人要求出租人对住房进行修缮或其他工作的,须在诉状格式中陈述:(1)住房修缮或其他工作预计的费用是否超过 1000 英镑;(2)其他损害赔偿金额是否超过 1000 英镑。此外,原告还须根据起诉法院的不同在诉状格式中进行不同的陈述。若诉状格式是由高等法院签发的,则须载明:(1)原告请求偿还的金额超过 100000 英镑;(2)如有关法规规定只能向高等法院提起诉讼的,需列明该法规;(3)如为人身损害赔偿之诉,则须载明原告请求赔偿金额是否超过 50000 英镑;或者(4)载明该诉讼系高等法院专门案件目录中的案件,并列明该专门案件的目录。

2. 诉状明细的要求

因为诉状格式的内容一般比较概括或不够确切,所以根据《规则》的要求,原告在提起第 7 章之诉时还须提交诉状明细(Particulars of claim)。所谓诉状明细,是指原告对起诉事实所作的具体陈述,其旨在使被告充分了解原告起诉的具体事实和理由,以便于被告据此进行答辩。在诉状明细中,原告要表明其所依赖的事实、其所遭受的人身损害或财产损害、寻求的救济、诉讼请求所依据的法律观点以及任何必要的文件。根据《规则》第 16.4 条第(1)款的规定,作为附带性内容的诉状明细通常应载明:(1)原告对具体案件事实的准确陈述。(2)是否主张加重性、惩罚性或临时性损害赔偿,以及主张的具体类型和理由。(3)如原告主张被告利息,应准确陈述主张利息的具体依据为合同条款或者法律规定。若利息已经确定,则还应当对利率、计算日期以及总额等事项进行说明。(4)《诉讼指引》要求的其他事宜。此外,对于人身损害赔偿、致命意外、收回土地、租购、名誉权、合同等特殊案件,《规则》还规定原告应根据案件类型不同进行区别陈述。[①]

《规则》之所以对诉状明细有要求,其基本出发点在于通过诉讼明细的补充作用,使法院在进行案件审理的过程中受到原告提出的细节的约束,从而能够更为充分地披露原告在诉状格式中提出的事实和法律依据,使被告更好地了解原告具体的论据做好应对准备,并可在此基础上进一步明确争议焦点。[②]

---

① 崔峰:《敞开司法之门——民事起诉制度研究》,中国政法大学出版社 2005 年版,第 71 页。

② 齐树洁:《英国民事司法改革》,北京大学出版社 2004 年版,第 373 页。

当然,并非所有诉讼的提起都需要诉讼明细,由于《规则》第 8 章之诉一般不涉及实质性事实争议,因此如果是提起第 8 章之诉的原告,只须在诉状格式中载明需要由法院决定的事项或者寻求的救济、诉讼的法律依据以及诉讼是否依据特殊规则提起等事项,并不需要提交诉讼明细。

3.法院签发诉状格式

诉状格式主要由管辖法院来进行签发。根据《规则》的要求,除法律或诉讼指引另有规定外,当事人可向高等法院或郡法院提起诉讼,当事人填写和提交法院所提供的格式化文本之后,法院将在审查后进行签发。这就要求在起诉环节,由请求权人的律师提供足够份数的请求格式副本,供他们自己、法院和每一个被告使用。通常情况下,原告方会保留一份诉讼格式文书,其余副本送交法院办公处,一起送交的还应有要求签发请求格式的信函以及规定的诉讼费用。如果时间比较匆忙,律师会亲自来到法院办公处以确保请求已经签发,而如果文书系由邮局寄出,法院办公处将于收到时在信上盖章。在收到当事人的诉讼请求格式后,法院办公处将在请求格式上盖章签发请求,并将请求的具体内容记入其案卷。与此同时,法院办公处在签发请求时将给每一个案件一个请求编号,并写在请求格式的背后。在此之后,法院把一份称为签发通知的表格送交原告的律师,此项表格当中将告知原告请求的编号、签发日期、确认收到的签发费,如果属于法院送达的范围,还应注明送达日期。① 法院接受诉状格式的日期,应以印戳方式记载在用于存档的诉状格式上,或在诉状格式送达之时提交的函件上予以记载。对此,当事人可就法院接受诉状格式的日期,直接向法院官员询问。②

在此方面,英国还在法院办公处之下设立了专门的诉讼文书制作中心,该中心的职能在于为签发和送达诉状格式提供便利。根据《诉讼指引》第 2 条的规定,不得通过中心签发的诉讼主要包括以下几种类型:第一,应由高等法院签发的任何诉状格式。第二,诉讼请求要求给付特定款项金额超过 100000 英镑的诉状格式。第三,特殊类型的诉状格式,包括:(1)对二名以上被告提起的诉讼;(2)对二名被告提起诉讼,但对不同被告主张金额不同的;(3)要求诉状明细与诉状格式分别提交的诉讼;(4)对王国政府提起的诉讼;(5)以外币为计量单位的诉讼;(6)当事人之一为《规则》第 21 章所指未成年人或精神病人的

---

① 沈达明、冀宗儒:《1999 年〈英国民事诉讼规则〉诠释》,中国法制出版社 2005 年版,第 32 页。

② 徐昕:《英国民事诉讼与民事司法改革》,中国政法大学出版社 2002 年版,第 32 页。

第七章 英国民事诉讼立案受理制度

诉讼;(7)原告为《1988年法律援助法》所指法定援助当事人的诉讼;(8)诉状格式表明的被告送达地址不在英格兰或威尔士的诉讼;(9)根据《规则》第8章提起的诉讼。可以看到,在是否由诉讼文书制作中心签发诉状格式方面,法院也仅对当事人起诉是否符合格式要求进行形式审查,而不作实质要求。整体上,原告提交诉状,并由法院确认签发诉状格式的过程即为英国案件立案受理的过程,就此而言,英国的案件立案受理需要以诉状提交、法院接收和签发诉状格式这三个步骤的同时完成为基础。

4. 诉状格式及明细的送达

诉状格式及明细的送达包括送达人、送达时间及送达对象几个方面的要求。根据《规则》第6.3条的规定,由法院签发或准备的文书主要由法院负责送达,法院在送达文书时,可以自行决定采取具体的送达方式。① 但在大部分情况下,诉讼文书主要还是由当事人和律师送达。对此,《规则》规定,若有关规则、诉讼指引规定或者法院命令要求由当事人送达时,则应当由当事人送达。而若《规则》没有明确要求由法院或当事人送达,则既可以由当事人送达,也可以由法院送达,② 在此方面,送达人可以根据诉讼效率的要求而进行选择。

在送达时间方面,根据《规则》的规定,对于国内送达,诉讼格式应在签发后的4个月内向被告送达完毕;而如果属于域外送达,则送达期间为6个月。原告若在该期间内无从送达,则可向法院申请延长诉讼格式的送达期间,法院方也可以基于特殊情况而作出延期送达命令。在送达地址的要求上,如果是由法院来送达诉讼格式的,原告将被告送达地址记载在诉讼格式之中;如果被告授权律师代为接受送达且未作其他限定的,通常以被告律师的营业地作为送达地址。原告送达诉讼格式的,须在送达之日起7日内向法院提交送达回证,否则不能获得缺席判决。此外,在合同之诉中,当事人双方还可约定文书送达方式,诉讼格式可依约定送达。

而就诉讼明细的送达而言,《规则》第7.4条规定:"(1)诉状明细须:(a)在诉状格式中载明,或随诉状格式一并提交;或者(b)在诉状格式送达之日起14日内,由原告向被告送达,送达时间不违反本条第2款之规定。(2)向被告送达诉状明细,不得迟于送达诉状格式的最后期间。(3)如原告根据本条第1款

---

① 根据英国《民事诉讼规则》第6.2条的规定,英国民事诉讼的送达方式包括直接送达、邮寄送达、留置送达、文书交换、电子传真或电子通讯等。

② 常怡:《比较民事诉讼法》,中国政法大学出版社2002年版,第462页。

第 b 项,不得与诉状格式同时送达,而单独送达诉状明细的,须在向被告送达 7 日之内,向法院提交送达回证和诉状明细副本。"由此可见,如果诉讼明细未在诉状格式中载明的,既可随诉状格式一并送达,也可先载明随后送达情况,并于诉状格式送达的 14 日内向被告送达。如果原告单独送达诉状明细的,须在向被告送达 7 日内,向法院提交送达回证和诉状明细副本。此外,送达诉状明细时,还须附上可供被告选择适用的有关文书格式,包括答辩状、认收书、自认书等文书格式。

(二)对诉讼的应答

1.自认

所谓自认,是指民事诉讼的一方当事人对他方当事人所提出的案件事实或者诉讼请求作出全部或者部分承认的诉讼行为。根据英国《民事诉讼规则》的规定,被告在收到原告的诉讼格式及诉讼明细后,应当就原告提出的案件事实及诉讼请求作出回应。其中,如果被告认可或者部分认可原告的诉求,可作出全部自认或部分自认。就自认制度的具体内容而言,主要包括:第一,自认的形式。一般而言,被告应以书面形式作出自认。第二,自认的法律效力。如果原告提起的系金钱给付之诉,且原被告双方均非未成年人或者精神疾病患者,那么被告的自认意味着原告无须就相关事实进行证明,其可直接请求法院作出缺席判决。第三,自认的修正与撤回。对于被告错误作出自认或其对自认反悔的,法院有权许可其对自认进行修改或者撤回,并附加特定的条件限制。第四,自认的期间。通常而言,如果原告在送达被告的诉状格式中载明诉状明细将于随后送达,那么被告将在收到原告的诉讼明细后 14 日内作出;否则,被告应在收到原告诉讼格式后 14 日内作出。

2.答辩与反诉

答辩是指被告对原告全部或部分诉讼请求进行的抗辩。基于"诉讼权利平等"的民事诉讼原则,在收到原告的诉状格式及诉讼明细后,被告如不认可或部分不认可原告的诉讼请求,其有权在规定时间内以书面的形式针对原告诉状中的事实及理由进行抗辩。与传统的答辩方式不同,英国《民事诉讼规则》要求,无论是对原告全部诉请抗辩还是对部分诉请抗辩,被告均须提出答辩理由;如果被告否认原告的主张,须陈述否认理由以及案件事实。

根据《规则》第 15 章的规定,被告在答辩状中应载明的事项应当包括:否认原告的那些主张、事实与理由;要求原告对相应的主张提供证据;对原告相关主张作出的自认以及反诉等。同时,对于不同的诉讼,被告答辩的内容也应有所侧重,例如,对于名誉权诉讼而言,被告的答辩内容一般而言也应包括以下情形：(1)未从事原告所从事的行为；(2)有关文字或语言是客观真实的；(3)有关文字或语言是基于公共利益的公正评价；(4)有关文字或语言是在保密场合陈述的。① 由此看到，《规则》对被告答辩的内容有较为严格的要求，如果被告仅单纯、笼统地否认原告主张，或仅罗列一些毫无联系的事实陈述，这些答辩理由将不会被法院采纳，且存在着被法院撤销答辩状的危险。而一旦答辩状被法院撤销，被告将不得在以后的程序中援用该答辩状中的内容。② 如果被告在答辩状中对原告提出的某一事项未予以回复，且未要求原告提出证据证明的，将被视为对该事项的自认。当然，《规则》对答辩的要求也仅限于针对第 7 章所提出的诉讼，对于不涉及实质性事实争议的第 8 章之诉而言，并不要求被告提交答辩状，原告也不能据此取得缺席判决。

此外，根据《规则》第 20.4 条和第 20.5 条的规定，被告还可在答辩的同时提起反诉，将反诉请求列于答辩状之后。由于反诉在本质上是一个新的诉，因此原告需要提交答辩状来对反诉的内容加以回复。就法律效果而言，即使是原诉被中止、终结或驳回，也不影响法院对反诉的审理。

3. 原告的再答辩

再答辩是指原告对被告答辩进行的"再抗辩"。根据《规则》第 15.8 条的规定，原告可以对被告的答辩进行再答辩，相应的其答辩状应与案件分配调查表一并提交，并同时送达至被告。需要说明的是，再答辩于原告而言是一种权利而非义务，因此，如果原告未作再答辩，并不应此承担相应的不利后果，也不得将其视为原告对被告答辩状陈述事项的认可。并且，如果原告的再答辩仅针对被告答辩状的部分事项，那么对于原告再答辩中未涉及的事项，依然需要由被告进行举证说明。

（三）诉答内容的确认——当事人的事实声明

如前所述，当前英国的民事诉讼经历了由诉答为中心向以案情声明为中心的演变过程。案情声明是一系列由当事人提出的表达其诉讼主张的诉答文书的统称，包括诉状格式、诉状明细、答辩状、反诉状、再答辩状等。就案件声明的功能而言，它是当事人表达诉讼意见的载体，通过载明事实、理由及证据，为案件争点划定范围，进而为法院作出裁决提供基础和依据。③ 与传统诉讼

---

① 徐昕：《英国民事诉讼与民事司法改革》，中国政法大学出版社 2002 年版，第 142 页。

② 齐树洁：《英国民事司法改革》，北京大学出版社 2004 年版，第 374 页。

③ Statement of case, http://www.inbrief.co.uk/court-proceedings/statement-of-case/，下载日期：2016 年 8 月 1 日。

文书制度（pleading）相比，案情声明制度要求当事人充分披露案件事实与法律证据，并交由法院进行审核和确认。因此，就功能而言，案情声明制度主要在于方便法院进行准确的判断和识别，并梳理和固定双方当事人的争点。

当案情声明不充分或不恰当时，法院可以对其进行撤销或要求当事人予以修正和补充。其中，法院可以部分或全部撤销当事人案情声明的情形具体包括：第一，未充分披露提起诉讼或进行答辩理由的；第二，滥用法院诉讼程序或可能妨碍诉讼程序公正的；第三，当事人未遵守新《规则》、诉讼指引或法院指令的。[1] 而为保证案情声明书的完整性，在送达对方当事人之前，当事人可以任意修正其中的内容。而在送达对方当事人后，一方当事人则必须得到对方当事人的同意或者法院的许可方能修改。若当事人申请法院许可，则其应向法院提交修改申请书、申请通知书以及希望修改的案情声明书的副本等材料。完成对案情声明书的修改后，当事人应在法院作出许可后的 14 日内或指定的期间内再次提交该文书。当事人一方未经法院许可而修改案情申明的，法院可拒绝承认，对方当事人亦可在副本送达的 14 日内申请法院拒绝承认。[2] 只有经过规定的程序和在特定的时间范围内，当事人对案情声明所作出的修正方能得到认可。此外，基于案件管理的需要，法院也可依职权要求当事人补充或者修正案情声明。

为保证案情声明中当事人陈述的真实性，英国《民事诉讼规则》还吸收了沃尔夫勋爵《接近正义》司法改革报告的建议，增加了事实声明（statement of truth）制度，要求当事人、诉讼辅佐人以及相关陈述人在所作文书中陈述的事实为真实的陈述。[3] 对此，《规则》第 22 章要求，诉状格式必须经过事实声明予以确认。为此，当事人在诉答阶段所提交的案情声明文书均必须进行事实声明，其格式要求为："我（原告）相信，我在诉状格式中陈述的事实全为真实。"相应的，如果诉状明细未载明于诉状格式中的，也须经事实声明确认，确认内容包括：诉讼系属的法院名称、案件编号、案件标题以及原告的送达地址等。只有经过事实声明后，案情声明方可作为证据在诉讼中使用，而未经事实声明确认的，法院可予以撤销。此外，如果原告没有如实进行事实声明，将因为缺乏诚信而承担虚假陈述的法律后果。在经得总检察长授权或法院许可下，可比照《规则》第 32.14 条对该当事人提起藐视法庭的诉讼，承担与"证人虚假陈

---

[1] 徐昕：《英国民事诉讼与民事司法改革》，中国政法大学出版社 2002 年版，第 133 页。
[2] 徐昕：《英国民事诉讼与民事司法改革》，中国政法大学出版社 2002 年版，第 131 页。
[3] 徐昕：《英国民事诉讼与民事司法改革》，中国政法大学出版社 2002 年版，第 112 页。

述"相当的法律责任。

第二节 英国民事诉讼立案受理制度的基本特征及其影响制度构建的基本理论

一、英国民事诉讼立案受理制度的基本特征

当前,英国民事诉讼立案受理制度以《规则》为基础、以其他补充性规则指引为补充,为民事诉讼案件的起诉、受理、应答确立了较为完备的立案受理法律制度体系。现有立案受理制度与英国20世纪后期司法改革所期待的确保诉讼当事人接近司法、实现案件的快速解决、确保诉讼程序公正等目标实现了高度吻合。但与此同时,受英美法系立法传统的影响,英国民事诉讼立案受理制度在一定程度上依然保留了一些"历史性"的特点,并因此形成了具有英国特色的立案受理制度。从整体上看,该项制度主要具有以下特点:

(一)以独立的诉答程序为基础

我国民国时期学者金绶认为:"考各国之立法例,对于起诉方法向有两种:(1)以提诉状于法院为起诉;(2)以送达诉状于他造为起诉。"[①]从表面上看,英国为保障当事人诉权的行使,当事人只要向法院提交诉状并经法院签发即启动诉讼程序。但为保障被告的诉讼权利,鼓励当事人双方协商化解纠纷,英国还规定了原告将诉状格式在规定期限内送达被告的义务。如未履行该义务,法院可依被告申请驳回原告起诉。由此可见,英国的立案受理制度,实际上兼具金绶先生所谓的两种起诉制度的特征,从而形成了以"诉答程序"为基础的民事诉讼立案受理制度。从起诉的角度来看,原告应当选择适当的诉状格式,提交相应的诉状明细,并进行合理的事实声明来支撑自己的诉讼,从答辩的角度来看,被告也可以通过对诉讼的应答,进行答辩和反诉来支撑自己的请求,进而在"诉与答"之间明细案件的争议焦点。而一旦原、被告双方未遵守诉答程序的规定,法院无须开庭审理即可对案件作出驳回起诉、缺席判决或即决判

---

① 邓继好:《中国民事诉讼法制百年进程》(民国初期第1卷),中国法制出版社2009年版,第362页。

决等裁决。①

英国之所以将整个诉答程序作为立案受理制度的核心,其根本原因在于其奉行的是当事人主义的诉讼模式。在该诉讼模式下,民事纠纷解决更多地被视为属于私人事务,而民事诉讼程序应当为民事纠纷的解决创造公平的诉讼环境和制度保障。正基于此,英国自普通法时期就依托于"令状制度",形成了以当事人为程序推进主体的诉答程序,并且在漫长的法治发展进程中得以继承和修正。而伴随着20世纪末的英国司法改革,诉答程序再次以诉状格式、诉状明细以及案情声明、事实声明等法律文书及相应程序设计为载体确立于1999年《民事诉讼规则》之中,并决定着民事诉讼的启动及运行。事实上,正是因为诉答程序突显了当事人在民事诉讼中的作用,使得英国的立案受理制度的程序设计及程序运行也是由当事人主导,这一点与大陆法系国家由法官对当事人起诉进行严格并依职权决定是否受理的制度存在着本质的区别。

并且,就诉答程序的功能而言,与美国诉答程序仅起到案件通知作用不同,英国的诉答程序具有陈述支持诉讼请求的案件事实、为开庭审理形成争点、淘汰无实质意义的诉讼请求以及通知当事人准备开庭审理等功能。② 从《规则》中可以看到,在诉答程序中,当事人的起诉与抗辩均在公平的条件下展开,并通过对案件事实为真实陈述,确保双方在此过程中能够明悉对方的主张、理由及其他案件信息,并为法院及时整理和固定案件争点奠定基础。例如,为确保立案受理的顺畅进行,《规则》在明确原告应向被告送达诉状格式和诉讼明细的同时,也要求被告在规定期间针对原告诉请作实质性答辩并提交答辩状,否则将承担相应的不利后果。而此后,如原告对被告的答辩内容有不同的意见,还可为"再答辩",以实现案件事实理由及证据信息的交换,并尽可能地在此过程中促进纠纷的解决。不难看出,诉答程序不仅影响着英国民事诉讼程序的启动与推进,而且也影响着当事人起诉、答辩等诉讼行为的法律后果,其在英国民事诉讼立法受理制度中起着基础性的作用。

(二)起诉要件审查的形式化

作为英国立案受理制度的"开端",起诉要件的设置是否合理,不仅关系到当事人能否依法顺畅行使诉权,同时也直接决定着整个诉讼进程能否顺利推进。英国在立案制度的立法设计上十分注重对当事人诉权的保护,反映在民

---

① 廖中洪:《民事速裁程序比较研究》,厦门大学出版社2013年版,第212~212页。
② 蔡彦敏、洪浩:《正当程序法律分析——当代美国民事诉讼制度研究》,中国政法大学出版社2000年版,第124页。

第七章　英国民事诉讼立案受理制度

事诉讼规则中所确立的当事人启动诉讼程序的方式十分简便。根据英国《民事诉讼规则》的规定,民事诉讼以法院基于原告申请签发令状为起点。据此,如果原告向法院提交的诉状格式已符合诉答程序的基本标准,法院不得拒收诉状,更不可拒绝裁判。由此可见,在英国的立案受理制度中,诉讼的起点为原告的诉状提交于法院而非送达于对方当事人。换言之,英国民事诉讼唯一的法定要件就是原告向法院提供符合形式的诉状。①

事实上,由于法律规定的起诉条件较为简便,且有较为成熟的律师代理制度相扶持,英国的立案受理制度对起诉要件几乎不存在实质审查的问题。当事人只需向法院提交法律规定形式的诉讼格式,诉讼即能被法院登记在案。而对于当事人是否为适格诉讼主体、诉状所记载事项是否属实等事项,则属于立案受理后的下一个阶段法院所要处理的问题。不难看出,在英国民事诉讼制度架构下,起诉要件通常只是一种"起诉方式",而不像大陆法系国家规定的"起诉条件",原告的起诉过程实际上就是一种立案登记的过程,法院并不会设置实质性的审查门槛。就此而言,英国对起诉要件的审查具有形式化的基本特点。这一特点的形成与英国民事诉讼制度形成的立法传统密切相关:英美法系国家奉行当事人主义,不存在严格意义上的起诉受理问题,当事人只要起诉即发生诉讼系属;②而在大陆法系国家,法院通常需要对当事人的起诉要件进行实质审查,起诉条件只有在符合法律规定时,案件才能被法院受理。

(三)突出法院对诉讼的"指引性"作用

如上所述,在英国民事诉讼立案受理的过程中,法院只做形式审查而不做实质判断。但需要看到的是,法院对当事人提起诉讼审查的形式化并不意味着法院无须审查。相反,法院能够充当民事诉讼的"指路人"抑或"管理者"的角色,通过对诉讼格式的形式审查,强化对当事人起诉的指引。事实上,20世纪后期以来,英国民事司法改革的一个重要举措就在于对传统的绝对当事人主导诉讼模式加以修正,加大法院对诉讼的指引作用。

从《规则》中可以看到,法院对起诉条件的审查主要建立在对诉讼格式的审查基础上,对于原告提交的诉状格式,尤其是对于案情声明的内容,法院可以依据职权对其部分或全部撤销,亦可以要求当事人对不适当和不完整的内

---

① 孙邦清:《立案登记制的适用范围:司法权的边界》,载《人民法院报》2015年4月25日。

② 刘敏:《论裁判请求权保障与民事诉讼起诉受理制度的重构》,载《南京师大学报(社会科学版)》2005年第2期。

容进行修正和完善。此外,根据《规则》第 3.4 条至第 3.9 条的规定,法院作出撤销案情声明决定的,还可以同时作出相应法律后果的指令,如责令原告向被告支付诉讼费用、中止同等诉由的新诉以及不经开庭审理径行判决等决定。由此可见,法院也可以对当事人的起诉后果作出一定的命令或指令。但从本质上分析,这些命令或指令与其说是一种实质审查权,不如说是法院行使的对以当事人为主导的诉讼模式的"指引性"权力,其基本作用在于通过对双方当事人起诉与应答行为的有效约束和便捷性的指引确保案件更好地进入审理范畴。

此外,作为《规则》的重要组成部分,"诉讼指引"部分的规定也在《规则》实施过程中发挥了重要的作用。"诉讼指引"的内容在于解释、细化《规则》的规定,增强规则在具体司法实践中的可操作性。反映在立案受理制度方面,《规则》第 16 章第 4 条仅仅抽象地规定了诉状明细的基本内容,而对于原告所须陈述的事实依据究竟包括哪些内容、特定类型的案件诉讼明细有何区别均未作出规定。对此,诉讼指引第 16 章(PD16)则对诉讼明细的内容进行了补充,将其具体化、明确化,不仅规定了人身损害赔偿诉讼、租购诉讼等特定类型案件诉讼明细须载明的具体事项,还规定了如若原告希望依赖诉状明细支持其诉讼请求时必须列明的事项。这种以"诉讼指引"作为《规则》补充的立法体例,无论是与大陆法系的民事诉讼法典相比,还是与英美法系的主要代表国家美国《联邦地区法院民事诉讼规则》相比,都独具特色。① 可以看到,英国民事诉讼立法较为强调的是法院对民事诉讼进程的"引导"作用,即该制度在最大限度保护当事人自主行使诉讼权利的同时,适时加入了"法院管理"的规则内容,进而通过合理分配法院和当事人在诉讼进程中的作用,推动民事诉讼顺畅、便捷地进行。

(四)"诉讼文书"的规范化和精细化

纵观英国普通法的发展历程,诉讼制度的形成与发展都与格式化的文书有着千丝万缕的联系。在早期英国民事诉讼制度中,当事人提起诉讼必须严格按照法定的令状格式进行,令状不仅承载着诉讼的启动与推进,也直接关系到当事人的权利保障和诉讼结果的成败。至近现代时期,虽然古老复杂的令状制度已不复存在,但是令状制度的制度设计和理念依然影响着英国民事诉讼制度的发展。例如,为防止当事人参与诉讼程序的随意性,现行《规则》要

---

① 廖中洪:《民事诉讼立法体系及法典编撰比较研究》,中国检察出版社 2010 年版,第 287~288 页。

第七章 英国民事诉讼立案受理制度

求,当事人提起诉讼应首先向法院提交诉状,诉状格式应载明必要的记载事项以确定原告的诉请性质和范围,而只有在此基础上,法院方能据此确定管辖权,被告也才能进行针对性地答辩或反诉。这种制度设计,也印证了梅特兰所说的:"虽然我们早已埋葬了诉讼形式,但它们仍然从坟墓中支配者我们。"①

同时,为防止原告无根据地滥诉,保障诉讼进程的顺利推进,《规则》还规定,当事人可以通过"诉状明细"的方式,载明与诉讼请求有关的事实与理由,诉状明细也应符合法定要求。如果法院发现原告在诉讼明细中陈述的事实及理由与本案诉讼请求无直接关联,可以要求原告"补正"其理由。与此同时,由于英国诉答程序的运行主要以诉讼文书为载体,《规则》还对诉讼文书格式作出了精细化、类型化的要求。《规则》将诉讼文书分为"通用文书格式"、"商事法庭文书格式"、"技术和建设法庭文书格式"、"海事法庭文书格式"、"仲裁程序文书格式"、"破产程序文书格式"以及"取消公司董事资格程序文书格式"等7种类型,其中"通用文书格式"适用于一般诉讼程序,其余部分各自适用于其对应的特别法院或特别程序。同时,为便于查阅和使用,《规则》还对每一种诉讼文书格式进行了编号与命名。这样一来,原告起诉时应当选择哪种对应的诉讼文书一目了然,这种将"诉讼文书范本"置于民事诉讼法典中的做法,能够为原告更好地提起诉讼、选择正确的诉讼模式提供更好的指引。由此可见,无论是在普通法时期还是在现代,英国立案受理制度都具有"诉讼文书"的规范化和精细化的特征。

由上可知,英国民事诉讼立案受理制度系以诉答程序为基础,在起诉方式的简便化、程序设置的精细化、法院作用的指引性特点尤为突出,这种立案受理制度的侧重点在于保障当事人的基本诉权,也可防范和避免因审查程序的不公开、审查条件的不合理带来的区别对待问题。然而,任何制度设计都无法做到"无懈可击",英国立案受理制度在某些方面存在一定的缺陷。一方面,容易带来诉讼案件激增与法院压力过大的问题,因为如果只作形式审查,那么只要原告有"诉的利益"就可以诉诸法院,这会带来英国法院诉讼案件的增多,尤其是一些诉讼欺诈和滥用诉权的案件将给法院工作频增压力,这也需要更为完善的配套制度来规制诉权的滥用,制度成本将有所提高。另一方面,审前程序的简捷并不代表审理程序的快速,在英国,案件还未经过实质审查便可进入审判程序虽然能在一定程度上缩短审前程序时间,但是在后期审判过程中,依

---

① F.W.Maitland,*Equit,also the Forms of Action at Common Law*,London:Cambridge University Press,1948,p.298.

然可能出现当事人不适格、受诉法院无管辖权等情况,这同样会引发诉讼效率减损和诉讼拖延等问题。就此而言,要确保立案受理制度的高效运行,英国必须通过完备的多元化诉前纠纷解决机制、滥诉规制机制和充分审前程序等配套辅助机制来有效解决英国立案受理制度可能出现的问题。

二、影响英国民事诉讼立案受理制度的基本理论

通过考察英国的民事诉讼立案受理制度,可以发现其与大陆法系国家的立案受理制度大相径庭,无论是在制度的立法构造,抑或是在立案的具体流程方面都存在着较大的差异。而与英美法系的美国民事诉讼立案受理制度相比,二者在诉答程序的构造上又具有极高的类似性,但又不乏特色之处。英国民事诉讼立案受理制度的这种独特构造,主要受以下理论和思想的影响:

(一)"接近正义"理论

民事权利的有效救济有赖于公正而富有效率、可接近的民事司法制度,因此,"接近正义"是当事人正当程序权的有效保障。在司法领域,所谓"接近正义(access to justice)",是指民众在权利遭受损害或发生纠纷时,应享有及时、便利地利用司法途径维护自身合法权益的权利。按照意大利学者莫诺·卡佩莱蒂等人的观点,"接近正义"运动发展至今历经了三个阶段,其中第三个阶段的主要内容即是为纠纷解决提供适当场所,尤其要保障当事人便利地通过法院解决纷争。① 20世纪中后期,伴随着经济社会的剧烈转型,民商事纠纷的类型和数量达到前所未有的高度,"诉讼爆炸"成为西方国家面临的普遍性问题。与之对应的是,各国司法制度日趋呈现出程序复杂、费用高昂以及诉讼延迟等特征,不利于当事人利用司法途径维护自身权益。对此,意大利学者莫诺·卡佩莱蒂提出,各国政府应采取有效措施保障当事人具有接受裁判的权利,因为司法不能仅仅在"理论上对所有人可以接近"②。

在这场肇始于20世纪中后期的"接近正义"运动中,沃尔夫勋爵更是直接以《接近正义》为主体推进英国民事司法改革和完成相应的改革报告,并提出了包括民事诉讼制度应回应使用者的期待并为其所理解、公平对待各方诉

---

① [意]莫诺·卡佩莱蒂:《福利国家与接近正义》,刘俊祥等译,法律出版社2000年版,第25~221页。
② [意]莫诺·卡佩莱蒂等:《当事人基本程序保障权与未来的民事诉讼》,徐昕译,法律出版社2000年版,第50页。

第七章 英国民事诉讼立案受理制度

讼当事人等原则在内的保障民众接受公正审判权的八项原则。① 从改革成效来看,该报告的相关建议也最终为1999年英国《民事诉讼规则》所确定,由此可知,"接近正义"理论既是大多数西方司法改革的指导思想,更是英国民事诉讼程序规则的核心内容。

事实上,就20世纪英国开展民事司法改革的原因而言,主要是由于此前高等法院和郡法院均为民事案件的一审法院,而两个法院又分别适用《最高法院规则》和《郡法院规则》。并且,两套规则在适用过程中出现了繁杂化的特点,使得即便是专业人士有时都感到难以适从,普通民众更是无法理解。② 因此,为保障当事人接近司法,英国《民事诉讼规则》对诉讼程序进行了统一和简化。反映到立案受理环节,主要表现为:第一,将晦涩难懂的法律语言平实化。如《规则》将令状(Writ)改为诉状格式(claim form),将传唤令状(summons)改为申请通知(application notice),将单方当事人行为(Ex Parte)改为无须经通知(without notice)等。③《规则》通过使用简洁明了的文字,使普通当事人更容易理解和接近法律。第二,统一了民事诉讼格式要求。《规则》为当事人的起诉设置了统一的诉状格式,并明确诉讼以法院申请签发诉状格式为起点。在确保起诉形式统一性的基础上,《规则》还规定当事人应区分案件性质的不同,在诉状格式中记载内容不同的特定事项,从而避免了诉状格式的机械、僵化适用。第三,起诉只需符合最低的形式要求即可。根据《规则》的要求,只要当事人的起诉符合法定条件法院便签发诉状格式,而诉讼也由此启动。在此过程中,法院并不对诉讼要件进行实质性审查,而如果当事人起诉存有缺陷,亦可在补正后予以登记,这些措施使得当事人能够便捷地利用司法程序解决民事纠纷,维护自身权益。第四,《规则》还要求,诉讼请求和答辩不能使用技术性文书。起诉状中只需列明原告所主张的事实、起诉的类型、起诉依据的理由及相关法律要点;答辩状也只应列明被告对诉讼请求的详尽抗辩,阐明争议事项。二者都须提供有关"案情声明"的事实声明,而不能使用策略性主张。从整个《规则》的设计来看,其主体内容均是围绕"接近正义"设计的,旨在通过降低诉讼成本、减少诉讼迟延、简化诉讼程序,消除阻碍当事人接近司法的

---

① *Access to Justice-Final Report to the Lord Chancellor on the Civil Justice System in England and Wales*(1996).

② 江伟、刘荣军:《英国民事诉讼制度改革的新动向》,载《诉讼法论丛》(第1卷),法律出版社1998年版,第374页。

③ 齐树洁:《英国民事司法改革》,北京大学出版社2004年版,第68页。

弊端。

(二)"实用主义"理论

作为典型的英美法系国家,与以传承罗马法系为主的大部分大陆法系国家相比,英国更注重实用主义法律体系的建构,法官在裁判中更信任经验和先例而非逻辑与原理,这也在一定程度上促成了英国的纠纷解决方式具有高度实用主义的特点。正如学者所指出的,英国法自普通法时期"就以纠纷解决为出发点,缺乏对理论体系化的追求"①。而法国学者勒内·达维也认为,英国法律制度"首先与个别案件的事实相联系",其不存在"超越个案裁断所必需的法律规则"。② 事实上,从历史发展来看,英国普通法的显著特征就在于,其以解决以及便利解决社会生活实际问题为导向,强调普通法是解决实际问题的重要机制,同时又在实际问题的解决过程中发展和改进。③ 英国法的这种实用主义特征也决定了,其不会希冀通过法典化的制度设计将包罗万象的可能情况囊括其中,而是通过一个个法院判例来发展和完善法律制度。

因而,虽然1999年英国《民事诉讼规则》的颁布实施,让英国民事诉讼法已经在形式上实现了"法典化",但是英国法所具有的判例法传统,决定了《规则》不可能具有大陆法系国家法典所具有的规范化、系统化、逻辑化特征。事实上,从立法体例和内容编排来看,英国《民事诉讼规则》也显得体系庞杂、结构凌乱、内容繁多。不过,这种"法典"编排方式和内容设计并不意味着英国民事诉讼立法水平的低劣,相反,在以律师和法官作为法律应用主体的英国法律体系中,他们更关心的是法律如何在实践中得以顺畅地实施,而非"纸面"上的法律如何在内在结构上具有逻辑性、科学性,因为"英国大多数立法并不是以一种对真正原理的陈述和广泛概括的方式加以起草的。很多立法都是以一组特定规则和对特定问题的特殊解决的形式起草"④,毕竟"法律的生命不在于逻辑,而在于经验"。

实用主义理论对英国立案受理制度的影响也十分明显。首先,为便利当事人诉讼,英国《民事诉讼规则》以平实的语言对《最高法院规则》和《郡法院规

---

① 李红海:《普通法的历史解读:从梅特兰开始》,清华大学出版社2003年版,第197页。

② [法]勒内·达维:《英国法与法国法——一种实质性的比较》,潘华仿等译,清华大学出版社2002年版,第27~28页。

③ 高鸿钧:《英国法的主要特征(中)——与大陆法相比较》,载《比较法研究》2012年第4期。

④ [英]P.S.阿蒂亚:《英国法中的实用主义与理论》,刘承韪、刘毅译,清华大学出版社2008年版,第27页。

则》统一,并设置了统一的诉状格式,扫除了当事人因之前法律语言晦涩和诉状形式繁杂造成的难以适用的障碍。同时,针对给付金钱之诉、房屋租赁诉讼、名誉权诉讼、合同诉讼等诉讼类型,英国还针对性地设置了不同的诉状格式,从而实现了统一性与个性化的结合,以便于当事人和法院适用,提升诉讼效率。其次,从英国诉答程序的演进来看,其也经历了从诉答文书到案情声明的发展过程,其中,案情声明作为精简化的案情展示,能够较为清晰地呈现案件事实、证据和法律责任,对于案情声明不恰当的,法院也可以要求当事人进行修正,从而能够更好地促成纠纷在审前得到良好的合意解决。与此同时,《规制》还综合考虑诉讼请求金额、诉讼复杂性等因素,将民事案件分配适用小额索赔审理、快捷审理以及多轨审理等不同的审理机制。最后,为适应社会生活的不断变化,《规则》在制定实施后不断及时进行修正和完善,截至2016年9月,《规则》已经先后进行了86次修正,其中就包括提高小额索赔审理程序、快捷审理程序以及多轨审理程序等的适用数额等涉及立案受理制度内容的修改。英国《民事诉讼规则》如此高频率、快节奏的更新速率虽表面上有违"法律安定性"原则,但这也恰恰反映了英国法律对于实践变化的关注和回应。正如英国学者施米托夫所指出的,一方面法律应当具有稳定性,以保障人们能依法实施相应的行为,且能够预见其行为的后果,与此同时,为防止人们无视法律、回避法律乃至违犯法律,法律还应当"适应它所服务的社会正在变化中的社会经济千变万化的情况"①。

(三)"管理型司法"理论

当事人主义诉讼模式是英美法系国家诉讼制度区别于大陆法系的重要特征,也是英美法系中独具特色的制度,其旨在通过保障当事人双方在诉讼中进行平等对抗的权利,实现案件事实的查明和纠纷的解决。然而,纯粹的"当事人主义"在形式上为当事人平等行使诉讼权利提供制度保障的同时,也因诉讼控制权集中在当事人及其律师手中,使得庭审过程沦为复杂诉讼策略和高潮辩论技巧的展示平台,这种现象也带来了诉讼延迟、费用高昂等问题。在此背景下,传统的英美法系国家逐渐意识到,在诉讼模式上实行纯粹的"当事人主义",有时非但不利于事实的发现和纠纷的解决,反而会造成损害当事人的诉讼权益,浪费有限的司法资源。有鉴于此,美国在1983年《联邦民事诉讼规则》中开"管理型司法"先河,其通过设置案件管理制度,强化法官对诉讼流程

---

① [英]克里夫·施米托夫:《英国"依循判例"理论与实践的新发展》,载《法学译丛》1983年第3期。

的控制和案件事项的管理。此后,1990年的美国《民事司法改革法》亦通过对法院的自身改革来强化对案件的管理与控制。① 澳大利亚也紧随其后,于2000年推出了《管理型司法:联邦民事诉讼制度反思》的报告,②旨在加强对澳大利亚民事诉讼案件的管理。

作为采取"对抗制"诉讼模式的典型国家,英国自进入19世纪末20世纪初以来,正是由于法官在诉讼过程中缺乏对程序的有效控制,使得当事人和律师滥用诉讼权利现象较为严重,而民事司法也不可避免地产生了诉讼延迟、诉讼结果难以预测以及诉讼成果过高等司法弊病。③ 在此背景下,对传统的对抗制诉讼文化进行改革,开始在"对抗制"诉讼模式的基础上强调法官的程序控制权力,进而通过法官对案件的有效管理,确保诉讼进程的合法快速推进。事实上,1999年实施的英国《民事诉讼规则》不仅开宗明义地在"第一章 基本目标"中就规定了法院应积极地管理案件,推进该规则目标的实现,而当事人则有义务协助法院实现该规则设定的目标。此外,《规则》第3章还以专章形式规定了法院的案件管理权力,④第26章规定了"案件管理——初期阶段",第27章—第29章则分别规定了小额索赔诉讼、快捷审理制以及多轨审理制的案件管理。

管理型司法理念反映在立案受理制度方面,主要体现为法官在以下事由中职权的增加:第一,诉状格式内容中的法官权力扩张。通常情况下,诉状格式的内容应由当事人自行确定诉讼请求的性质及金额,但根据《规则》第16.2条第5款的规定,即使原告在诉状格式中未提出某项救济申请,法院也可依职权给予原告本应享有的救济;第16.3条第7款也规定,在诉状格式载明的金额陈述之外,法院也可依职权给予请求金额以外的救济。这些规范均在一定程度上突破了当事人主义诉讼模式的基本原则,亦即法院不得审理当事人未主张的诉讼请求,法院裁判不得超过当事人请求的救济范围,当事人未主张的

---

① 陈桂明、吴如巧:《美国民事诉讼中的案件管理制度对中国的启示——兼论大陆法系国家的民事诉讼案件管理经验》,载《政治与法律》2009年第7期。

② Managing Justice: A Review of the Federal Civil Justice System (ALRC Report 89),http://www.alrc.gov.au/report-89,下载日期:2016年9月1日。

③ See Interim Report to the Lord Chancellor on the Civil Justice System in England and Wales(1995); Access to Justice-Final Report to the Lord Chancellor on the Civil Justice System in England and Wales(1996).

④ 根据《规则》的有关规定,法院对案件的管理权力主要包括期间控制权、程序中止合并、分离权、系争点管理权、成本控制权、书面审理权、技术运用权以及证据主导权等。

事实不能作为法院判决的依据等。① 第二,案情声明审查过程中法院权力的增强。根据《规则》第3.4条的规定,法院有权力对当事人的"案情申明"进行审查,要求当事人的案情申明内容需要经过"事实声明"的考验,在特定情况下,法院可以撤销案情声明,由当事人承担不利的法律后果。在此方面,法院既可以根据第3.7条的规定给予当事人不支付特定诉讼费用的制裁,亦可以根据第3.8条的规定对当事人不遵守本规则、诉讼指引以及法院命令的行为予以制裁,这充分反映了法院在立案受理阶段纠正程序违法事项的管理权力。第三,案件适用程序中法院权力的增强。虽然在立案受理制度中,当事人决定起诉的权利以及选择何种救济方式的权利得以保留,但是根据案件分配规则的要求,案件最终应当适用哪种程序,是由法院来进行决定的,可以不经过当事人的同意。在此方面,法院可以参照诉讼案件的性质、诉讼额的大小与繁简程度等来决定所适用的程序,进而对案件审理进程进行有效的管理。② 从这些制度设计中可以看到,法官正在民事案件的受理层面承担起日趋重要的引导、保障和促进程序公正及诉讼经济的职能。但需要说明的是,英国的民事诉讼立案受理制度本质上仍是以对抗制为特征的,现有的司法改革仅仅是对传统自由主义对抗制诉讼模式的微调和自我修正,但并不是完全的自我否定,且并未从理念层面和制度层面改变对抗制。③ 在现有的《规则》中,虽然法院职权有所强化,但是其全部注意力仍然放在有关争议事项处理的焦点问题上,并不会对其他事项进行过多的干预,从而达到迅速、公正审理民事案件的目的。

(四)"司法最终解决"理论

司法最终解决原则是英美法系国家长期奉行的基本原则,亦是现代法治的一大基本命题。它是指以司法审判作为民事纠纷救济的最终手段,赋予法院裁判以最高权威性和终局效力的原则。就司法最终解决原则的产生来看,其与现代西方社会所倡导的三权分立、相互制衡的法治思想密切相关,因为从本质上看,司法最终解决原则的最终目的是实现司法权对行政权的制约,通过防止行政权力的扩张进而实现法治。而从司法独立的角度来看,司法对纠纷具有最终解决权的根源还在于法院作为"中立的第三方"可以泰然、公平地处置案件而与案件利益无涉,进而保障司法公平和正义的实现。长期以来,英国

---

① 徐昕:《英国民事诉讼与民事司法改革》,中国政法大学出版社2002年版,第34页。
② 齐树洁:《英国民事司法改革及其借鉴意义》,载《河南省政法管理干部学院学报》2001年第4期。
③ 常怡:《外国民事诉讼法新发展》,中国政法大学出版社2009年版,第117页。

也奉行着"司法最终解决"原则,只要相关纠纷不涉及政治问题,当事人均可自由地将其诉之司法,并由法院作出最终裁决。

从当前英国民事诉讼立案受理制度来看,也在一定程度上受到了司法最终解决原则的影响,主要反映为:一是起诉环节简便、易行。英国对起诉要件要求低,根据《规则》的规定,只要当事人提交的诉状格式在形式上没有问题,就能较为容易地启动诉讼程序,法院将直接签发诉状格式。二是未对可诉范围进行严格的限制。与大陆法系实施的"规范出发型"诉讼不同,英国对纠纷的可诉范围并没有进行专门的论证或专门的立法,甚至"只要原告声明被告有侵犯他权利的情形,即可就此提起诉讼"。换言之,只要当事人在纠纷中有诉的利益,均可充分行使其裁判请求权,这种基于"事实出发型"的诉讼为纠纷的可诉性预留了较大的空间,进而能为当事人寻求充分的司法救济。三是尊重程序当事人的合法地位,对当事人的适格要求比较宽松。在英国,诉讼当事人只是一项技术性构造,诉讼当事人可以是与案件有关的任何具有法定能力的主体。① 在英国民事诉讼制度体系中,诉讼当事人不必是利害关系当事人或合格当事人,法院对案件审查后会取消不适格当事人的资格,但在此之前其仍为诉讼当事人,具有当事人诉讼权利,而至于实体问题,应当通过实体审理程序得到解决。② 从《规则》中可以看到,有关当事人的制度设计是一个"开放式"结构,与案件有关的第三人也可能列入当事人之列。在诉讼过程中,当事人可以根据诉答程序的基本要求向法院提出诉讼主张,进行答辩,并以此为基础确立争议焦点。这种充分尊重程序当事人诉讼地位的立法构造,也有利于让当事人更容易地通过司法程序解决争议。

---

① 齐树洁:《英国司法制度》,厦门大学出版社 2005 年版,第 247 页。
② 杨荣新:《民事诉讼原理》,法律出版社 2003 年版,第 136 页。

第八章 加拿大民事诉讼立案受理制度

加拿大法律制度与司法体制深受历史与民族因素的影响①,历经百年激荡与融合,形成了颇具特色的"一国两系"模式,亦即在加拿大联邦中,魁北克省深受民法法系影响,多效仿法国以成文法典构成本省法律制度,而其他省和地区则基本承袭英国法,故而多遵循普通法传统。而加拿大民事诉讼法亦深受"一国两系"模式的影响,魁北克省制定有《民事诉讼法典》,其立法体例与具体内容均效仿法国《民事诉讼法典》②,而其余各省和地区的民事诉讼程序并未采取法典化的立法路径,而多以法庭规则和判例法为主③。值得注意的是,依据1867年加拿大《宪法法案》第92条的规定,加拿大各省享有基本的立法权。该项基本立法权赋予加拿大各省独立构建本省司法体制的权力,这其中

---

① 自15世纪末开始,法国与英国相继通过航海探索在加拿大海岸开辟殖民地,加拿大的近现代化历程拉开序幕。加拿大历史上经历过法属殖民地时期、英属殖民地时期、自治领地时期,并于1931年根据威斯敏斯特条约取得英联邦系统内的独立国家地位。而法裔和英裔加拿大人的民族抗争与融合也贯穿其中直至今日。虽然殖民时代一去不返,但是各自遗留的法律传统仍旧深深影响着不同族群的繁衍生息。常怡:《外国民事诉讼法新发展》,中国政法大学出版社2009年版,第311~313页。

② 在魁北克省,法院由省议会设立,详细复杂的行为规则规范了民事程序的大部分领域,在魁北克《民事诉讼法典》中,包含了超过2000条的规则,因而法典化是其重要特征,而这一特征要追溯到1667年的《法国程序法令》。See historica canada. Civil Procedure. available from: http://www.thecanadianencyclopedia.ca/en/article/civil-procedure/#h3_jump_0.

③ 在遵循普通法的省份和地区(除魁北克省),诸如司法行为法案、习惯做法或是法院规则形成了民事诉讼程序的核心法律规则。受英国立法的启发,上述法律规则统一了普通法院和衡平法院。在一个接一个的判例基础上,法官总结、提炼出民事程序中大量习惯做法和技术规则。时至今日,法官仍然参与这些规则的制定。See historica canada. Civil Procedure. available from: http://www.thecanadianencyclopedia.ca/en/article/civil-procedure/#h3_jump_0.

就包含各省的民事诉讼程序①。因此,加拿大并无全国统一的民事诉讼规范。但英国法的持续影响并未因殖民历史的终结而消失。有学者指出,即使宪法赋予了加拿大各省独立的基本立法权,各省(除魁北克省)乃至联邦的立法仍旧模仿英国法律,甚至有逐字逐句采用英国法律的倾向。② 基于上述考察,本文决定选取加拿大《联邦法院规则》作为研究加拿大民事立案受理程序的样本。

第一节　加拿大民事诉讼立案受理的立法与制度构造

加拿大《联邦法院规则》由加拿大联邦法院规则委员会制定,于 1990 年首次公布。其后屡经修订,现行版本仍由该委员会制定,吸纳了司法部长的建议,经由加拿大总督批准,于 1998 年 1 月 26 日公布。自 1998 年至今,《联邦法院规则》仍在不断修订,最近的一次修订为 2015 年 1 月 30 日③。纵观《联邦法院规则》一系列的修订,其核心观念始终围绕"接近正义"这一主题展开,而加强案件流程管理,优化民事审前程序更是历次改革的重要目标之一,民事诉讼立案受理的立法与实践作为这一目标的重要方面自然也颇受瞩目。民事审前程序向来为普通法系国家所重视,以加拿大安大略省为例,有 95% 左右的民事案件未经审判即获得解决④,一方面说明庭外和解的高效,另一面也能佐证加拿大审前程序的充实。而民事诉讼立案制度则是民事审前程序的重要一环。

---

① 1867 年加拿大《宪法法案》第 92 条第 14 款,也被称为司法权条款,该条款授权加拿大各省立法机关有权就省内的司法管理事项立法,包括省属法院的架构、运营和组织,民事和刑事管辖权,民事诉讼程序。See Bilton, Jonathan H. Extra-jurisdictional authority of provincially appointed police officers in Canada 2001 Annual Meeting. Toronto: Uniform Law Conference of Canada.

② 王立民:《加拿大法律发达史》,法律出版社 2004 年版,第 3~6 页。

③ See Justice Laws Website. Federal Courts Rules (SOR/98-106). available from: http://laws.justice.gc.ca/eng/regulations/SOR-98-106/page-1.html.

④ Systems of Civil Justice Task Force Report, by Canadian Bar Association. August 1996.

第八章 加拿大民事诉讼立案受理制度

目前,民事诉讼立案制度大体有两种模式:期日制和登记制。从各国实践来看,大陆法系国家普遍采用期日制,案件立案受理以法院审查诉状必要记载事项和有效送达诉状为要件,经由审查,必要记载事项欠缺的,法院可要求当事人补正,若当事人无正当理由未补正的,法院可直接裁定驳回诉状甚至不予受理。而登记制则较期日制更为宽松,一般采取签发诉状的方式登记立案。依据加拿大《联邦法院规则》第 62 条第(1)款"根据第(2)部分的规定,所有诉讼、申请或者上诉应从原诉文件(originating document)①签发(issuance)②之时开始"③的规定,加拿大的民事诉讼立案模式即属于登记制。但对加拿大民事诉讼立案制度的认识不应仅止于此,对加拿大民事诉讼立案制度中诉讼的提起、原诉文件规则、文件归档规则、诉讼当事人规则、送达文书规则、诉状形式要求、诉状修正规则以及诉状送达规则的进一步梳理有助于对民事诉讼立案登记制的理解。

加拿大《联邦法院规则》共计 504 条,分为 14 个部分,其立法结构大体如下:第一部分为规则适用的范围与规则中术语的解释;第二部分为法院的管理;第三部分为适用于所有诉讼的规则,其中包含有诉讼的提起、当事人、文书送达等规则;第四部分为诉讼程序规则,依照诉讼流程,依次包含诉讼中诉状的规则、简易审判和简易判决规则、证据开示与审查规则、初审程序规则、审判程序规则;第五部分为申请程序规则;第六部分为上诉规则;第七部分为动议(申请)规则;第八部分为诉讼中权益保障规则;第九部分为案件管理和争议解决服务规则;第十部分为法院命令规则;第十一部分为诉讼费用规则;第十二部分为法院命令执行规则;第十三部分为海事诉讼规则;第十四部分为本法的过渡、废除和生效规则。其中第二、第三和第四部分同民事诉讼立案制度关系密切。

加拿大《联邦法院规则》遵循普通法系的传统,将民事诉讼设定为一种对抗式的诉讼模式。这种对抗式的诉讼模式旨在保证对方当事人有机会获得必要的信息为案件做可能的准备,同时在法庭上提供给双方一个相互争辩的机会。通常情况下,认为自身权利遭受损害的个人将就费用和诉讼风险等问题

---

① 在与加拿大民事诉讼程序具有一定相似性的我国香港地区,原诉文件也称为原诉传票,该地区 2009 年实施民事司法改革后,民事诉讼一般以原诉传票展开。朱国斌、黄辉等:《香港司法制度》,中华书局(香港)有限公司 2013 年版,第 92 页。

② 依据《联邦法院规则》第一部分的术语解释,签发是指被签署并注明日期的原诉文件经法院加盖法院印章并由管理人分配法院档案号的程序。

③ See Section 62(1).Federal Courts Rules.

咨询律师。如果他决定聘请律师提起诉讼，如何选择适格的管辖法院则是律师需要考虑的首要问题。而适格管辖法院的选取需要考量案件本身的性质、主张的数额和司法管辖区域等因素。管辖法院一旦确定，原告律师将向法院登记处(court registry)提交原诉文件(originating document)。在大部分案件中，经法院登记处签发的原诉文件应由执行员(sheriff)采取直接送达的方式送达被告，送达文件将告知被告主张的性质，并向被告解释如果他不出庭并且不针对诉讼进行答辩，原告将获得针对被告的缺席判决。原诉文件送达后，每一方当事人依次以书面文件的形式给出主张的详细信息或者是针对对方主张的抗辩。上述文件旨在帮助原、被告决定他们之间准确的争议焦点，因而必须送达对方当事人并提交法院归档。①

一、原诉文件

根据《联邦法院规则》第62条的规定，所有的诉讼、申请或者上诉应当从原诉文件签发之时开始，除了在已经提起的诉讼中，仅针对已成为本诉当事人的反诉或者第三方诉讼，其应从反诉或第三方诉讼送达并归档之时开始。②根据该规则第63条的规定，除议会法案有其他规定外，原诉文件主要有三种类型：(1)在诉讼包括以诉讼方式提起的上诉中，主张声明(statement of claim)即为原诉文件，而所谓主张声明即对应于我国民事诉讼中的"起诉书"概念；(2)在针对非本诉当事人提起的反诉中，答辩状或反诉声明即为原诉文件；(3)在针对非本诉当事人提起的第三方诉讼中，第三方声明即为原诉文件。此外，在申请和上诉程序中，申请和上诉通知(notice)即为原诉文件。同时该条还规定，即使根据议会法案，某项诉讼依据与原诉文件不同的文件提起，上述规则仍旧适用于这类文件③。当事人提交原诉文件后，依据《联邦法院规则》第21条的规定④，法院的案件管理人应当保存所有与案件文件有关的记录，包括所有的命令、要求登记的外国判决和诉讼中提交的其他文件。同时，案件管理人应当就每一个诉讼建立档案，档案由下列文件(每一文件均需标记文件日期和归档时间)和命令组成⑤：(1)《联邦法院规则》、法院命令或议会法

---

① See historica canada.Civil Procedure.available from：http://www.thecanadianencyclopedia.ca/en/article/civil-procedure/#h3_jump_0.

② See Section 62.Federal Courts Rules.

③ See Section 63.Federal Courts Rules.

④ See Section 21.Federal Courts Rules.

⑤ See Section 23.Federal Courts Rules.

第八章 加拿大民事诉讼立案受理制度

案要求归档的文件,除了支持一项动议(motion)或作为庭审证据而被提交的宣誓书或者其他材料;(2)当事人与登记处的往来通信;(3)所有的法院命令;(4)诉讼中签发的所有令状的复印件及其与法院引导程序有关的其他文件。原诉文件提交后,除非法院有其他指令的规定,一经法院接受,该文件即在被提交之时视为已归档。

(一)原诉文件的格式与内容

针对原诉文件的格式,《联邦法院规则》(以下简称《规则》)就文件的印刷格式、文件标题、文件内容和署名做了具体细致的规定,《规则》第65条明确要求,为诉讼中使用而准备的印刷文件应当是清晰的,包括文件中所有的证明文件(references)①,并给出了印刷的具体规格,如文件应当使用12号Times New Roman字体,文件的每页均应使用质量上乘的白色或接近白色的纸张打印,且除标题外,每页不应超过30行等等。《规则》第66条第(1)款规定了原诉文件的标题应当符合特定格式(Form 66)要求②,为诉讼使用而准备的文书应当在首页标注法院名称、法院档案号(Court file number)和《规则》第67条规定的案件的名称(style of cause)③。该条第(2)款规定原诉文件的内容应包括:(1)文件的标题;(2)文件的日期;(3)提交文件的律师的姓名、住址、电话号码和传真号码,如当事人未有律师代理,则需要注明当事人的姓名、加拿大国内的送达地址、电话号码和传真号码,如果文件的电子送达得到批准,电子送达地址应符合特定格式的要求(Form 141A)。同时,该条第(3)款要求提交原诉文件的律师或当事人应当在文件上署名。《联邦法院规则》第182条对主张声明的内容作了进一步的规定,要求每一项主张应在声明中列举并作详细的说明:(1)主张索赔的损害性质;(2)在主张金钱救济的情形下,除利息与诉讼费用外,主张索赔的数额是否超过50000加元;(3)要求恢复的财产价值;(4)除诉讼费用外,是否有其他特殊救济主张;(5)该诉讼是否作为简易诉讼提起。

除原诉文件外,当事人可以附随原诉文件一并提交关于事实和法律的备

---

① See Section 65.Federal Courts Rules.
② 加拿大联邦法院针对诉讼中的不同需求制定有诉讼表格,供当事人参考和使用。
③ 案件的名称:依据《法律学词典》的定义,其是指诉讼程序的正式标题,通常包括案号,法院名称和原被告完整、正式的称谓。See Duhaime's Law Dictionary, style of cause definition. available from: http://www.duhaime.org/LegalDictionary/S/StyleofCause.aspx. 同时,《联邦法院规则》第67条规定在原诉文件中除了应当标注所有当事人的姓名外,还应注明当事人的法律地位。See Section 67.Federal Courts Rules.

忘录(memorandum),《联邦法院规则》第70条对附随提交的备忘录也作出了细致的规定,具体到备忘录每一部分的写作内容和写作长度①,包括简明的事实主张、争议焦点的陈述、简要的仲裁协议声明、相关判例等。此外,由于英语和法语均为加拿大的官方语言,《联邦法院规则》第68条规定所有需要在诉讼中提交的文件都应当采用英语或法语书写,其他语言书写的文件也应当翻译为英语或者法语并且应当就翻译准确性的证明作成一项宣誓书。因而原诉文件及其附随的备忘录也应当采用英语和法语书写②。

（二）原诉文件的提交

《联邦法院规则》专门就律师或当事人如何向法院提交原诉文件也作出了相应的规定,该规则第71条规定为提交法院归档,原诉文件可以通过直接交付、邮件、传真或电子传送的方式提交给法院登记处。其中该条还特别规定,在以电子传送方式提交原诉文件时,律师或者当事人应当根据法院的要求,向法院登记处提供相同数量的纸质复印件以供法院签发原诉文件③。同时,由于电子传送的特殊性,该条规定法院登记处接收原诉文件电子传送的时间以北美东部时区为准④。在律师或者当事人提交原诉文件时,应当由法院登记处接受文书并注明日期,同时律师或当事人应按照收费标准缴纳应付的诉讼费用。若文件提交至法院登记处的时间为节假日期间,则被视为已在紧邻的非节假日提交。

《联邦法院规则》原则上规定当律师或者当事人提交原诉文件时,法院登记处管理员应当接收文件。同时,针对可能出现的不合法文件⑤(irregular documents)和错误归档的文件⑥(documents improperly filed)设置了相应的程序性处理机制。(1)不合法文件的程序处置。当管理员认为原诉文件不符合《联邦法院规则》规定的上述要求或者存在文件归档的其他先决条件尚未满足的情况时,管理员应当毫无迟延地将该类文件提交给法官或者首席书记官(prothonotary)。根据《联邦法院规则》进一步的规定,接收到这类不合法文件的法官或者首席书记官可以指示管理员作出三种决定:接收、拒绝或者附条

---

① 依据该条第(4)款的规定,除非法院命令另有规定,备忘录的长度不应超过30页,相关判例和附录部分除外。

② See Section 68. Federal Courts Rules.

③ See Section 71(5). Federal Courts Rules.

④ See Section 71.1(2). Federal Courts Rules.

⑤ See Section 72(1). Federal Courts Rules.

⑥ See Section 74(1). Federal Courts Rules.

件的接收,其中附条件的接收是指根据作出修正或者满足先决条件的情形接收被认为是不合法的文件。(2)错误归档文件的移除程序。除不合法文件的处理程序外,《联邦法院规则》对错误归档的文件设置了法院依职权移除的程序,该规则第74条规定,根据《联邦法院规则》第二部分法院管理权限的规定,法院可以在任何时候,命令将不符合上述归档要求的文件、违反法院命令或者议会法案归档的文件移出法院档案。由此可见对于原诉文件的审查和归档遵循的是法院依职权进行的原则。但为保障与之相关的所有利益方的知情权与异议权,所有利益方在移除命令作出前享有接受聆讯(hear)的机会[①]。因而即使法院拥有程序主导权,但为防止不当侵害,通过设置聆讯机制赋予当事人程序保障的权利,就其本质而言,是尊重当事人主体地位的体现。

(三)原诉文件的修正

除接受聆讯的机会外,原诉文件提交后,为免因错误归档而被移除,《联邦法院规则》第75条赋予律师或者当事人提出修正动议(motion)的权利,法院可以依据一方提出的动议允许其修改文件中诸如旨在保护各方利益的条款。当然修正动议的提出并非毫无限制,相反该条第(2)款规定在上述聆讯期间或之后,当事人即失去提出修正动议的权利,但为避免失权效果过于严苛,该款但书给出了三种缓和的路径:(1)修正动议的目的在于让文件与聆讯中存在的争点一致;(2)法院已经同意进行一次新的聆讯;(3)其他方被给予诉讼准备的机会,为保证诉讼准备的平衡,法院可以同意当事人提出的修正动议。只有在这三类情形下,法院可以允许修正动议的提出不受相关期限届满的限制。《联邦法院规则》第78条规定,除非法院命令另有规定,根据原诉文件修改的上述规则,在送达或提交归档后法定期间内作出的修正动议及修正行为,其法定期间应根据上述可能的情况从修正文件送达之日或者提交归档之日起计算。

修正动议提出后,如果法院认为动议寻求修改的项目会导致在判断当事人时存在合理怀疑,那么经法院准许,动议提出方可以修正当事人的姓名。同时,动议提出方也可以改变其诉讼地位,只要动议提出方在本诉开始时就具备利用改变后的诉讼地位提起诉讼的权利。一般情况下,针对修正动议,除非修正导致对一方当事人的偏见,其他当事人对修正行为无权要求相关诉讼费用或者休庭。此外,修正动议可能导致在原诉文件中增加或者替换新的诉因(cause of action),如果新的诉因实质上是从原有诉因所依据的事实基础上产

---

① See Section 74(2).Federal Courts Rules.

生的,那么法院可以批准此项修正动议①。

对于原诉文件的修正方法,《联邦法院规则》第 79 条规定,如果文件中任何一页需要修改的部分需要插入少于 10 个字符的,当事人直接在原文件中手写修正,并将修改后的文件复印件送达所有当事人并向法院提交送达证明。其他情况下,当事人需要送达并提交一份独立的修正文书,并在修正部分标注下划线。同时,不论采取何种修正方式,该条都要求修正处应当表明据以作出修正的规则或者法院命令②。

二、当事人

民事诉讼是当事人因私权纠纷而诉请法院解决纠纷以及维护自我权益的公力救济方式。法院为求纠纷的有效解决必然需要界定谁有权提起诉讼的问题,在大陆法系国家民事诉讼立案受理制度规定中,确定当事人是诉讼的首要问题,例如法国《新民事诉讼法典》第 1 条规定,"除法律另有规定之情形外,惟有当事人提起诉讼"③,即在法国民事诉讼中只有当事人才能提起民事诉讼。但与之不同的是,加拿大《联邦法院规则》的立法体例中将当事人的具体规定设置在原诉文件的规定之后。立法体例的不同反映出理论上的差异。

大陆法系国家传统民事诉讼理论认为,只有当事人才有权提起民事诉讼,这一问题之所以重要是因为这一概念作为诉讼主体,牵涉到诉讼中一系列行为责任与结果责任的生成:当事人有责任说明理由、有责任提出事实证据,既决事由、诉讼系属、受判处负担诉讼费用、回避、运用上诉途径等等。④ 正因为如此,无论在法国民事诉讼理论上,还是在民事诉讼法典上,当事人的概念均没有明确的界定,乃至学理上认为"诉讼程序当事人的定义是司法法中最棘手的概念之一"⑤。但从笔者的观察来看,加拿大民事诉讼中对当事人问题的讨论主要集中在集团诉讼⑥。

---

① See Section 201.Federal Courts Rules.
② See Section 79.Federal Courts Rules.
③ 罗结珍译:《法国新民事诉讼法典》,中国法制出版社 1999 年版,第 2 页。
④ [法]让·文森、塞尔日·金沙尔:《法国民事诉讼法要义》(上册),罗结珍译,中国法制出版社 2001 年版,第 501 页。
⑤ [法]洛伊克卡迪耶:《法国民事司法法》,杨艺宁译,中国政法大学出版社 2010 年版,第 366 页。
⑥ Canadian class actions law. available from: http://www.canadianclassactionslaw.com/.

第八章 加拿大民事诉讼立案受理制度

应当说,加拿大作为一个与普通法系具有亲缘关系的国家,其民事诉讼中当事人概念的形成与传统大陆法系民事诉讼法上的当事人概念差异显著。有学者指出[①]:界定当事人概念的困难之处在于,一方面,这一问题与民事诉讼涵盖范围的广泛性、诉讼情况的复杂性有关,正是现实纠纷的复杂性使得这一概念的技术性阐释与说明较为困难;另一方面,在对这一概念本质的把握上存在不同的认识及其观念。换言之,就对当事人概念的本质认识而言,在世界各国的民事诉讼程序立法以及民事诉讼学理认识上存在着重大的差异。因认识观念与界定标准的不同,存在着两种不同的类型:一是从实体法视角界定当事人;二是从程序法视角规定以及定义当事人。前者指的是从民事实体法律关系的角度确定与定义当事人。按照这种观点只有与实体法律关系存在直接利害法律关系的人,才是民事诉讼上的当事人,亦称为正当当事人。例如,侵权损害赔偿纠纷中的侵害人与被害人、借还贷纠纷中的出借人与借用人、不当得利纠纷中的受益人与受害人或者受损人等才是民事诉讼中的当事人,即原告人与被告人。所谓从程序角度定义与确定当事人,指的是从民事诉讼程序法律关系角度界定当事人,按照这种观点不论行为人之间的实体法律关系如何,也不论行为人之间是否存在实质上的实体法律关系,只要行为人主张自己的权利受到侵害或者被诉称侵害了他人权利的人,都是民事诉讼中的当事人。

由于在当事人的确定上,存在着两种完全不同的观念与界定标准,因而,从民事诉讼学理以及世界各国民事诉讼程序立法的规定来,实际上存在着两种完全不同类型及性质的当事人。即根据民事实体法律关系确定以及定义的当事人,与根据民事诉讼程序法律关系确定与定义的当事人。在民事诉讼学理上鉴于这两种当事人性质与实质含义上的差异,前者被称为实质意义上的当事人,后者被称为程序意义上的当事人。加拿大《联邦法院规则》效仿英美法系的立法模式,以程序当事人为理论基础构建当事人规则。如前所述,在原诉文书中,提交文件的律师应当列明双方的姓名(必须为完整、正式的全名)、住址、电话号码和传真号码,若当事人未有律师代理,则需要注明当事人的姓名、加拿大国内的送达地址、电话号码和传真号码。此外,《联邦法院规则》针对商事诉讼中较为独特的几类当事人进行了列举式的规定:(1)非公司社团。该规则第111条规定,非公司社团可以以自己的名义起诉或者被诉[②]。(2)合

[①] 廖中洪:《大陆法系当事人主义程序理论溯源》,载《学海》2008年第3期。
[②] See Section 111. Federal Courts Rules.

伙企业。该规则第111.1条规定,合伙企业可以以自己的名义起诉或者被诉①。(3)独自企业。该规则第111.2条规定,独资企业可以以自己的名义起诉或者被诉②。(4)财产和信托中的受托人、执行人或者管理人。该规则第112(1)条规定,除共同受益人外,财产和信托中的受托人、执行人或者管理人可以以自己的名义起诉或者应诉。除非法院命令另有规定,财产或信托的受益人受财产或信托顺序的约束而无法以自己的名义起诉或者应诉③。

三、送达制度

如前所述,目前世界范围内民事诉讼立案受理制度大体分为期日制与登记制两种模式。前者在大陆法系国家较为普遍,期日制将民事诉讼立案受理制度设置为两个阶段即当事人提交诉状和提交诉状审查之后的送达。例如《德国民事诉讼法》第253条的第1款就规定:起诉,以书状(诉状)的送达进行。④ 因而,送达制度构成了大陆法系国家民事诉讼立案受理制度的重要组成部分。而英美法系国家则较多采用登记制,如加拿大《联邦法院规则》规定法院签发原诉文件即为诉讼的开始,亦即似乎在英美法系国家,民事诉讼立案受理制度与送达制度无关。但本文认为,无论是民事诉讼立案登记制度采取何种模式,送达制度都是其中的重要组成部分。当事人向法院提交诉状都是诉讼程序意义上的开端,而诉状的送达则是诉讼进入实质阶段的开端⑤。如加拿大《联邦法院规则》规定"在受送达人未收到送达文件的情形下,未注意到送达或者送达时没有得到通知的受送达人有权提出一项动议,法院可以根据该动议搁置缺席判决的结果或者批准延长送达时间或者宣布暂时休庭"。两大法系对待送达制度的差异背后折射出的是两种截然不同的程序进行观念:大陆法系强调法官对诉讼程序的控制形成了职权进行主义的诉讼观念,而英美法系向来遵循当事人主义,即使在诉讼程序进行方面也体现着当事人进行主义的观念。

两种观念的差异直接体现为不同法系国家送达制度具体安排的不同。德国民事诉讼中的送达分为职权进行和依当事人要求送达两种,经过20世纪初

---

① See Section 111.1.Federal Courts Rules.
② See Section 111.2.Federal Courts Rules.
③ See Section 112(1).Federal Courts Rules.
④ 丁启明译:《德国民事诉讼法》,厦门大学出版社2016年版,第58页。
⑤ 一般来说,在英美法系国家,诉状送达意味着诉答程序的启动。

《送达改革法》的修改，依职权进行的送达成了目前最为主要的送达方式。换言之，如果应当依照职权进行的送达却根据当事人的要求进行，或者应当依照当事人要求进行的送达则依照职权进行均可能使送达无效，由此也可能造成无法启动期间等法律后果。同时，德国民事诉讼中的送达全部由法院机构执行，法院的书记科或者书记室为统一的送达机关，只有在该机构无法送达的时候，才能由执行员或者其他官厅来实施送达。① 而英美法系国家虽然设置了一定的法院送达机关，但是无论是在英国还是美国，文书的送达仍是当事人自己的事情。在英国法上，送达责任由当事人承担。英国民事送达规则对送达主体的规定比较灵活，既规定了法院送达，也规定了当事人送达。有些文书必须由当事人自己送达，当事人也可以要求由其自己送达，经当事人申请，法院也可以裁定由当事人使用替代性方式送达。如果法院未能送达，最终的送达问题还是要由当事人自己负责。②

（一）送达主体

随着全球化向纵深的不断发展，两大法系渐趋融合，加拿大作为独特的"一国两系"国家，其民事送达制度也体现了这种融合的趋势。加拿大民事送达的主体主要为执行员③（sheriff），无论是加拿大联邦还是联邦内的各省和地区大多设有执行员，虽然不同区域的执行员在职责上有所不同，但是执行员共通的职责在于为法律程序提供服务并执行民事判决④。在加拿大《联邦法院规则》中，经签发的原诉文件由法院登记处的执行员送达。当事人应当向法院登记处依照相应附于《联邦法院规则》正文后的收费表缴纳送达费用，同时执行员有权因提供送达等法律服务收取费用⑤。虽然加拿大与英美法系具有亲缘关系，但是加拿大《联邦法院规则》有关送达的规则并未效仿英国法上的做法，而是将民事送达委诸法院登记处的执行员，这与德国法上的依职权送达制

---

① 丁启明译：《德国民事诉讼法》，厦门大学出版社2016年版，第43页。
② 张永红：《英国强制执行法》，复旦大学出版社2014年版，第211页。
③ 在魁北克省，除执行员外，法警和其他被授权的主体同样可以作为送达主体。但在大部分省和地区，送达主要是执行员的职责。
④ 加拿大大部分省份和地区经营治安服务。执行员的主要职责在于服务，如法庭安全、逮捕后的囚犯转移，以及为法律程序提供服务和执行民事判决。安大略省的执行员只为法律程序提供服务和执行民事判决。他们不承担法院的安全职责。法院的安全由司法警察负责。在加拿大的某些地区，没有执行员而是由加拿大皇家警察执行这些职责。See sheriff From Wikipedia,available from:https://en.wikipedia.org/wiki/Sheriff#Canada.
⑤ See Section 20,Federal Courts Rules.

度倒有几分相似。

（二）送达方式

就具体的送达方式而言，加拿大《联邦法院规则》在英国法的基础①上，形成了以直接送达为主，多种送达方式并存的多元送达模式，在立法上采取了列举加概括的方法，具体有：(1)直接送达（personal service）；(2)留置送达（leaving it at the party's address for service）；(3)邮寄送达；(4)传真送达；(5)电子送达；(6)其他法院可以指令的送达方式。其中，直接送达主要适用于已经签发的原诉文件的送达，该规则第127条规定除非当事人已经参与到诉讼中，经法院签发的原诉文件应采用直接送达的方式送达其他当事人。同时，针对当事人类型的不同，该规则设计了不同的送达规则，其中向个人的送达规定得较为细致。除非受送达人不具备法律上的行为能力，下列向个人的直接送达同样有效②：(1)交给受送达人本人。送达时如遇受送达人当地的节假日或在当地时间的下午5点之后的，送达生效时间为紧邻的非节假日。(2)在受送达人的居住地，将送达文书留给与受送达人一同居住的成年人，并且向该地址的受送达人邮寄一份该文件的复印件。这种情形下，送达生效时间为文件复印件寄出之日后的第十天。(3)受送达人在加拿大境内经商的，在加拿大境内的任意经营场所将送达文书留给经营主管。(4)通过邮件方式向受送达人最后居住的地址送达，受送达人签署并交回接收确认书（类似于我国的送达回执）或者签署邮局回执。这种情形下，送达生效时间为接收确认书或邮局回执上的签收时间，如果当事人未签收，那么送达生效时间为邮寄之日后的第十天。此外，针对受送达人不具备法律上行为能力的情况，该规则并未规定具体送达方式，而是抽象地规定法院可以采取最有利于保护受送达人利益的送达方式③。最后，如果受送达人在送达时没有地址，执行员可以采取留置送达或者邮寄送达的方式将文件送达至该当事人经常或者最后居住地。在诉讼已经开始的情况下，如果受送达人在送达时没有已知的地址，执行员可以将文件留存在法院登记处。

（三）送达证明

原诉文件送达后须向法院提交送达证明，加拿大《联邦法院规则》第146

---

① 英国法上的送达方式主要有五种：(1)直接送达；(2)邮寄送达；(3)留置送达；(4)文件交换；(5)传真或其他电子方法。张永红：《英国强制执行法》，复旦大学出版社2014年版，第204页。

② See Section 128. Federal Courts Rules.

③ See Section 129. Federal Courts Rules.

条规定了送达证明的具体要求:(1)执行员应按照特定格式提交一份送达宣誓书以证明文件的送达。该条还特别规定,如果向魁北克省送达,执行员应当依照魁北克省《民事诉讼法典》的规定提交送达生效的证明。(2)如果送达文件非为原诉文件,律师可以按照特定格式出具送达证明。(3)如果送达于律师事务所生效,律师本人或者代表律师的其他人①署名并注明日期的送达确认书可以作为送达证明。作为上述送达证明的补充,当送达文件没有按照上述规定的方式送达时,只要送达文件引起了受送达人的注意或者除逃避送达外受送达人本应注意到送达的,法院可以确认送达(validate the service)②。在受送达人未收到送达文件的情形下,未注意到送达或者送达时没有得到通知的受送达人有权提出一项动议,法院可以根据该动议搁置缺席判决的结果或者批准延长送达时间或者宣布暂时休庭③。

四、民事诉讼立案的效力

民事诉讼立案后将产生一系列的实体法与程序法上的效力。在大陆法系国家,民事诉讼立案后即发生诉讼系属的效力,亦即特定当事人间的特定纠纷系属于管辖法院的状态会对当事人的实体与程序权利产生多方面的影响。诉讼系属在诉讼法上的效力表现为:(1)诉讼主体的恒定,即当事人的恒定。(2)诉讼客体的恒定,即诉讼标的的固定。诉状送达后只有在被告同意或者法院已经对最终和解方案批准的条件下,才能修正已经确定的诉讼标的。(3)管辖法院的恒定。第一审法院的管辖权不受案件事态变化的影响。(4)禁止重复起诉。同一当事人就同一标的已向另一法院起诉的,被告有权提出抗辩。同时,诉讼系属在实体法上的效力体现为权利保存、权利扩张和权利强化的作用。此外起诉行为也产生时效中断的效果。④

与大陆法系国家将起诉的效力直接规定于诉讼法上不同,英美法上的民事诉讼立案程序包裹在诉答程序之中,原告将诉状提交法院,法院签发后,将诉状与法院传票一并送达被告。若被告不在规定期日内应诉答辩,法院则会根据原告的诉请对被告作出缺席判决。因此,英美法上民事诉讼立案的效力

---

① 代理律师的其他人应署自己的姓名而非被代理律师的姓名。See Section 146(2). Federal Courts Rules.

② See Section 147. Federal Courts Rules.

③ See Section 148. Federal Courts Rules.

④ 柯阳友:《起诉权研究》,北京大学出版社2012年版,第76页。

主要体现在时效制度与答辩失权方面。① 加拿大《联邦法院规则》总体上遵循这一传统,在立法体例上并未专章规定民事诉讼立案的效力,但其程序设置则体现了民事诉讼立案的实际效力。以该规则对原诉文件的修正规定为例,修正原诉文件中的主张声明的动议原则上不得在聆讯中或聆讯之后提出,而主张声明主要由当事人信息、当事人法律地位、事实与法律观点构成。这一原则性规定正是诉讼主体与诉讼客体恒定观念的体现。该规则正是利用当事人提出修正动议的届期失权来体现民事诉讼立案的效力。同时,该规则要求,原诉文件送达后,当事人可以采取承认、视为否认、要求抵销和正式抗辩等方式作出回应或答复②,被告如果不出庭并且在法定期间内不针对诉讼进行答辩,原告将获得针对被告的缺席判决③。但例外的规定,如果受送达人没有收到送达文件,受送达人可以提出动议要求延长送达时间或者休庭,而法院也可以暂时搁置缺席判决。由此可见,加拿大《联邦法院规则》正是将民事诉讼立案程序与诉答程序紧密相连,民事诉讼立案的效力体现为答辩时效的起算。

五、立案受理机构

加拿大《联邦法院规则》规定的民事诉讼立案受理机构为法院登记处(court registry)。依据《联邦法院规则》第 21 条的规定④,法院登记处应当保存所有与案件文件有关的记录,包括所有的命令、要求登记的外国判决和诉讼中提交的其他文件。同时,案件登记处应当就每一个诉讼建立档案,档案中的每一个文件和法官或首席书记官的命令均须标记文件日期和归档时间。加拿大国内的所有联邦法院均有法院登记处⑤。法院登记处的总部位于加拿大渥太华市,其余各登记处分布在全国各地,其目的旨在便利当事人更便捷地利用法院登记处处理与诉讼相关的事务。法院登记处运营的全部责任都委诸登记处的首席管理员(chief administrator)。任何一方当事人可以在对其而言最便利的法院登记处提交文件、申请签发令状或者办理一切与法院登记处有关的事务。例如,一方当事人(原告)可以在温哥华市的法院登记处提交原诉文件(主张的声明)启动诉讼,而对方当事人(被告)则可以在蒙特利尔市的法院

---

① 胡亚球:《起诉权论》,厦门大学出版社 2012 年版,第 102 页。
② See Section 183-188.Federal Courts Rules.
③ See Section 210.Federal Courts Rules.
④ See Section 21.Federal Courts Rules.
⑤ 目前联邦法院系统共计有 10 个地方法院登记处。See Registry Offices Locations. available from:http://www.cas-satj.gc.ca/en/operations/locations.shtml.

第八章 加拿大民事诉讼立案受理制度

登记处提交答辩文书,而其他被告也可以在多伦多市的法院登记处提交答辩文书。每一方当事人在诉讼过程中仍旧可以在其最便利的法院登记处处理诉讼事务。所有原始的法院文件都保存在渥太华市的法院登记处总部,但是任何特定文件的认证副本都由当事人接近的当地法院登记处保管。各地的法院登记处有两种形式。在一些地方,法院内部设有专职工作人员和独立为法院服务的登记处。而在其他一些地方,联邦法院的登记处已经与省或地区高级法院合署办公①。

为便利当事人利用法院登记处处理诉讼事务,加拿大联邦法院将法院登记处的事务清单一一列出,为当事人及时了解与查询同案件有关信息提供切实的便利,同时法院登记处的事务清单也是权力清单,既便利了当事人也规范了法院登记处的职权行为,为当事人监督法院登记处的工作,维护自身权益提供了可能。在当事人的案件被法官或者首席书记官听审之前,当事人只能与法院登记处的工作人员联系。因而,当事人为准备诉讼有必要了解法院登记处的职责所在。法院登记处权力的负面清单中最为重要的一点是,法院登记处的工作人员不得向当事人提供法律建议。

法院登记处权力的正面清单包括②:

(1)法院登记处可以告知当事人需要使用哪种文书格式并且向当事人提供信息帮助其填补格式中的某些内容。

(2)法院登记处可以向当事人提供法院文件格式的副本。当然这些格式并非仅是需要填空的表格,而是表明应当出现在当事人所提交的文件中的标准格式、措辞和信息。当事人使用这类文书格式作为准备自己文书的一种指导。

(3)法院登记处可以向当事人简要的解释法院运作的流程和法院登记处的程序事项。

(4)法院登记处应审查当事人提交的文件和其他法院文件的完整性,如法院登记处应审查文件的署名是否完整、文件是否遵循了《联邦法院规则》或其他法院的命令以及文件中引用的附件是否存在且是否已经获得当事人所在省

---

① See Registry. available from: http://cas-cdc-www02.cas-satj.gc.ca/portal/page/portal/fc_cf_en/Registry.

② See Information about Registry Services to Assist Self-Represented Litigants. available from: http://cas-cdc-www02.cas-satj.gc.ca/portal/page/portal/fc_cf_en/SRL_Registry.

或地区有权主体的签署。

(5)如果法院登记处认为当事人的文件不符合《联邦法院规则》或其他法院的命令,法院登记处可以告知当事人具体原因并给予当事人修正的机会。在法院登记处认为当事人的文件不符合上述规定时,如果当事人拒绝按照法院登记处的建议修正,法院登记处应将文件交给法官或者首席书记官,由其决定文件是否归档。

(6)法院登记处可以给予当事人关于调解、动议和其他有关法院听审的基本信息。

(7)法院登记处可以告知当事人案件如何被管理以及伴随法官审理案件每一步的程序事项。

(8)法院登记处可以向当事人提供法院就案件听审排期的列表和信息。

(9)法院登记处可以给予当事人法庭翻译员和记录员的信息。

(10)法院登记处可以为确认由当事人准备并提交联邦法院的宣誓书充当宣誓官。

同时,法院登记处的负面事务清单包括①:(1)法院登记处不得给予当事人法律建议。同时联邦法院建议当事人在诉讼开始前寻求法律意见。(2)法院登记处不得向当事人推荐任何律师。(3)法院登记处不得建议当事人在哪个法院起诉或者使用哪种程序。(4)法院登记处不得告知当事人在提交法院的文件和宣誓书中使用什么词句。(5)法院登记处不得在当事人提交的文件被归档时联系当事人并给予建议。(6)法院登记处不得告知当事人其提交法院的文件是否包含了足够的信息。(7)法院登记处不得告知当事人在法庭上(如前述聆讯中)说什么或者如何向法官或首席书记官表达法律论据。(8)法院登记处不得告知当事人法院的决定将会如何或者给予当事人关于法院决定可能会如何的意见。(9)法院登记处不得解释由法官或者首席书记官作出的命令。(10)法院登记处不得改变法官或者首席书记官作出的命令。(11)法院登记处在任何时候都不得允许当事人联系法官或者首席书记官,除非案件进入听审程序。

六、立案受理费用

诉讼费用是指当事人在诉讼活动的过程中,按照法律规定应当交纳和支

---

① See Information about Registry Services to Assist Self-Represented Litigants,available from:http://cas-cdc-www02.cas-satj.gc.ca/portal/page/portal/fc_cf_en/SRL_Registry.

第八章 加拿大民事诉讼立案受理制度

付的费用。无论是在大陆法系还是英美法系国家,征收诉讼费用都是民事诉讼的一项重要制度,同时也是国家司法制度的一个重要组成部分。法院征收诉讼费用的意义在于制裁民事违法行为,节约国家财政开支,防止当事人滥诉。立案受理费用是指法院决定受理民事案件时,起诉一方当事人应当向法院缴纳的费用。① 立案受理费用是诉讼费用的重要组成部分。与我国在立案之初即缴纳大部分乃至全部诉讼费用不同(除非有其他申请费用),加拿大《联邦法院规则》采取的是分阶段分程序单独计费的方式计算诉讼费用。同时,与我国单独制定《诉讼费用交纳办法》不同,加拿大《联邦法院规则》在其正文后附上了两张收费表(tariff A and tariff B),以供当事人和法院参考。其中有关立案受理费用的规定有②:(1)当事人应当为原诉文件(主张声明)的签发按下列规定交纳费用,简易诉讼或者以诉讼方式提起的上诉的费用为 50 加元③,其他诉讼的费用为 150 加元。(2)当事人应当为下列事项交纳费用,提交延迟起诉申请(extension of time to commence a proceeding)费用为 20 加元,提交批准起诉申请(leave to commence a proceeding)费用为 30 加元,提交简易判决申请的费用为 50 加元。(3)当事人需要从法院登记处复印纸质文件的,应当按 0.4 加元一页的价格支付费用。(4)当事人需要从法院登记处获取全部或部分诉讼的电子记录的,应按 15 加元一份支付费用。(5)执行员送达的费用应在该省高等法院同类型送达费用的许可范围内。(6)执行员的服务费用(包括送达费用)没有收费规定时,应付的费用在执行时支付,执行回款金额不超过 1000 加元的,按执行回款金额的 5% 计算;执行回款金额超过 1000 加元但不超过 4000 加元的,按执行回款金额的 2.5% 计算;执行回款金额超过 4000 加元的,按执行回款金额的 1.5% 计算。

---

① 吴英姿:《民事诉讼法:原理与实训》,南京大学出版社 2014 年版,第 211~212 页。
② See Court Fees. TARIFF A. Federal Courts Rules. available from:http://laws.justice.gc.ca/eng/regulations/SOR-98-106/page-125.html#docCont
③ 加元对人民币的汇率平均维持在 1:5,50 加元相当于 250 元人民币。

第二节 加拿大民事诉讼立案受理制度的基本特征及其影响制度构建的基本理论

一、加拿大民事诉讼立案受理制度的基本特征

加拿大独特的"一国两系"立法模式与司法体制深受历史与民族因素的影响,近代以来又为加拿大《宪法法案》所肯认。毋庸置疑的是,尽管魁北克省深受民法法系的影响,但相对于加拿大联邦来说,其影响仍旧不足以撼动英国法作为加拿大多数省和地区乃至联邦的"母法"地位①。同时,加拿大又是一个联邦制国家,但与毗连的美国不同,加拿大并未在司法体制(如法院系统)上奉行联邦与地方分离的双轨制,而是形成了颇具特色的"单一制"司法体制。② 各省内法院系统的层级为:省法院③——省高等法院④——省上诉法院——加拿大最高法院⑤。而联邦法院的层级为:联邦法院——联邦上诉法院——加拿大最高法院。此外还有独立于两个系统之外的加拿大税收法院(其上诉机构为联邦上诉法院)和军事法院(其上诉机构为军事上诉法院)。即便如此,税收法院和军事法院的最高审判机关仍旧为加拿大最高法院。因而即使加拿大国内存在联邦和省两套法院系统,但终究殊途同归。同时,加拿大司法体制的"单一制"还体现在加拿大《宪法法案》对司法体制的安排上,《宪法法案》第92条规定各省

---

① 加拿大联邦目前有十个省和三个地区,除东部魁北克省属法语区外,其他地方均为英语区。旧式英国殖民历史的影响可见一斑。另外,加拿大也是英联邦国家之一,其国家最高元首为英国女王。刘艺工:《当代加拿大法律制度研究》,民族出版社2008年版,第1~13页。

② 常怡:《外国民事诉讼法新发展》,中国政法大学出版社2009年版,第317~318页。

③ 省法院内部又有民事法庭、刑事法庭、家事法庭、交通法庭、未成年人法庭等。See Government Of Alberta.Alberta's Justice System And You.July 2003.Page 7.

④ 又称为"王座法庭"(the Court of Queen's Bench),类似于英国的高等法院。See Government Of Alberta.Alberta's Justice System And You.July 2003.Page 6.

⑤ 其全称为"Supreme Court Of Canada"其中并无"federal"字样。

第八章 加拿大民事诉讼立案受理制度

或地区享有基本立法权,可以制定适用于本省或地区的法院组织法(包括省法院的架构和运行),第 96 条规定联邦政府有"任命各省高级法院、省法院法官"的权力。《宪法法案》塑造了一种联邦与各省对加拿大司法系统的共同责任①。

如前所述,加拿大"一国两系"的立法模式与"单一制"的司法体制,实质上使得加拿大形成了以英美法系传统为主混合大陆法系部分特征的法律形态。而加拿大《联邦法院规则》正是这一法律形态的典型样本。通过对加拿大《联邦法院规则》中有关民事诉讼立案受理规则的梳理与提炼,其特征体现为:

(一)立案受理审查的形式化

加拿大民事诉讼立案受理的形式化特征表现在两个方面:一是案件的启动始终围绕原诉文件展开,亦即民事诉讼立案受理程序呈现出"诉状中心主义";二是法院登记处对立案的审查并不涉及案件的实质内容,而是采取"表面审查主义"。

加拿大《联邦法院规则》第 62 条,规定所有的诉讼、申请或者上诉应当从原诉文件签发之时开始。可见加拿大民事诉讼的启动以原诉文件的签发为起点。同时,加拿大民事诉讼立案受理程序始终围绕原诉文件展开,《联邦法院规则》细致全面地规定了原诉文件的格式要求、提交方式、修正方法和送达方式。其中原诉文件的格式要求鲜明地体现了以"诉状中心主义"为内核的民事诉讼立案受理的形式化特征。《联邦法院规则》仅对原诉文件的印刷格式、文件标题和文件特定格式作了规定,基本不涉及原诉文件中与案件有关的实质内容。即使该规则要求主张声明应详细说明主张索赔的损害性质、主张索赔的金额以及其他救济主张,但仍然没有要求在主张声明中列明与案件有关的事实与法律争点,虽然备忘录中可以简要陈述事实主张和争议焦点,但是备忘录并非原诉文件,也不是当事人必须提交的诉讼文件。同时,原诉文件签发后开始的诉答程序也是紧密围绕原诉文件(主张声明)展开的,原诉文件是对方当事人抗辩或者答复的对象,也是对方未作及时回应时可能作出缺席判决的裁判基础。

原诉文件提交至法院登记处后,法院登记处原则上应当接收并立即归档。在法院登记处接收并归档的过程中并非采取完全放任的审查模式,当然更没有对原诉文件所载内容进行实质性审查,可以说加拿大《联邦法院规则》要求

---

① F.L.Morton.Law,Politics and the Judicial Process in Canada.Third Edition.University of Calgary Press.2002.pp.94-99.

法院登记处对原诉文件的审查奉行的是"表面审查主义"。这一原则是指法院登记处应审查当事人提交的文件和其他法院文件的完整性,如法院登记处应审查文件的署名是否完整、文件是否遵循了《联邦法院规则》或其他法院的命令以及文件中引用的附件是否存在且是否已经获得当事人所在省或地区有权主体的签署。这一审查原则以原诉文件格式是否符合形式要求为核心内容,不涉及案件事实及法律争议的审查。

(二)当事人确定的程序化

当事人的程序化是指加拿大在民事诉讼立案受理程序中以程序当事人观念界定当事人,而非从民事实体法律关系的角度来确定当事人。即在当事人的确定以及认定上,加拿大民事诉讼不是依据起诉人与被诉人相互之间的实体权利义务关系,也不论起诉人是否享有实质上的实体权利以及被诉人是否应当承担相应的实体义务,只要是向法院提起诉讼声称权益受到了侵害的人,以及被诉称侵害了他人权益的人就是民事诉讼中的当事人。确立程序当事人观念的价值在于将诉讼主体与实体权利义务主体相分离,不以实体法标准来判定起诉之时的当事人资格,从而保障公民或其他组织的诉权。[①] 这充分体现了近年来对加拿大民事司法产生深刻影响的"接近正义"理念的要求。

在加拿大民事诉讼立案受理制度中,确定当事人的基本标准,不是行为人之间的实体法律关系,而是诉讼程序法律关系。即只要是提起了诉讼以及被人诉称侵害了他人权益的人,就可以成为民事诉讼中的原告人以及被告人。当事人向法院登记处提交符合《联邦法院规则》的原诉文件,法院登记处原则上就应当接收并归档。对于当事人资格的要求也仅限于在原诉文件的案件名称部分清楚写明诉讼程序的正式名称,包括案号、法院名称、原被告双方完整正式的称谓和双方的法律地位。当事人也当然享有相应的诉讼地位及其相应的诉讼权利,至于提起诉讼的原告人客观上是否真正享有相应的民事实体权益,以及被告是否真正侵害了原告的民事权益,或者侵害的是否属于原告的权益,与立案受理阶段当事人的确定无关,也不是立案受理阶段所要解决的问题。法院登记处作为司法行政机构只负责"表面审查"而不会涉及案件的实体关系。从诉讼程序的角度上看,当事人之间的实体法律关系及其权利义务关系属于立案登记以后,案件进入庭审阶段所要解决的问题。

---

① 江必新、何东宁、李延忱:《最高人民法院指导性案例裁判规则理解与适用(民事诉讼卷上)》,中国法制出版社2014年版,第177页。

第八章 加拿大民事诉讼立案受理制度

(三)当事人程序保障的多样化

程序保障的概念在英美法上根基深厚,与英美法上传统的正当程序的观念存在着密切的联系,程序保障意味着通过程序一方面保障当事人所应当享有的诉讼权利,也保障当事人行使权利时的主体性与自律性,另一方面保障诉讼程序的独立与公正,特别是通过程序设计外在地保障案件审判结果的正当性。可以说,保障当事人行使权利的主体性与自律性构成了审判结果正当性的前提。① 加拿大民事诉讼立案受理程序深刻地体现了程序保障的理念,并且通过多样化的程序设计实现了程序保障的实在性。

加拿大民事诉讼立案受理程序中的程序保障多样性体现在:(1)不合法文件的处置程序。与我国立案庭对案件是否受理具有决定权不同,法院登记处管理员认为原诉文件不符合《联邦法院规则》规定的要求或者存在文件归档的其他先决条件尚未满足的情况时,管理员应当毫不迟延地将该类文件提交给法官或者首席书记官处置。这一不合法文件的处置程序虽然是法院管理的内部程序但是其实际效用体现了对当事人的程序保障。(2)错误归档文件的移除程序。《联邦法院规则规定》法院可以命令案件管理员将不符合归档要求的文件、违反法院命令或者议会法案归档的文件移出法院档案。但为保障与之相关的所有利益方的知情权与异议权,所有利益方在移除命令作出前享有接受聆讯的机会。同时,当事人有权在聆讯前主动提出修正动议修改原诉文书中的部分内容,甚至允许当事人增加或替换新的诉因,只要新的诉因实质上是从原有诉因所依凭的事实基础上产生的,法院就可以批准这项修正动议。(3)提出送达异议的动议程序。原诉文件送达制度中规定有确认送达程序,其旨在作为送达证明的补充,当其送达的文件没有按照规定所规定的方式送达时,只要送达的文件引起了受送达人的注意或者除故意逃避送达外受送达人本应注意到送达的,法院就可以确认送达。但为保障受送达人的程序知情权与参与权,在受送达人未收到送达文件的情形下,未注意到送达或者送达时没有得到通知的受送达人有权提出关于送达异议的动议,法院可以根据该动议搁置缺席判决的结果或者批准延长送达时间或者宣布暂时休庭。

(四)立案受理机构的司法行政化

立案受理机构的司法行政化,是指从法院内设机构的功能与定位的角度观察,作为加拿大民事诉讼立案受理机构的法院登记处,在性质上属于司法行政

---

① 王亚新:《变革中的民事诉讼(增订版)》,北京大学出版社2014年版,第34~35页。

机构。加拿大法院登记处虽然属于法院的内设机构,但是与法院不同层级审判机构的独立运作不同,法院登记处存在上下层级间的管理关系,法院登记处的总部位于加拿大渥太华市,其余各登记处分布在全国各地。所有原始的法院文件都保存在渥太华市的法院登记处总部,而任何特定文件的认证副本都由当事人接近的当地法院登记处保管。立案受理机构的司法行政化本质上体现了案件事务管理权与案件裁判权的分离,两权分离的设置是司法规律的体现,有助于审判专业化与案件审理效率的提高,同时案件事务管理权的有效行使也是案件裁判权得以公正行使的重要保障,加拿大将法院登记处统一在法院行政服务机构之下,体现了法院登记处为案件审判服务的司法行政化职能[①]。

司法行政机构作为负责与司法审判相关的事务性管理以及处理相关事务性问题的机构,虽然与负责审理裁判的审判庭同为法院的内设机构,但是在机构的性质及其功能定位上却存在很大的差别。其差别不仅表现在立法设置两种不同类型机构的目的不同,即审判庭是为了具体审理裁判纠纷而设的,法院登记处是为了辅助以及协助案件审理而设的,以及性质上司法审判机构是从事司法审判的组织,而司法行政机构是从事与司法审判相关的事务性管理的组织,而且在功能与权限上,审判机构享有法律赋予的审理裁判纠纷的权力,司法行政管理机构享有的却仅仅是管理以及处理与案件有关事务的权力。

加拿大法院登记处的职责主要在于服务审判和引导当事人诉讼,具体工作包括告知当事人必要的程序事项、管理当事人提交的诉讼文件、审查诉讼文件的完整性、充当宣誓官等。而联邦法院开具的法院登记处权力负面清单也强调登记处法院登记处不得给予当事人法律建议、不得向当事人推荐律师、不得指导当事人进行具体的诉讼活动,甚至要求法院登记处不得解释法官或首席书记官作出的命令、不得在庭审前让当事人联系法官或首席书记官。从法院登记处的权限可以看出,法院登记处仅具备处理案件程序事务的权力,一切涉及案件判断(包括原诉文件归档与否的最终决定权)的权力均牢牢掌握在法官与首席书记官手中。

此外,加拿大民事诉讼立案受理程序中送达制度也颇有特色,既不同于英美法系国家以当事人送达为主,将送达视作当事人自己责任的观念,也不同于大陆法系国家以职权送达为主并将诉状有效送达作为诉讼启动的要件之一的做法。法院登记处签发原诉文件交由执行员送达对方当事人并于送达后提交

---

① See Courts Administration Service.available from:http://www.cas-satj.gc.ca/en/home.shtml.

送达证明至法院登记处。送达制度中的最具特色的程序设置为法院的确认送达制度,以及为保障受送达人的利益而赋予受送达人提出送达异议的权利。

二、影响制度构建的基本理论

民事诉讼并非静态的程序设置所能涵盖,在程序立法之外,民事诉讼是一种动态的存在。一方面在个案中,程序设置需要在诉讼流程中检验其是否符合民事诉讼的自身规律与制度目的,另一方面就民事诉讼与社会关系而言,主导某一阶段社会发展的理论观念将显著影响民事诉讼的展开,而随着社会变迁与思潮更迭,民事诉讼在社会中的定位与功能,乃至所承载的社会期望都在变化。正如大陆法系国家自由诉讼观向社会诉讼观的转型与二战后自由主义观念的勃兴与式微不无关系。

诉讼制度作为对诉讼场域的系统化规定,不仅是立法者基于特定目的而对有关诉讼主客体、诉讼行为、诉讼程序设置以及相关问题的规定,而且就制度变迁的角度而言,立法者对于诉讼制度构建中所涉基本问题的抽象理解、观念认识及其基本理论思想,客观上构成了诉讼制度的内在规定性。意即主导立法的基本理论思想不同,有关程序制度的设置以及具体程序性规定就有所不同。如同奔驰的火车,无论驶向何方,仍旧在铁轨之上。

由于任何国家有关程序法律的规定及其制度的设置,都无不与主导程序设置的基本理论思想存在直接的关联,以及受制于特定的理论思想,而诉讼程序制度的构建与主导立法基本理论思想的这种联系,作为各国诉讼法律规定以及程序制度设置都无法背离以及违背的规则,加拿大民事诉讼的程序立法及其程序制度的构建也概莫能外。从加拿大民事诉讼立案受理制度及其相应立法规定来看,加拿大民事诉讼立案受理制度的设置、基本构造以及具体规定,不仅与下述有关理论思想有关,可以说也直接受到下述理论思想的影响。

(一)接近正义理念

随着二战后福利国家观念的兴起,包括加拿大在内的西方国家兴起了一场以"接近正义"理念为导向的司法改革运动,其目标旨在保障公民能够获得便利、经济和有效的司法救济,实现司法公正与民权保护。上世纪后半叶,加拿大民事司法面临危机,一方面诉讼案件呈爆炸式增长,另一方面传统民事程序僵化,既无法应对诸如集团诉讼等新型诉讼的冲击,也无法摆脱诉讼费用高昂,程序拖延严重的窠臼。因而在"为民事司法体制开启一项全面的战略,努力提供一个更快捷、更简化、更高效的结构,以便最大化地利用分配给民事司法的公共资源"①的目标指引下，加拿大开启了以"接近正义"为理念的民事程序改革。

加拿大司法改革论坛（CFCJ）②认为"尽管不容易定义，接近正义（access to justice）理念泛指公民能够利用包括但不限于法院的司法救济工具解决争议，有效的接近司法不仅指降低诉讼成本、利用律师和法院，而且这一泛化的术语在更普遍的意义上是指司法体制在满足公民纠纷解决需求方面的有效性"③。在最近的20年里，接近正义理念正主导着加拿大民事程序改革。大多数省份和联邦法院都在努力改善民事程序以适应现实的需要。这些改革日益关注民事程序的成本和拖延问题，因司法贫乏的可利用性而导致的法律援助计划的产生和发展，小额索赔法院、集团诉讼程序以及替代性纠纷解决的方法，如家庭法中的调解。在同一时期，为满足民事程序简化与合理化的需求，（民事程序）改革机构在许多省份应运而生，其中一些省份广泛地修改了当地的民事程序规则。民事程序改革必须在形式与实质之间取得一种微妙的平衡。一方面，程序法应当服务于实体法。诉讼当事人依凭自身的主张应当迅速获得听审，并且不应该被迫为必须采取何种方式提交主张和获得听审而辩论。另一方面，程序规则本身是实现司法公正的基础。在对抗制的裁判程序中，法院裁判在很大程度上取决于争议如何呈现于诉讼中，而这又取决于民事程序规则如何协助当事人准备诉讼④。

加拿大司法改革论坛从民事司法系统、法院架构与运行、诉讼过程与管理、诉讼延迟、司法成本、多元纠纷解决机制（ADR）等方面系统搜集了加拿大国内的相关调查报告，其中案件流程管理（caseflow management）与简易诉讼程序是在"接近正义"理念引导下各省和联邦法院大力推行的重要改革举措。

---

① See Chief Justice of Ontario. Evaluation Of Civil Case Management In The Toronto Region. 2008. p.3.

② 加拿大司法改革论坛是一个（加拿大）全国性的非营利性组织。自1998年至今，该组织始终致力于通过研究和倡导推进加拿大国内的民事司法改革。该组织将民众置于民事司法改革的中心，通过引导和参与改革项目，努力使民事司法系统更易于接近、更有效、更可持续。See Canadian Forum on Civil Justice. available from：http://cfcj-fcjc.org/about.

③ See Access to Justice. Canadian Forum on Civil Justice. available from：http://cfcj-fcjc.org/clearinghouse/access-justice.

④ See The Reform and Future of Civil Procedure. Historica Canada. available from：http://www.thecanadianencyclopedia.ca/en/article/civil-procedure/#h3_jump_0.

1.案件流程管理(CFM)制度

案件流程管理是指在诉讼程序中,法院在决定诉讼步骤和案件运行方面发挥主导作用的制度设计[①]。该制度旨在强化法院对案件的管理作用,从放任的当事人进行主义转向管理型司法。加拿大传统民事诉讼观念认为,起诉到法院的案件主要是当事人及其代理律师的职责且法院的作用局限于提供裁决。在此种观念支配下的司法体制削弱了政府作为公共服务(司法救济)提供者的职能,也削弱了司法人员管理案件和引导诉讼及时有序进行的职责。案件流程管理制度强化了法官对诉讼行为的引导作用,其中包括:[②](1)简化诉讼程序的启动方式。案件流程管理制度的起点即在于简化诉讼程序的启动方式。而简化起诉方式实质上是对当事人诉权的保障,为当事人及时有效地利用法院维护权益提供了有力保障。由于加拿大多数省和联邦均受英美法的影响,加拿大各省和联邦早期的民事程序规则体系庞杂,程序烦琐。这不但是诉讼成本高昂、诉讼拖延严重的重要因素,也给诉讼当事人利用法院寻求司法救济造成了障碍。在早期的民事程序中,立法者保留了附属于案情摘要的事实陈述部分,将其作为提起诉讼的首选程序模式,但在实际运作中,大量案件是当事人通过运用许多不同规则的动议而提起的,而起诉程序和规则的多样化已经导致民事诉讼程序复杂性的增加,甚至导致诉讼中某些程序争议胜过案件的事实与法律争议。正因为如此,加拿大《联邦法院规则》摒弃了传统上多样化的起诉方式,以原诉文件的签发作为诉讼开始的唯一方式。(2)均衡当事人间的权利义务关系。作为案件流程管理制度的一个重要面相,均衡当事人间权利义务关系的初衷在于克服僵化的对抗制带来的诸多弊病。对抗制是英美法系民事诉讼的核心,但过于保守的对抗制使得诉讼形同竞技,看似保障了诉讼双方的地位平等,但由于诉讼双方间诉讼遂行能力的差异(在某些诉讼中甚至是悬殊)而有可能导致诉讼双方实质上的武器不对等。因而需要法院给予处于弱势一方的当事人适当的程序保障以利司法公正。这种均衡性既体现在当事人双方间权利义务的平衡与对等,也表现为平衡法院与当事人权限配置的考量。在诉讼中,当事人应当避免那些意图对对方当事人造成损害的行为,同时也应当避免滥用权利和不当的诉讼行为,为此,法院可以基于确保诉讼进程的及时有序而对程序进行适度干预,加拿大《联邦法院规则》在原诉文

[①] See Chief Justice of Ontario, Evaluation Of Civil Case Management In The Toronto Region, 2008. p.1.

[②] 常怡:《外国民事诉讼法新发展》,中国政法大学出版社2009年版,第327~345页。

书的送达规则部分以及民事立案受理效力上都体现了法院对案件流程的干预,但同时也给予当事人必要的程序保障以便当事人及时提出异议。(3)设定程序进展期限。对程序进程的期限设定与当事人失权制度息息相关,通过规划及设定程序进展的时间表约束当事人及法院自身及时推进诉讼。如在安大略省,若案件在被告提交抗辩之日起2年内尚未列入正式庭审名单的,法院登记处将向当事人送达一份案件状况通知书,提醒当事人该案因延误而终结诉讼,除非在该通知送达之日起90天内被确定进入正式庭审①。加拿大《联邦法院规则》也规定诉讼程序各个步骤的期间,以及对超期审理的审查与限制。

2.简易诉讼程序

简易诉讼程序旨在通过将案件繁简分流,使某些案件获得更便捷迅速的审理,加拿大各省几乎都在发展简易诉讼程序,魁北克省更是要求省内每一个法院都必须建立简易诉讼程序。虽然各省或联邦对适用简易诉讼的条件不尽相同,但是都较为一致地采取了以案件标的额划分的一般性标准,如阿尔伯特省对标的额不超过75000加元的案件适用简易诉讼程序,而安大略省、萨斯喀彻温省以及联邦法院启动简易诉讼程序的限额应不超过50000加元。其中,安大略省规定如果当事人同意或者法庭认为适宜的,即使案件标的额高于规定的限额,仍可以适用简易诉讼程序。多伦多地区法院每年有超过25%的案件采用简易诉讼程序审理,其中重要的原因在于简易诉讼尽可能保持审前程序的简便与经济②。

近年来,简易诉讼程序改革的一个重要动向是在该程序内引入强制调解(mandatory mediation)。对当事人而言,强制调解的引入可能是一个强烈的激励,促使当事人在诉讼开始前以及尚未对诉讼投入太多时就考虑他们的地位。由于强制调解制度的引入,可以预料在调解或审前会有不断增加的案件得到解决。同时,审前会议在诉讼过程中的地位日益重要。此外,简易判决的使用也得到了鼓励。简易诉讼程序的推广最直观的作用在于成功地减少了解

---

① See Chief Justice of Ontario, Evaluation Of Civil Case Management In The Toronto Region,2008,pp.10-13.

② See Chief Justice of Ontario, Evaluation Of Civil Case Management In The Toronto Region,2008,p.9.

决纠纷的时间,贯彻了对接近正义理念的追求①。

（二）程序当事人理论

程序当事人理论,指的是从诉讼程序角度来确定当事人的理论。由于这种理论是从诉讼程序即诉讼形式的角度确定当事人,又被称为形式当事人理论。按照这种理论的观点,在民事诉讼中,应当认可一切符合起诉条件程序要求的人与应诉的人为当事人,而不论这些人是否与其所主张的利益有关,也无论这些人所主张的利益是否得到了有关法律的承认。②

这种从诉讼程序的角度来看待以及认定当事人的理论,与所谓实体当事人理论,即从当事人之间实体法律关系的角度来认识以及确定当事人的理论差异显著,其最主要的差异在于两种理论各自确定当事人的标准不同。实体当事人理论主要考量的三个要素为:(1)以自己的名义起诉或者应诉;(2)对诉讼标的享有实体法上的权利或承担实体法上的义务(与案件争议的事项有直接的利害关系);(3)受本案判决的拘束。相对于实体当事人理论,程序当事人理论确定当事人的标准,不是当事人之间是否存在的实体法律(利害)关系,而是行为人是否实施了符合法律规定的诉讼程序与条件。换言之,只要满足上述要素(1)的要求,即以自己的名义遵循符合诉讼程序规定的程式、条件向法院提出诉讼请求的人,就是民事诉讼中的当事人,法院就应当予以登记立案并赋予当事人诉讼的地位。至于该当事人是否真正享有实体上的权利,在这种理论看来则属于诉讼另一个阶段解决的问题,即立案登记以后案件进行实质审理阶段,由法官进行评价、判断与裁决的问题,而不是立案受理阶段所应当承担的任务以及所要解决的问题。无论是加拿大《联邦法院规则》对民事诉讼立案受理程序的规定,还是联邦法院对法院登记处职权的界定,都显然与其程序当事人的理论思想存在直接的联系。

---

① 从安大略省多伦多地区法院的实践来看,引入强制和解程序后的简易诉讼审理期限平均比其他诉讼审理期限少100—200天,简易判决的使用率也从2％增加到了23.5％,可见简易诉讼确实在实现及时有效解决纠纷方面的巨大价值,贯彻了对接近正义理念的追求。See Chief Justice of Ontario, Evaluation Of Civil Case Management In The Toronto Region, 2008, pp.19-21.

② 常怡：《民事诉讼法学》,中国法制出版社2008年版,第147页。

第九章 西方民事诉讼立案受理制度的基本特征、设置理念

以美、英、法、德、日等国为代表的西方主要法治发达国家,从诉权保障的角度出发,在奉行完全的当事人主义的民事诉讼进程中,对当事人启动民事诉讼程序进行了科学有效的制度安排:一方面,当事人被赋予充分的程序自主权,原告在启动程序方面获得了足够的便利,仅需提交格式化的诉状几乎成为各国通行的惯例;另一方面,为防止原告滥用诉权浪费司法资源,导致被告无必要地卷入诉讼,又赋予了被告异议和防御的权利,法院在必要时也可行使法定职权进行干预。与此同时,在社会不断变迁的背景下,各国均对现有的起诉受理制度进行了契合本国实际的修正与完善,分属于两大法治传统的上述国家在一定程度上达成了共识(或者是默契),当然仍然存在着非常鲜明的历史和传统的烙印。这些成熟和完善的制度经验,毫无疑问可供我国进一步改进民事诉讼立案受理制度学习与借鉴。

第一节 西方民事诉讼立案受理制度的基本特征

一、大陆法系与英美法系国家的共性特征

(一)当事人诉权或程序基本权利保障是立案受理制度的正当性基础

尽管早在古罗马法时代,"诉权"的概念就已经出现,并兼具实体和程序的内涵;罗马法学家关注的并非在特定情境下的民事权利是否存在,而是通过诉讼能够实现什么的问题,在此民事权利仅仅是民事诉讼的投影而已;他们"对于民事法律关系的存在、内容和效力这样一些实体法问题和有关通过诉讼实

第九章 西方民事诉讼立案受理制度的基本特征、设置理念

现民事权利的条件和形式以及诉讼行为的后果等程序法问题,是不加区别的"。① 由于历史传统的原因,在部门法领域对诉权概念的进一步讨论和研究主要是在大陆法系国家进行的,诉权理论的发展也先后经历了"私法诉权说"与"公法诉权说"的两个标志性的阶段,最具代表性的法国甚至在民事诉讼法典当中明确规定了具体的诉权类型。时至今日,关于诉权的讨论仍未停止,在德国、日本等国,诉权成为属于当事人的诉讼要件之一,②用来评价诉合法与否。在英美法系国家,尽管随着历史的发展制定法的影响和适用范围在不断地扩大,但是其事实出发型的诉讼思维和传统却是根深蒂固的,诉讼优于权利,程序优于实体的理念一直在发挥着实质的作用,并被司法机关采用,这也使得英美法系的各国免去了诉权理论在大陆法系国家那般庞杂烦琐的发展进程。③

真正上升到基本人权性质的诉权理论发端于欧洲的近现代。作为西方法律思想的一条重要主线,自然法思想中的自然权利理论认为在自然状态下,每个人自然的权利是无限的,④而所谓的这种权利指的是,每一个人可以按照自己所愿意的方式并运用自己的力量来保护自己的天性,也就是保全自己的生命即自由。因此,这种自由指的就是用他自己的判断和理性认为最适合的手段去做任何事情的自由。⑤ 其为诉权提供了肥沃的土壤,近代的启蒙运动则为诉权理论的进一步发展提供了最直接的契机和动因。自然正义的两个重要原则——"任何人不得在与自己有关的案件中担任法官"和"必须给诉讼当事人各方充分的机会陈述本方的理由"⑥也得到更为广泛的认可和适用。进入20世纪,程序基本权出现两种发展趋势:第一,宪法化的趋势,比较典型的明示模式如日本在宪法中将裁判请求权确定为国民的基本人权,默示方式如美国的程序基本权隐含在宪法修正案的条文当中,其他方式如法国以宪法判例的方式予以展现。第二,国际化趋势。在二战之后,基本人权的内涵得到进一步的丰富和拓展,并且已不再仅仅是一国的内部事务,成为国际社会共同关注的重点问题之一。作为基本人权重要组成部分的程序基本权首当其冲,在一

---

① [苏]顾尔维奇:《诉权》,康宝田、沈其昌译,中国人民大学出版社1958年版,第2页。
② [日]新堂幸司:《新民事诉讼法》,林剑锋译,法律出版社2007年版,第171页。
③ [苏]顾尔维奇:《诉权》,康宝田、沈其昌译,中国人民大学出版社1958年版,第46~47页。
④ 吕世伦:《西方法律思想史论》,商务印书馆2006年版,第100页。
⑤ [英]霍布斯:《利维坦》,黎思复、黎廷弼译,商务印书馆1985年版,第94页。
⑥ 樊崇义:《诉讼原理》,法律出版社2004年版,第228页。

系列全球性和区域性的国际公约中得以明确规定,如《公民权利和政治权利国际公约》、《美洲人权公约》、《欧洲人权公约》等均将程序基本权的确认与保障视为人权实现与否的重要评价标准。在这两大趋势的作用下,程序基本权的内涵与评判标准也在世界范围内达成了一定的共识:虽然程序基本权的称谓有所不同,如公正审理权、正当程序权、接受裁判权等等,但是它属于集合性的权利,主要包括有诉诸法院获得救济的权利和接受公正程序审判的权利。①在程序基本权发展的影响下,各国民事诉讼制度的修订与完善亦沿袭了其精神内核,而在起诉与受理制度中体现得更为显著。

(二)对民事诉讼程序启动实行司法行政化的形式审查

1.对诉状的形式审查

为贯彻对当事人诉权的平等保护,保证当事人能够较为便利地接近司法,同时遵循民事诉讼对审制的基本要求,西方各国在启动民事诉讼的制度安排上均实行对原告诉状的形式审查主义:亦即原告提交的诉状在内容上满足法律的基本要求即可启动民事诉讼。与此同时,为使当事人书写诉状便利以及法院的形式审查便于进行,通过不同形式对诉状应记载的事项内容予以明示。大陆法系国家基于成文法的传统,均在本国的民事诉讼法典中对诉状的内容进行了详尽的规定:通常包括当事人及其诉讼代理人的基本信息、法院名称、诉讼标的及其原因、诉之声明或请求等②。英美法系国家则通常是在本国最高法院颁布的民事诉讼规则当中规定诉状的内容,并辅之以格式化范本,如《美国联邦民事诉讼规则》第8条、第10条以及附则的格式1、格式2、格式7、格式8、格式11至格式21表明应当记载诉讼性质、管辖权和审判地、当事人基本信息、起诉的事实背景以及救济请求;③《英国民事诉讼规则》第7条第1

---

① 汤维建:《外国民事诉讼法学研究》,中国人民大学出版社2007年版,第183～184页。
② 《德国民事诉讼法》第253条(《德国民事诉讼法》,丁启明译,厦门大学出版社2016年版,第58页)、《日本民事诉讼法》第133条,《最高裁判所民事诉讼规则》第53条(《日本民事诉讼法》,曹云吉译,厦门大学出版社2017年版,第48页、第432页)、《法国民事诉讼法》第58条(《法国新民事诉讼法典(上册)》,罗结珍译,法律出版社2008年版,第129页)。
③ 《美国联邦地区法院民事诉讼流程》,汤维建、徐卉、胡浩成译,法律出版社2001年版,第111～122页;Stephen C.Yeazell, Federal Rules of Civil Procedure with Selected Statutes, Cases, and Other Materials-2013, Wolters Kluwer Law & Business,2013, pp.33-34,p163,p169,pp.171-189.

第九章 西方民事诉讼立案受理制度的基本特征、设置理念

款至第 4 款、第 8 条第 1 款至第 2 款①以及《加拿大民事诉讼规则》第 25 条第 1 款至第 11 款②对诉状的内容也有类似的规定。经过对诉状的形式审查,如若发现诉状内容没有满足法律的强制性规定,法院通常可指令原告对瑕疵进行补正,经补正后起诉即为有效;如果拒不补正,那么有可能导致诉被驳回。

另外,值得引起关注的是,以往当事人传统的提交诉状的方式是直接向法院的书记处或书记室提交纸质书面的诉状,在 21 世纪电子诉讼悄然兴起的大环境下,③当事人通过电子文件的形式直接向法院运行良好的接收设备发送诉状开始被越来越多的国家通过立法予以认可。当事人提交诉状的形式将变得更加多元,更为便利,法院对诉状的形式审查也将会更加高效。

2.形式审查主体的专门化和职业化

一方面,既然法院对当事人的起诉实行诉状的形式审查,该审查并非审判活动,那么照此逻辑,审查的主体自无必要由法官担任;另一方面,出于法院各类人员职责科学划分的管理学考量,让法官摆脱琐碎的事务性工作,更有利于其集中精力专司审判职能,也能够使法院实现高效的案件管理。从西方各国的制度安排来看,他们均设置有专门的书记室、书记员处或者登记室,对诉状进行审查的主体一般交由书记官或书记员完成。从书记员的职责范围来看,大多负责掌管编案、记录、文牍、统计等工作,④在起诉阶段的诉状审查、收发文件以及随后的案件分配、排期开庭均属于典型的书记员工作事项;从书记员的任用资格来看,与法官任用资格有别,大多以通过专门的书记员考试规程或者相应的研修课程为任用原则;从书记员的管理序列模式上看,书记员本身并非晋升法官的必经途径,法官亦不能越俎代庖取代书记官的职位,书记员有自己专门的职务序列和保障⑤。此外,根据各国的惯例,书记官一般还有权处理

---

① See The Civil Procedure Rules Supreme Court of England and Wales County Courts(26th April 1999)Rule 7.1 Where to start proceedings,Rule 7.2 How to start proceedings,Rule 7.3 Right to use one claim form to start two or more claims,Rule 7.4 Particulars of claim,Rule 8.1 Types of claim in which Part 8 procedure maybe followed,Rule 8.2 Contents of the claim form.

② See Canada Courts of Justice Act Rules of Civil Procedure(R.R.O. 1990,Regulation 194) Rule 25 Pleadings in an Action.

③ 王福华:《电子诉讼制度构建的法律基础》,载《法学研究》2016 年第 6 期。

④ 杨天勇:《法院书记员职业化概论》,中国政法大学出版社 2015 年版,第 5 页。

⑤ 如日本法院的书记员属于终身制国家公务员,还设立了书记员—主任书记员—次席书记员—首席书记员的职务序列。杨天勇:《法院书记员职业化概论》,中国政法大学出版社 2015 年版,第 6 页。

审判权的附带性事务。如英国治安法院的书记官还可就法律问题在审判中向法官作出提示,各郡法院的书记官还可审理数量不超过200英镑诉讼标的额的赔偿案件;美国联邦地区法院的书记官还需要尽最大能力确保案件富有效率的运转,并指导与协助案件当事人遵循地区法院的管理规则和程序规则,并向需要者提供特定案件的信息;日本法院的书记官还有义务协助法官对法令和判例进行调查。① 书记员的这种职业化、专门化分工设立,服务于法官的专心裁判,旨在保证法院诉讼活动的明确性与规范性。

(三)合法之起诉均产生相应的程序法和实体法法律效果

1.程序法上的法律效果

合法有效的起诉在两大法系的法律规定与司法判例中均会产生以下程序法上的法律效果:第一,诉讼标的的确定。根据此效果,在已经开启的诉讼程序中,一方当事人未经对方当事人的同意和法院的准许,一般不得随意进行诉的变更,否则将会导致已经进行过的审查和审理活动推倒重来,浪费原本就已非常紧缺的司法资源,无端增加对方当事人的讼累。第二,禁止重复起诉。重复起诉主要包括两种类型:一种是在已经获得一份生效判决的基础上,以同一事实同一诉讼请求再次向法院起诉同一当事人;另一种是在正在进行的一个诉讼之外,以同一事实同一诉讼请求再次向另一法院起诉同一当事人。重复起诉历来被视为诉讼法上的病理现象,可能会导致相互矛盾的裁判影响司法权威,同时造成司法资源的浪费。② 因此,各国都非常明确地在程序法上禁止当事人重复起诉。

2.实体法上的法律效果

起诉在实体法上的效果则主要表现在诉讼时效的中断,关于诉讼时效中断时间的起算点一般均以原告提交诉状至法院的时间点为准,对于有瑕疵的诉状进行补正后合法的情况通常会采用回溯的方式认可起算点。除此之外,不同国家还分别规定了其他的一些实体法效果,比如德国、日本还规定了增加

---

① 孟昭科:《怎样做好书记员》,人民法院出版社2001年版,第16页;《美国联邦地区法院民事诉讼流程》,汤维建、徐卉、胡浩成译,法律出版社2001年版,第5页;杨天勇:《法院书记员职业化概论》,中国政法大学出版社2015年版,第6页。

② 张卫平:《重复诉讼规制研究:兼论"一事不再理"》,载《中国法学》2015年第2期;许士宦:《重复起诉禁止原则与既判力之客观范围》,载《台大法学论丛》2002年第6期。

第九章 西方民事诉讼立案受理制度的基本特征、设置理念

责任、保存权利、产生诉讼利息的请求权等效果。①

(四)对不合法之起诉以及无必要之起诉均设置了规制措施

1. 设置既判力规则剔除当事人的重复诉讼

既判力规则(res judicata)是源于古罗马法的一个古老的规则,指的是"确定判决之判断被赋予的共有性或拘束力"②。从普通法的角度观之,既判力或者称为既决事项的概念,直接源自先例判决,主要作为一种阻却将来诉讼的方式而存在。③ 确立既判力规则的根据主要在于法院生效判决不可或缺的安定性和权威性,详言之,如果生效判决能够被随意推翻,纠纷的解决将失去终局性,司法机关的存在也就失去了实际意义。一般来讲,既判力规则主要有两个方面的作用:第一,积极作用。主要表现在法院应以既判事项为基础来处理新诉,关于基准时的权利状态以既决事项为基准,不得作出相互矛盾的认定,与之相应,当事人也不得作出相互矛盾之主张。④ 第二,消极作用。主要指当事人不得就同一诉讼标的再行起诉,否则将会被法院予以驳回。⑤ 针对当事人重复起诉的不合法行为,法院主要通过既判力的消极作用予以规制。

2. 对当事人滥用诉权的行为采取相应的规制措施

在法律充分保障当事人程序性基本权利的条件下,极有可能带来的一个副产品即为诉权的滥用。在世界各国几乎均不同程度地出现当事人频繁提起毫无意义甚至是荒谬的诉讼,或者仅仅是为了使被告牵涉其中的诉讼,占用紧缺的司法资源,对于此类现象,各国均采取了必要的规制措施。对于此类起诉,不符合法律规定要件的直接予以驳回,同时赋予被告主张损害赔偿的请求权,对于造成恶劣社会影响和严重法律后果的,法院可以对当事人进行财产性和人身性的法律制裁。

(五)当事人在起诉的同时必须交纳足额的诉讼费用方能启动后续程序

当事人接近正义和司法是现代西方法治发达国家达成的宪法性共识。而

---

① [德]汉斯-约阿希姆·穆泽拉克:《德国民事诉讼法基础教程》,周翠译,中国政法大学出版社 2005 年版,第 79~81 页;汤维建:《外国民事诉讼法学研究》,中国人民大学出版社 2007 年版,第 280 页。
② [日]高桥宏志:《民事诉讼法制度与理论的深层分析》,林剑锋译,法律出版社 2003 年版,第 475 页。
③ [美]杰克·H.弗兰德泰尔、玛丽·凯·凯恩等:《民事诉讼法》,夏登峻等译,中国政法大学出版社 2003 年第 3 版,第 611 页。
④ 骆永家:《既判力之作用》,载《既判力研究》,三民书局 1999 年版。
⑤ 骆永家:《既判力之作用》,载《既判力研究》,三民书局 1999 年版。

这项宪法性的权利其付诸实际肯定要面对的一个制约性因素即为诉讼和司法成本。而作为利己主义的民事诉讼,自然首先应当由当事人自行承担相应的诉讼费用。因此,诉讼费用制度成为世界各国民事诉讼法必不可少的组成部分。从确保当事人理性诉讼的角度观之,诉讼费用制度还能够在一定程度上实现防止滥用诉权的价值目标。

从诉讼费用的构成来看,主要涉及公共成本和私人成本的比例分担问题,亦即国库承担和当事人承担的比例问题,比如对送达费用、鉴定费用、证人出庭的相关费用等等的划分比例问题。案件受理费除了极个别国家,绝大多数的国家都采用的是诉讼有偿主义,差别仅仅在于是高度有偿还是低度有偿。①除了诉讼费用的一般承担原则之外,各国法律出于人道主义的考虑,针对经济困难的当事人还专门设立了诉讼费用的救助制度,符合救助条件的当事人经过申请可以缓交、减交甚至免交诉讼费用。当事人若不具备诉讼费用救助的条件,则应当在提交诉状后,根据法院的指令,在规定时间内预交诉讼费用,否则将无法启动后续程序,并有可能导致诉的撤回之效果。

二、大陆法系与英美法系国家的个性特征

(一)大陆法系国家的独有特征

1.法院在案件受理上享有主动权

虽然从民事诉讼模式上来看,两大法系均属于当事人主义,但是相对而言大陆法系国家法官在民事诉讼中的职权性更为突出。在起诉阶段,当事人的起诉与法院的受理分别是两种不同性质的行为,起诉并不必然意味着受理。在法国,针对当事人普通的起诉方式(法院传票或者合并请求书),受理是一个专门的诉讼阶段,诉讼程序会发生一个短暂的停顿,因为"初始诉讼请求不能有效地创建新的诉讼法律关系,而只有司法机构对案件的受理才能创建诉讼法律关系"②。而当事人在合并请求书上签名或签收法院传票都不足以使案件被法院受理,当事人还必须完成将合并请求书提交到法院和将签收的法院传票副本送交到法院的秘书机构。而在法院受理之后,将会发生将案件登记

---

① 汤维建:《外国民事诉讼法学研究》,中国人民大学出版社2007年版,第470页。
② [法]洛伊克·卡迪耶:《法国民事司法法》,杨艺宁译,中国政法大学出版社2010年版,第415页。

第九章　西方民事诉讼立案受理制度的基本特征、设置理念

和建立相关案件档案的效果。① 在德国,诉的成立除当事人合法的起诉行为之外,还必须经过法院将诉状副本依法送达被告,如果不能送达,那么诉不成立,诉讼系属不发生。② 在日本,裁判长享有诉状审查权,当诉状违反民诉法关于记载事项的规定时,可令当事人在一定期间内进行补正,如果拒不补正,裁判长可以以命令的形式驳回诉状。若诉状合法,则裁判长应当在受理的同时立即指定口头辩论期日,并传唤当事人。③ 从上述国家的法律规定来看,法院的受理是诉是否成立的关键一环,在受理阶段法院可以实施法定的职权。

2.通过诉讼行为和诉讼要件评价诉的效力及其合法与否

(1)当事人起诉属于典型的取效行为,其效力发生与否最终取决于法院。在处分权主义原则之下,当事人影响民事诉讼的进程和结果首当其冲的是其实施的各种诉讼行为。所谓当事人的诉讼行为指的是"建立在行为意思基础上的、以引起某个'效力主要处于诉讼领域内'的后果为目的的当事人外在行为"④,其以开始、继续和结束程序为主要目的。当然,在民事诉讼中,并不是所有的诉讼行为只要当事人一付诸实施就必然会发生其意图达到的效力和法律效果,毕竟在诉讼法律关系中,法院也是必不可少的一环。因此,根据诉讼行为是否会直接产生诉讼法上的效力来对诉讼行为进行分类便具有了非常重要的意义。照此标准,诉讼行为可划分为与效行为(或直效行为)和取效行为(起因行为)⑤,前者指的是不直接发生和单独达到预期效力,而是在其引起之下获得法院的帮助或准许方可;后者则是指"无须借助法院活动的中介,就会发生诉讼效力并创造特定的诉讼状态"⑥。当事人的起诉属于典型的取效行为,因为该行为的实施最终是否合法需要满足一系列的前提要件,如当事人是否具有权利能力和诉讼能力,以及法定代理的情形下代理人是否享有代理权、

---

① [法]洛伊克·卡迪耶:《法国民事司法法》,杨艺宁译,中国政法大学出版社 2010 年版,第 416 页。
② 汤维建:《外国民事诉讼法学研究》,中国人民大学出版社 2007 年版,第 279 页。
③ 《日本民事诉讼法》,曹云吉译,厦门大学出版社 2017 年版,第 49 页。
④ [德]汉斯-约阿希姆·穆泽拉克:《德国民事诉讼法基础教程》,周翠译,中国政法大学出版社 2005 年版,第 96 页。
⑤ [德]汉斯-约阿希姆·穆泽拉克:《德国民事诉讼法基础教程》,周翠译,中国政法大学出版社 2005 年版,第 96～97 页;[德]奥特马·尧厄尼希:《德国民事诉讼法》,周翠译,法律出版社 2003 年第 27 版,第 163～164 页。
⑥ [德]奥特马·尧厄尼希:《德国民事诉讼法》,周翠译,法律出版社 2003 年第 27 版,第 164 页。

任意代理的情形下是否享有被代理人的合法授权等问题。法院成为对诉讼行为是否具有效力进行评价的唯一主体。

(2)法院通过诉讼要件的审理,对当事人起诉进行合法性评价。所谓诉讼要件,指的是为作成本案判决所需的要件,①若欠缺诉讼要件,法院原则上将会以诉讼判决的方式驳回当事人提起的诉。在经历当事人向法院提起诉状,法院对诉状进行形式审查予以受理之后,即进入对该诉的合法性进行评价和审理的阶段。之所以进行合法性的评价,主要是为了防止没有意义、欠缺诉之利益等案件占用有限的司法资源。在大陆法系国家,出于判决安定性的考量,对诉讼要件的现行审理模式是抛弃了古罗马法以来实行的"法定序列主义"和之后出现的"同时提出主义",采用并行审理主义,亦即将诉讼要件与本案要件的审理一并进行。对诉讼要件进行审理这样一种更具有程序意义的做法,事实上与本案要件的实体审理融为一体。

大陆法系各国和地区诉讼要件囊括的审查事项并不是完全相同的,但是基本上均由涉及法院的诉讼要件、涉及当事人的诉讼要件以及涉及诉讼标的的诉讼要件构成。根据是否需要法院依职权调查的标准,可将上述事项划分为职权调查事项和当事人抗辩事项。当事人抗辩事项主要包括是否存在仲裁协议、不起诉契约、诉讼费用等担保提供之申请,②除此之外的大部分诉讼要件均属于法院职权调查事项,如法院管辖权(包括国际裁判管辖权和国内管辖权)、当事人能力及诉讼能力、诉讼是否已被系属、该争议不存在已经发生既判力的判决等等。③ 从诉讼要件的审查顺序上来看,各国法律对此均没有作出明确的规定,理论界也没有就这一问题达成完全统一的意见,较具有代表性的是遵循先易后难的原则,具体来说是从与本案内容关系不大的抽象事项入手向具体要件逐步推进:"管辖权(包括国际裁判管辖权、国内事务管辖权、地域管辖权等)→当事人能力与诉讼能力及代理权→诉讼费用担保→诉讼合并或

---

① [日]高桥宏志:《重点讲义民事诉讼法》,张卫平、许可译,法律出版社2007年版,第1页。

② [日]新堂幸司:《新民事诉讼法》,林剑锋译,法律出版社2007年版,第171页。

③ [德]奥特马·尧厄尼希:《德国民事诉讼法》,周翠译,法律出版社2003年第27版,第177~178页;[德]汉斯-约阿希姆·穆泽拉克:《德国民事诉讼法基础教程》,周翠译,中国政法大学出版社2005年版,第71~81页;[日]高桥宏志:《重点讲义民事诉讼法》,张卫平、许可译,法律出版社2007年版,第4~5页。

第九章　西方民事诉讼立案受理制度的基本特征、设置理念

诉讼内之诉是否具备要件→诉的利益→当事人适格等。"①

根据上述审查事项和审查顺序,法院在审理过程中若在某一事项得出欠缺该要件的结论,即应停止审查工作,如果当事人有争议,那么法院可以在当事人言词辩论之后通过中间判决的方式表明对此问题的判断。如果经审理发现欠缺相关诉讼要件,法院可依职权命令当事人补正,而若没有可能补正或者当事人拒不补正的,法院可直接作出诉讼判决驳回原告提出的诉。该诉讼判决通常仅具有程序意义,对诉讼涉及的本案实体问题不发生实质上的既判力,当事人可以提出上诉,也可以在具备诉讼要件之后再次起诉。

3.通过诉讼系属规则防止当事人重复起诉

诉讼系属,是大陆法系国家民事诉讼理论中的基础性概念,它表征的是"通过起诉案件(何人对何人提起什么样的请求、向法院申请什么样的判决)获得特定,进而形成'特定案件由特定法院来审判'之状态"②。诉讼系属的发生时间通常以原告向法院提交诉状的时间为准,当然也有个别国家如德国以诉状送达被告之日为发生时间。③ 系属的时间"一直持续至判决发生既判力或者一直持续至能以其他方式结束诉讼之时"④,如诉讼和解、诉的撤回等。从诉讼要件的角度观之,诉讼不曾系属属于典型的消极诉讼要件,由法院依职权进行调查。换言之,作为消极诉讼要件的诉讼系属所具有的消极效力即为阻却效力,旨在防止对同一案件的双重裁判。当然,当事人也可以主动向法院提出诉讼系属抗辩,其前提要件是"后诉当事人双方必须承认第一个诉讼作出的判决的既判力针对他们"⑤,前诉与后诉的当事人存在权利继受的情形也属于重复起诉的范围。此外,诉讼系属还具有管辖恒定的效力,即当诉讼系属发生时已经存在的法院管辖权将继续存在,即便是管辖权所依据的情况已经发生

---

① [日]高桥宏志:《重点讲义民事诉讼法》,张卫平、许可译,法律出版社2007年版,第9页。

② [日]新堂幸司:《新民事诉讼法》,林剑锋译,法律出版社2007年版,第161页。

③ [德]汉斯-约阿希姆·穆泽拉克:《德国民事诉讼法基础教程》,周翠译,中国政法大学出版社2005年版,第78页。

④ [德]奥特马·尧厄尼希:《德国民事诉讼法》,周翠译,法律出版社2003年第27版,第220页。

⑤ [德]奥特马·尧厄尼希:《德国民事诉讼法》,周翠译,法律出版社2003年第27版,第222页。

了改变或已不存在。①

那么,应当如何判断后诉与正在系属的前诉属同一诉讼?通常存在主观范围和客观范围的界限:从主观范围来看,诉讼系属必须延展至前诉法院裁判的既判力对之发生效力的人,后诉的当事人发生地位上的互换仍然构成重复起诉;从客观范围来看,前后两诉的诉讼标的应当具有同一性。② 值得注意的是,关于诉讼标的同一性的认定问题,最终又回归到对诉讼标的采用何种学说,若基于纠纷的一次性解决的立场,诉讼标的的范围无疑会被扩大。③

(二)英美法系国家的独有特征

1.原告启动民事诉讼程序具有完全自主性

源自古日耳曼法的普通法,在民事诉讼制度上的一个非常重要的传统即为对抗制。"对于普通法的律师来说,这几乎是一种信仰:因为他们的民事诉讼程序是'对抗',因此它优于那种他们认为在别处使用着的'纠问制'的诉讼程序。"④对抗制有两个核心的理念,一是当事人(而且只能由当事人)通过事实主张确定诉讼的范围,另一个是法院只能根据当事人选择提交的证据来认定事实。⑤ 其最早在英国形成较为稳定和完善的制度系统,传入美国后获得了更大的发展空间,甚至成为能够代表美国经济、政治、文化和社会生活的标志,并产生了打上美国标签的"司法竞技理论"。正是在对抗制下,原告获得最为自由的启动民事诉讼程序的权利:一方面,原告在诉状中(通常是格式化的诉状)可以自由选择有管辖权的法院、欲获得的救济的种类、主张的事实及其范围、诉讼请求的合并与否等等。另一方面,法院在面对原告提出的诉状时采取的是案件登记制,只要符合形式要求则书记员当即分配案号,并颁发法院传票,通常由原告自行将诉状副本和传票送达被告。在登记的环节法院极少

---

① [德]奥特马·尧厄尼希:《德国民事诉讼法》,周翠译,法律出版社2003年第27版,第221页。
② [德]汉斯-约阿希姆·穆泽拉克:《德国民事诉讼法基础教程》,周翠译,中国政法大学出版社2005年版,第78~79页。
③ 许士宦:《重复起诉禁止原则与既判力之客观范围》,载《台大法学论丛》2002年第6期;许士宦:《民事诉讼法修正后之诉讼标的理论》,载《台大法学论丛》2005年第1期;蒋玮:《大陆法系诉讼系属中重复起诉禁止及其经验借鉴》,载《甘肃社会科学》2016年第6期。
④ [英]J.A.乔罗威茨:《民事诉讼程序研究》,吴泽勇译,中国政法大学出版社2008年版,第140页。
⑤ [英]J.A.乔罗威茨:《民事诉讼程序研究》,吴泽勇译,中国政法大学出版社2008年版,第141页。

第九章 西方民事诉讼立案受理制度的基本特征、设置理念

主动行使职权,可以说在英美法系国家基本不存在独立的受理环节和阶段,当事人在英美法系国家启动民事诉讼要更为容易和迅捷。

2.被告对原告之起诉行为进行防御可以有不同的策略选择

(1)被告的策略选择。从民事诉讼开启完全交由原告行使,可以看出在起诉阶段英美法系国家更倾向于保护原告的权利。但是这并不意味着被告只能对原告实施的各种诉讼行为听之任之,在对抗制的背景下,法律也赋予被告一系列对应的权利以达到防御和保护自身合法权益之目的。以美国为例,被告可以针对原告的起诉行为,向法院提出动议或者答辩。若提出动议,则可能会导致原告的起诉被驳回,从而无须再起草答辩状。所以对于被告而言选择提出动议或是直接答辩在某种程度上来说是一种策略问题。如果被告需要更多的时间寻找支持特定驳回诉讼请求事实时,提交答辩状的回应可能更适宜。① 通常的情况是,被告应诉的方式是既提出动议也提出答辩。

被告可提出动议是英美法系民事诉讼的一个特色。以美国民事诉讼为例,被告通过动议对原告起诉的回应主要可以针对诉状实体充足性、含义不确定、形式和其他违法程序规则的以下三类事项:第一,根据《美国联邦民事诉讼规则》(以下简称《规则》)第12条第(b)款,提出缺乏事物管辖权、缺乏对人管辖权、不合适的审判地、不充分的起诉文书、不充分起诉文书送达以及没有陈述能给予救济的诉讼请求;② 第二,根据《规则》第12条第(e)款,针对原告过于模糊而使被告无法合理准备回复的诉状(仅限于允许答辩的诉状),可以提出动议,要求原告陈述得更加准确;第三,根据《规则》第12条第(f)款,可从申请法院将诉状中不充分的抗辩、多余、不相关、无礼或诽谤性的事项删除。③

(2)对动议的裁决和即决判决。针对上述动议,法院可以作出支持动议或驳回动议的裁决。对于被驳回的裁决,被告还可以提出上诉。而所谓即决判决,又称之为简易判决,这种判决指的是法院可以在不经开庭审理的条件下直接对当事人的诉讼请求或特定争点作出的裁决。④ 其最初的目的在于制止被告在明显没有胜诉希望的情况下进行"虚假答辩"。后来该程序发展为可供任

---

① [美]理查德·D.弗里尔:《美国民事诉讼法(上、下册)》,张利民等译,商务印书馆2013年版,第376页。
② [美]理查德·D.弗里尔:《美国民事诉讼法(上、下册)》,张利民等译,商务印书馆2013年版,第378页。
③ [美]理查德·D.弗里尔:《美国民事诉讼法(上、下册)》,张利民等译,商务印书馆2013年版,第380页。
④ 汤维建:《外国民事诉讼法学研究》,中国人民大学出版社2007年版,第40页。

何一方当事人就对方胜诉无望而申请法院作出裁决以终结诉讼。在很多情况下,对动议的裁决和即决判决之间的界限已经变得模糊起来,①这些事项均可由即决判决来处理。

3.起诉程序与陪审团制度密切联系

陪审团制是由英美社会中民主与平等主义价值出现而产生的重要成果,"在普通法的发展上,最高的自然正义概念,借由陪审制度巧妙地与人民普遍的法意识相联结"②。它最早是在11世纪由征服者威廉一世引入英格兰,并在15世纪末以后取代神明裁判成为认定事实的首要方式。③ 它经历了从大陪审团到小陪审团、从控审不分到控审分离、从集体作证到集体审判、从法律审到事实审的演变过程。时至今日,民事案件中的陪审团发挥的主要功能是:第一,判定事实;第二,根据主审法官对陪审团指示中所阐释的法律后果对与案件所涉的事实进行评价;第三,以裁决的方式提出有关的评议结果。④ 由于在目前的实践中民事诉讼绝大多数的案件不会经过庭审阶段,且陪审团制存在非专业性和耗费巨大的缺陷,英美法系各国适用陪审团进行民事案件审判的案件变得少之又少,但是过去陪审团制对诉讼制度的影响仍然是非常显著的:因为"召集陪审团成员出席多次听审实际上是不可能的,这导致了庭审的概念——即一次唯一的、不间断的听审"⑤,所以庭前的准备就必须非常充分,必须要完成整理争点、揭示证据的任务。⑥ 这些任务最早由诉答程序(普通法诉答)承担,但是这种做法不利于对当事人的诉权保护,也极有可能导致诉讼文书泛滥的提前,因此证据开示程序得以专门独立出来,揭示证据的任务交由开示程序完成,诉答程序的功能和任务也发生变化,并在随后的发展过程中进行了进一步的调整,直到现代诉答程序的形成。

---

① [美]杰克·H.弗兰德泰尔、玛丽·凯·凯恩等:《民事诉讼法》,夏登峻等译,中国政法大学出版社2003年第3版,第431页。

② 王泽鉴:《英美法导论》,北京大学出版社2013年版,第220页。

③ [美]杰克·H.弗兰德泰尔、玛丽·凯·凯恩等:《民事诉讼法》,夏登峻等译,中国政法大学出版社2003年第3版,第470~471页。

④ [美]杰克·H.弗兰德泰尔、玛丽·凯·凯恩等:《民事诉讼法》,夏登峻等译,中国政法大学出版社2003年第3版,第473页。

⑤ [英]J.A.乔罗威茨:《民事诉讼程序研究》,吴泽勇译,中国政法大学出版社2008年版,第302页。

⑥ 汤维建:《外国民事诉讼法学研究》,中国人民大学出版社2007年版,第265页。

第九章 西方民事诉讼立案受理制度的基本特征、设置理念

4.诉答程序肩负诉的合法性审查并有效控制诉讼流量

所谓的诉答程序,指的是原告人、被告人之间为了明确诉讼双方所争执的焦点而各自陈述自己的主张并相互之间进行答辩的程序。① 英美法系国家具有对诉讼阶段进行专门划分的传统,并且各专门诉讼阶段被赋予明确的功能,这与他们集中审理的方式有直接的关系,诉答程序就属于这种专门的阶段性程序。而在大陆法系国家,当事人的起诉通常与法院的受理紧密联系在一起,被告的答辩并非必须履行的义务,所以在民事诉讼法中并没有专门的诉答程序这样的程序阶段,这也与他们采用并行审理的方式相对应。

虽然诉答程序在英美法系各国的制度设计并不是完全相同的,比如英国的诉答程序仍然发挥着固定和整理争点,以及限定审理范围的功能,并具有促使法院识别案件的关键事实要素,向对方当事人进行合理、适当的通知,以及便于法院对案件进行管理和甄别案情,②而美国的诉答程序已经从"普通法诉答"演变为"合理诉答"模式③,对当事人起诉主张的事实提出了更高的要求,实际上已经提高了起诉的门槛,但是两国法院均在诉答程序阶段对虚假陈述和滥用诉权进行否定性评价,并予以规制和惩戒。这在很大程度上发挥着诉的筛查和剔除的功能,当然美国在控制诉讼流量方面走得更远。

第二节 西方民事诉讼立案受理制度的设置理念

一、基于法治权威的司法最终解决理念

西方主要代表性法治国家的诉讼程序启动之所以门槛较低,除去程序基本权的保障这一重要动因,还有一个至关重要的因素即在于司法被赋予了最终解决争端的功能。所谓司法最终解决,是指"在国家垄断权利救济的背景下,专司裁判的法院在民事纠纷解决机制中享有终极手段和终结权"④。具体

---

① 汤维建:《外国民事诉讼法学研究》,中国人民大学出版社2007年版,第265页。
② 汤维建:《外国民事诉讼法学研究》,中国人民大学出版社2007年版,第267页。
③ 参见本书第六章关于美国民事诉讼立案程序的介绍。
④ 吴俊:《论司法最终解决原则——民事诉讼的视角》,载《法治论坛》2008年第1期。

含义表现为以下方面:"第一,凡是因私法法律关系引发的纠纷均可由法院依民事诉讼程序予以解决,且法院不得拒绝裁判;第二,当其他国家机关和社会组织与法院在民事纠纷解决发生竞合时,法院享有最终决定权;第三,当其他国家机关和社会组织无法解决某些民事纠纷时,法院享有最终解决权;第四,法院对民事纠纷作出的生效裁判具有终局性,非经法定程序不得被撤销。"① 而这种功能事实上是对历史上司法在西方政治经济社会所具有的不可替代的重要地位的一种归纳和总结,正是因为司法能够最终解决,才使其具有了普遍的权威,而司法权威的一个重要体现即在于它能够终结争端。

司法这样一种具有悠久历史的专门活动,其雏形最早可追溯至人类社会的早期。由于对世界认识的有限,对争议事项和事实的认知过程一开始便具有了浓厚的神秘主义和神祇崇拜的色彩,裁判活动也往往难以与占卜活动、宗教仪式完全区分开来,甚至裁判官也曾一度由神职人员担任。在古希腊、古罗马的神话中,均描绘出了专司裁判的神明,对神明的晓谕和裁判不得有任何的怀疑和违背。正是这种拟人化的手法,清晰地展现出人们对裁判官及其能够实现公平正义的美好期许。那么,在世俗生活中,如何才能使得现实中的裁判官符合这种期许呢?裁判官由最初的非职业化走向职业化和专门化,作为大学教育中最古老的专业法学专业肩负起培养法律人才的重要使命,法律职业共同体开始逐步形成,诉讼由最开始的粗犷、恣意开始走向精细与文明……这些努力通过历史和实践证明,建立其上的司法能够担负守护社会正义底线的重任。时至今日,古代司法过程当中愚昧与野蛮的因素已经被完全地剔除,但是浸润着文化意义的仪式符号仍然保存着强大的生命力,例如法官的法袍、当事人的宣誓、庭审的仪式等等。而恰恰是这些仪式符号最直观地透射出了司法的权威,并不断地强化公众对这种权威的心理暗示。

英美法系国家因为普通法的传统,在"诉讼中心主义"之下,司法以及司法权威在整个西方可能更具有代表性。普通法的传统乃至英美法系的产生、形成与发展均是以英格兰普通法为中心的。从普通法的历史起源来看,英格兰先后经历了罗马人的占领、盎格鲁—撒克逊的入侵、诺曼的征服。② 在罗马人驻足占领英格兰的四个世纪,罗马文化必然会留下深刻的印迹,但是其间罗马人并没有刻意去摧毁当地早已存在并根深蒂固的习惯法,当时罗马法也仅仅是限于适用于罗马人的内部关系,因此当罗马人退出英格兰后罗马法也就随

---

① 蒋玮:《中国民事立案登记之困境及破解方案研究》,载《青海社会科学》2016年第2期。
② 米健:《比较法导论》,商务印书馆2013年版,第253~257页。

第九章　西方民事诉讼立案受理制度的基本特征、设置理念

即销声匿迹。在盎格鲁—撒克逊时期，英格兰的法律主要由习惯法、国王颁布的敕令和非诉讼的私下解决冲突的规则共同构成，这些规则繁多杂乱，既不统一也不成体系，对随后英格兰法的影响并不大。① 而诺曼征服则直接决定了英格兰法律发展的模式和方向，使英格兰接受了一个有序、制度化的社会生活模式，英格兰普通法从严格意义上讲是从此发展起来的。随后的普通法经历了诉讼令状、法令和条例对普通法的定型，并在此基础之上产生了案例法和衡平法，最终发展为今天的普通法传统和英美法系。在普通法传统中，最具特色的即为以判例法作为主要的法律渊源，遵循先例的原则又成为判例法的基础。而判例法由个别判例积累构成，具有法官造法和司法创制的意义。判例法所衍生出的英美法系无基本法律分类和明确体系的特质，使得对法官提出了更加注重经验和实际应用的要求，甚至法律的进步与发展也要最终倚重于法官，靠法官来推动。因此缘何会奉行"诉讼中心主义"，司法在英美法系国家政治、经济和社会生活中为何会有如此重要之地位和权威也就不难理解了，司法最终解决也成为题中应有之义。

大陆法系国家虽然不具有判例法的传统，法官的地位也不如英美法系国家法官那般显赫，但是司法最终解决所需的要素却是一应俱全的。从其起源来看，主要由市民法和万民法组成的罗马法是大陆法系法律制度以及法律文化的起点和主要渊源。从其历史发展来看，其先后经历了民法大全的编纂、罗马法的复兴、注释法学派和评论法学派的出现直至法国和德国民法典的颁布等重要的节点，形成了以法典法、制定法为主要法律渊源，以民法为法律体系的核心以及法律的进步倚重于法学的发展和法学家的贡献这些有别于英美法系的特质。② 在法典化法律编纂的传统之下，权利先于救济而存在，司法创制规则和法律的空间被大大压缩，虽然也强调程序的重要性，但却是在权利实现的过程中予以关注的问题，诉讼的最终目的是更好地保护和实现权利。同时，在注重法学发展的同时，大陆法系国家的法官准入制度也是十分严格的，法官的身份保障制度亦非常健全。从上述方面来看，司法最终解决的原则在大陆法系国家同样能够得以实现。

二、基于当事人主义的程序自主控制理念

从历史上来看，英美法系与大陆法系在法源上存在判例法与制定法的分

---

① 米健：《比较法导论》，商务印书馆2013年版，第255页。
② 米健：《比较法导论》，商务印书馆2013年版，第206～210页。

野,由是前者首倡"诉讼中心主义",将程序置于更为突出的位置,对法律秩序价值的序位排列自然将程序正义置于首位;①而后者将实体权利置于程序救济之前,又有罗马法的直接渊源,以此构建了以民法为核心的法律体系,随后民法上的原则又开始对程序法产生直接的影响。具体到民事诉讼的思维模式,存有事实出发型与规范出发型之别,在民事诉讼目的上的差异亦十分显见;前者以纷争之解决、法的发现为目的,就与事实有关之关系人所生全部法律关系,进行整体解决,判决效力的扩大是必然的结果;后者则以权利保护为目的,就原告所选择之当事人及审判对象做相对之解决,判决的效力亦具有相对性。②但是值得注意的是,从诉讼模式和诉讼体制的角度来看,在民事诉讼中,不应照搬刑事诉讼中关于诉讼模式的归类③,而应当认定无论是英美法系国家还是大陆法系国家均采用了当事人主义。④虽然进入 21 世纪以来,两大法系均对法官的职权进行了相当程度的强化,但是这仍然不能撼动当事人主义的地位。

英美法系国家历来奉行不干预主义和古典自由主义的政治哲学,始于英国的古典自由主义,其具体内容和要求包括:"第一,强调自我利益和个人的积极性。第二,对国家表现出明显的不信任。第三,赋予当事人的参与以重要意义。"⑤可见在英美法系对抗制的传统之下,当事人主义的出现既符合人类尊崇争斗的本能,又延续了古典自由主义的精髓。他们的当事人程序自主控制的第一个层次是当事人自治,所谓当事人自治指的是,"当事人有权以他们认为适合的方式寻求或处置其法律权利和救济"⑥;第二个层次是当事人进行,所为当事人进行指的是,"由当事人决定、选择提出事实主张和进行证明活动的方式,不受法院的干涉"⑦。而在大陆法系国家,上述古典自由主义理念的影响不可断然否认,但更为突出的是,它们通过法典化的方式确立了处分权主

---

① 米健:《比较法导论》,商务印书馆 2013 年版,第 274~276 页。
② 吕太郎:《民事诉讼法》,台湾元照出版公司 2016 年版,第 4 页。
③ 刑事诉讼领域最早使用此概念,出现了当事人主义模式和职权主义模式的二元划分,英美法系国家和大陆法系国家相应地对号入座。
④ 张卫平:《诉讼架构与程式——民事诉讼的法理分析》,清华大学出版社 2000 年版,第 78 页。
⑤ 汤维建:《美国民事司法制度与民事诉讼程序》,中国法制出版社 2001 年版,第 239 页。
⑥ 汤维建:《外国民事诉讼法学研究》,中国人民大学出版社 2007 年版,第 210 页。
⑦ 汤维建:《外国民事诉讼法学研究》,中国人民大学出版社 2007 年版,第 210 页。

第九章　西方民事诉讼立案受理制度的基本特征、设置理念

义和辩论主义的基本原则来指导诉讼程序。建基于法律秩序中居于统治地位的结构性元素私法自治原则,处分权主义的核心要求是"是否发生诉讼,原则上仅由个人掌握"①,具体来说"诉讼之发动、审判之对象、范围、请求之态样、诉讼标的之处分以及诉讼之终结,悉由当事人主导"②。辩论主义原则,指的是提出判决基础的诉讼资料及证据资料属当事人的权限和责任,并派生出以下原则:"第一,事实未经当事人主张者,法院不得作为裁判之基础;第二,事实于当事人间已无争议者,法院应受拘束;第三,认定事实所凭之证据,未经当事人声明者,法院不得调查。"③虽然都与私法自治有着密切的关系,但是处分权主义与辩论主义却有着不同的作用范围,处分权主义更多侧重的是诉讼之开始由当事人主导,至于开始之后如何进行,虽当事人也有部分主导权,但更多是由诉讼程序的"当事人进行主义"来调整,它主要侧重于当事人的权利行使;而辩论主义则主要针对当事人对案件的要件事实主张与证据提出,它主要针对的则是案件审判的对象和作为基础的事实。可见,两大法系在当事人程序自主控制上的动因并不相同,但可以肯定的是在控制的内容上并无本质上的差异。

三、基于实效性救济的接近正义理念

从程序正义的角度审视,接近正义理念的出现是对其发展和反思的结果。西方程序正义理念发端于英国,为美国继承和发展,并对世界各国的法治和司法制度均产生了深远的影响。程序正义观念的发展经历了从自然的正义观到正当程序观念的演变过程。④ 自然正义观的核心概念——自然正义,直接源于自然法的思想,从历史发展的角度上看,在18世纪之前这个概念常常与自然法、衡平法和最高法等通用,而近代以后,自然正义逐渐演变成为专指诉讼程序中的正义,并被牢固树立在英国的司法制度中。当然自然正义理论也并非一成不变的,比如在英国大法官丹宁勋爵的推动下,其适用范围从司法程序扩大到非司法程序,尤其是行政程序。自然正义经过美国法的发展被正当程序观所取代。正当程序最早出现在《权利法案》当中,它具有一种技术上的精

---

① [德]奥特马·尧厄尼希:《德国民事诉讼法》,周翠译,法律出版社2003年第27版,第119页。
② 吕太郎:《民事诉讼法》,台湾元照出版公司2016年版,第230页。
③ 吕太郎:《民事诉讼法》,台湾元照出版公司2016年版,第232页。
④ 樊崇义:《诉讼原理》,法律出版社2004年版,第163页。

确含义,只适用于诉讼过程和程序。① 在美国内战前期,正当程序发展出实质性的内涵,适用范围扩大到对政府权力的限制。宪法的核心也从自然正义的理念转向对正当程序进行扩大解释,自此不论是从实体法还是程序法的观点来看,美国个人权利都是受到正当程序保护的。② 可以这样说,程序正义理念在经过上述的演变之后,内涵更加丰富,对政府和司法机关权力的限制更多,对个人权利的保护则更加重视。但是,需要清醒看到的是程序正义理论本身的局限性:过于强调形式正义和法律的程序性,在很大程度上导致司法过程中程序和各类文书的烦冗与庞杂,造成诉讼的成本和当事人诉讼费用的高昂以及诉讼的拖延。进入20世纪以来,西方主要法治发达国家几乎都面临着诉讼程序存在的上述严重影响当事人诉诸法院的问题。这事实上已经使得当事人的程序基本权无法有效地行使。鉴于此,在意大利著名法学家莫诺·卡佩莱蒂的倡导下,从20世纪70年代开始,一场关于"接近正义"的运动率先在欧洲开展,并迅速波及世界各地。接近正义理念不仅成为指导各国民事司法改革的基本程序性理念,而且,怎样实现当事人基本的程序保障权,向纠纷当事人提供司法救济并保证当事人实效性地接近司法救济也成为世界各国民事司法制度发展的共同趋势。③

接近正义理念,"首先是指程序(手段),而其目的在于实体('正义')"④,其本质为"将权利转化为实际利益的手段"⑤。在当事人程序保障权的视野下,接近正义是指"当事人有权获得对其争议的司法裁决,这在一定意义上表现为当事人的接受司法裁判权"⑥。这场运动已经经历了三波,直到今天仍在继续:第一波是旨在通过创设具有实际效果的法律援助以及相应的法律咨询制度,为经济能力较低的一些当事人提供接近正义的途径和保障;第二波是努力为少数族裔、残疾人、妇女、老人、消费者、环境污染受害者等社会的弱势群体提供一种辅助与帮助,包括涉及公共利益的领域以提供法律服务的方式帮

---

① [美]伯纳德·施瓦茨:《美国法律史》,中国政法大学出版社1989年版,第49~51页。
② 樊崇义:《诉讼原理》,法律出版社2004年版,第165页。
③ 毛玲:《英国民事诉讼的研究与发展》,中国政法大学出版社2005年版,第387页。
④ [意]莫诺·卡佩莱蒂:《福利国家与接近正义》,刘俊祥译,法律出版社2000年版,第50页。
⑤ 廖中洪:《民事诉讼立法体例及法典编纂比较研究》,中国检察出版社2010年版,第273页。
⑥ 毛玲:《英国民事诉讼的演进与发展》,中国政法大学出版社2005年版,第386~387页。

第九章　西方民事诉讼立案受理制度的基本特征、设置理念

助当事人提起集团诉讼;第三波是在前两波的基础上,提出并关注整个社会的纠纷处理机构,并设计制定多元化的纠纷解决机制。① 上述三项内容可以说都与民事诉讼起诉受理环节有着非常密切的关系:针对经济能力较低的当事人,通过诉讼救助制度当中的减交、缓交以及免交诉讼费用的方式,帮助他们能够正常地将纠纷和争议诉诸法院;针对涉及弱势群体和社会公益的案件,通过扩大诉的利益和当事人的范围,满足在不同时代条件下新兴权利和利益的保护需求;而针对司法资源紧张的局面,促成当事人尽可能实现和解,并通过多元化纠纷解决机制实现对案件的有效分流。在接近正义的潮流中,英国的司法改革最具代表性。1994年,资深法律议员伍尔夫勋爵被指派就民事法院的现行规则和程序进行审查,以便"促进公众接近司法/正义和降低诉讼成本,降低规则复杂性和更新专业术语,消除实务和程序中的不必要区分"②。随后根据伍尔夫勋爵发表的报告和新制定的统一的《民事诉讼规则》,司法改革得以全面拉开。其中一项影响较大的改革举措即为针对传统的对抗制诉讼所造成的各种积弊,法院被赋予更加积极地进行干预的职权,同时引入案件管理制度,由法官掌握诉讼控制权。③

四、基于法院案件管理的诉讼效益理念

所谓诉讼效益是表征诉讼成本与诉讼收益之间函数比值关系的范畴,它包括两个基本要素:诉讼成本与诉讼收益。前者是程序主体在实施诉讼行为的过程中所耗费的人力、物力、财力和时间等司法资源的总和;④后者是程序主体通过诉讼所获得的各种利益,如法院获得的诉讼费用以及裁判获得的正面评价和社会效益,当事人通过司法救济获得的权利实现等等。诉讼效益是诉讼程序的内在价值要求,用来评价一国诉讼制度及具体诉讼程序,同时它也是衡量一国司法公正与否的重要标准。诉讼效益的考量也能够促使当事人理性选择诉讼以及推进诉讼进程,促使法院审理案件和作出裁判注意节约司法资源并考虑对公众未来行为选择的影响和刺激。从学理上来看,国家的司法权因当事人的诉权而设立,在所有的诉讼程序中,司法权均应最大限度地和最

---

① [意]莫诺·卡佩莱蒂:《福利国家与接近正义》,刘俊祥译,法律出版社2000年版,英文版序言第2～3页。
② [英]J.A.乔罗威茨:《民事诉讼程序研究》,吴泽勇译,中国政法大学出版社2008年版,第312页。
③ 毛玲:《英国民事诉讼的演进与发展》,中国政法大学出版社2005年版,第389页。
④ 樊崇义:《诉讼原理》,法律出版社2004年版,第185～186页。

大可能地实现当事人的诉权。具体来讲,国家握有司法公共资源,可以通过调整司法过程中公共成本和私人成本之间的比例关系来实现预期的诉讼效益目标。而诉讼效益目标的制定,则是国家的成本控制政策的直接体现。国家在制定成本控制政策时,除了当下的国家财力状况和社会条件等因素之外,还需要关注诉讼效益本身与司法公正(包括程序公正和实体公正)之间的矛盾关系。换言之,在有限的司法资源条件下,诉讼效益与司法公正可能会出现尖锐的对立。从目前西方各国的民事司法现状来看,较高的司法公正度除了法律职业较高的职业水准这些积极的正面因素外,还有较为严重的诉讼拖延、诉讼费用高昂这些消极因素。从比值关系来看,成本与收益已处在失衡状态。虽然诉讼费用高昂本身就是成本控制的一个手段,即将国家公共成本部分转移给当事人来负担,在一定程度上也遏制了当事人滥诉,但是此举对当事人程序基本权的保障功能有一定程度的消减作用。事实也证明,单纯地依靠提高诉讼费用来应对诉讼激增,将会导致当事人通过诉讼维护权利的获得感降低。因此,重新审视诉讼效益关联因素之间的协调运作成为各国司法改革重点关注的问题。

从诉讼哲学角度审视,接近正义理念的出现与应对司法公正与诉讼效益之间的失衡不无关系。而从成本政策制定与实施的角度来看,权力和资源的优化配置也是缓解这种失衡的现实主义进路:第一,司法的资源不仅应当而且必须在那些真正寻求或需要正义的人们中公正地进行分配;第二,这些资源的分配必须要考虑到个案的具体特征,以确保个案能够获得适当的法院审理时间和注意力的分配;第三,正义不应当是以过高的代价获得的,迟来的正义即非正义。[①]"19世纪盛行的自由放任主义进路造就了一种消极和超然的关于法官的哲学,而本世纪(20世纪)司法能动主义的日益增加则不过映射出这样一种政治态度,即在民事诉讼领域中,促进国家对个人和社会的社会经济问题日益强化的干预。"[②]就法院职权进行优化配置而言,其中一个非常有效的举措就是引入案件管理机制。美国法院所实行的"管理型司法"以及日本与德国的"计划审理"和"集中化审理",就是其中典型的样本,这些国家有关立法和司法实践在世界范围形成了颇具声势的"案件管理运动"。[③] 对大陆法系国家而

---

① 汤维建:《外国民事诉讼法学研究》,中国人民大学出版社2007年版,第33页。
② [意]莫诺·卡佩莱蒂:《比较法视野中的司法程序》,徐昕、王奕译,清华大学出版社2005年版,第348页。
③ 王福华:《民事案件管理制度评析》,载《法学论坛》2008年第2期。

第九章 西方民事诉讼立案受理制度的基本特征、设置理念

言,由于法官本身享有诉讼指挥权,因此案件管理对其而言并不存在突破固有传统的问题。但是对英美法系国家尤其是恪守保守主义的英国而言,案件管理的出现使得诉讼在相当大的程度上由当事人推进向法院推进转变,从而在学界引发了改革背离对抗制的质疑和隐忧。① 然而,面对英美法系普遍存在的并被社会各界广泛批评的诉讼迟延的积弊,案件管理虽然有突破传统之嫌,但却是必须甚至唯一的选项,实践也证明其的确实现了预期的改革目标。案件管理从性质上来看,具有一定的司法行政管理属性,主要囊括了包括程序管理和证据管理在内的诸多事项。② 从时间阶段来看,案件管理贯穿于整个民事诉讼,但是较为集中和效果较为显著的是在起诉受理至庭审之间。可以这样说,英美法系民事诉讼的诉答程序,以及与之功能大致对应的大陆法系起诉受理程序均承担着"诉讼守门人"的角色,而案件管理则在其中发挥了着重要的作用。

第三节 西方民事诉讼立案受理制度的社会环境条件

一、基于分权原则的宪政条件

(一)宪政的一般原理

1.宪政的内涵

所谓宪政即规制政治,意指"政治权力受宪法规范的状态"③,包括规范意义的宪政与限政意义的宪政④。就规范意义的宪政而言,法律尤其是宪法应当为政治权力的实施设置一系列完备的规则,使政治权力的运行在法律的框架内并符合公众可预期的目标。在宪法与宪政之间,宪法是宪政的前提与制度基础,而宪政则是宪法实在化的具体过程和结果。那么为什么要通过法律

---

① 〔英〕J.A.乔罗威茨:《民事诉讼程序研究》,吴泽勇译,中国政法大学出版社2008年版,第314~316页。
② 王福华:《从审判管理到案件管理》,载傅郁林、兰姆寇·凡瑞:《中欧民事审判管理比较研究》,法律出版社2015年版。
③ 张千帆:《宪政原理》,北京大学出版社2014年版,第2页。
④ 卓泽渊:《法政治学研究》,法律出版社2011年版,第8页。

来对政治进行规范?因为政治权力及其行使机构天生就有不受规范约束和非规范运作的倾向。政治权力自身所具有的扩张性质,若失之有效的规范,将极有可能导致社会混乱和权力的专横。而政治机构随着社会的发展也呈现出日益复杂甚至臃肿的倾向,若忽略了必要的规范,将极有可能导致社会治理秩序的紊乱。法律又如何来规范政治权力?一方面法律为政治权力的存在及其适用范围提供合法的依据,并赋予权力可被行使的效力和强制力来源,划定权力之间的边界;另一方面法律设定权利与权力关系的处置原则,明确权力服务于权利的根本宗旨。

就限政意义的宪政而言,政治权力的自身属性必然要求对其进行必要的限制。首先,政治权力的主体需要特定,即哪些主体被赋予权力必须具有宪法和法律上的根据,任何一个主体都不可能集所有政治权力于一身。所谓对权力的限制主要要体现在对权力主体的限制。"一切有权力的人都容易滥用权力,这是万古不易的一条经验。有权力的人们使用权力一直到遇到有界限的地方才休止。"①其次,政治权力的范围应当存在有限性,换言之,应当说没有任何一种政治权力能够做到真正的无限,凡是超出法律授权范围的权力行使,均属于违法行为,必须承担相应的法律责任。最后,政治权力行使本身也是有限的,即使在法定的权限范围内行使权力,也必须保证行使的正当性,必须遵循法定程序来进行。何以才能使政治权力有限?一方面,通过在不同主体和不同层次之间对政治权力进行科学分配,防止权力的专断,并利用不同权力主体之间的结构关系,实现权力之间的相互制约;另一方面,通过各种形式的社会监督和个人监督,防止权力发生畸变的风险。

2.宪政以法治为根本

第一,法治是社会的一种全面的、整体化的秩序状态,宪政本身是法治的一个重要构成部分,其发展依赖于整个法治的发展。宪政需要一定的社会意识条件,如果意识达不到所要求制约权力的高度和水准,权力将难以真正受到制约。而社会法治所需要的是从社会形态的角度培养并形成制约权力的普遍意识,在此基础上形成较为稳定的社会心理和社会舆论氛围。这种社会心理和舆论的统一,也就为权力制约亦即宪政奠定了意识基础。第二,法治为宪政提供了必要的制度前提。换言之,如果没有必要的制度体系,宪政将无法得到真正的实现。而法治的一个基本要求就是必须具备完善的法律制度。在法治的框架内,政治权力的制约能够得以制度化,宪政的目标也就能够得以实现。

---

① [法]孟德斯鸠:《论法的精神(上册)》,张雁深译,商务印书馆1961年版,第154页。

第九章 西方民事诉讼立案受理制度的基本特征、设置理念

第三,法治为宪政提供完备的组织机制。宪政的建立和运行专门的组织机构及其相互配合与协调不可或缺。而建设法治国家所建立的系统化的组织机制,为宪政提供了物化的条件和机制支撑。

(二)分权原则及司法权的配置

从表现形式上来看,分权原则实际上成了宪政最具辨识度的特质。至于缘何进行分权,孟德斯鸠给出了他的理由:"当立法权和行政权集中在同一个人或同一个机关之手,自由便不复存在了;因为人们将要害怕这个国王或议会制定暴虐的法律,并暴虐地执行这些法律。如果司法权不同立法权和行政权分立,自由也就不存在了。如果司法权同立法权合而为一,则将对公民的生命和自由施行专断的权力,因为法官就是立法者。如果司法权同行政权合而为一,法官便将握有压迫者的力量。"① 按照孟德斯鸠的这一分权理论,西方通行的分权原则主要表现为立法权、行政权、司法权的三权分立,通常由议会、政府和法院三大机构行使对应的权力。按照严格的字面意思,三大权力机构中没有任何一个被认为高于其他机构。但事实上,各国在具体的运行当中分别采取了不同的立场。例如作为典型的议会主权国家,英国的议会立法除不成文的惯例之外,不受任何限制,议会至高无上的地位从未受到过挑战。而美国在经历了1803年的马伯里诉麦迪逊案之后,建立了法院对立法的司法审查权,使得联邦和各州议会的决定最终受制于联邦最高法院对宪法的解释,由此也确立了法院司法至上的地位。三权分立同时具有双重功能:一方面,通过相互之间的分工合作,各尽所能,政府的决策过程可以得到最优化;另一方面,分散政府的权力有利于防止政府对于权力的滥用,从而保障公民个人的权利,从而实现社会的法治。② 可以说,防止权力滥用是三权分立最直接和最为突出的功能。

基于三权分立原则,西方的司法权从政治权力当中剥离出来,成为三权重要的一端。"国民法治国的完美理想在全部国家生活的普通司法形式中达到极致,只要发生了分歧和争端就必须为了这个法治国理想而规定一个程序,按照司法形式的程序予以裁决,而不用考虑冲突和诉讼标的的类型。"③ 与之相应的是,司法权的配置是以其独立行使为价值选择的。这种价值选择的核心

---

① [法]孟德斯鸠:《论法的精神(上册)》,张雁深译,商务印书馆1961年版,第153页。
② 张千帆:《法国与德国宪政》,法律出版社2011年版,第214~215页。
③ [德]卡尔施密特:《宪法学说》,刘锋译,上海人民出版社2016年版,第186页。

是"确保作为司法权行使的法院的独立性地位以及相应的基础制度配置"①。在法治原则和宪政原则下,司法权的独立地位不仅包括司法机关的权力独立,还包括司法权在具体的个案行使过程中,具有自己固有的权威,行政机关和立法机关均不得随意干涉。在传统的司法权体制下,司法权保持中立和消极,奉行克制主义的司法哲学。然而伴随着司法审查权的确立,经典的"司法权"去政治化的特性被彻底抛弃,克制主义的司法哲学也受到司法能动主义的巨大冲击。而司法能动主义最为基本的宗旨就是,法官应该审判案件,而不是回避案件,要广泛地通过利用他们的权力,尤其是要通过扩大平等和个人自由保护的手段来促进公平——即保护人所应有的尊严,尤其是运用将抽象概括的宪法保障加以具体化的权力来这么做。② 在宪政制度之下的现代司法权演变成"一种政治化和被强化的权力"③。不过即使如此,在传统的诸如民事审判当中,司法权独立运行的模式并没有发生改变,其本身所具有的权威性没有被消减,司法最终解决的原则也没有被动摇。

二、基于重叠共识的诉讼文化条件

(一)诉讼文化的内涵

诉讼文化,作为法律文化的下位概念,是人们对一系列诉讼现象的整体性认知和价值取向的综合反映。④ 具体而言,诉讼文化的认知内容与评价对象主要包括社会中各种有关诉讼的法律、法规、判例,以及现存的各种诉讼制度、诉讼的原则、有关诉讼的法律思想,司法机关及其诉讼参与人的不同诉讼行为与诉讼活动等等。从特性上来看,诉讼文化具有区别于其他法律文化的显著特征:⑤第一,物质依附性。一般而言,诉讼文化有着对应的经济基础,当经济基础发生重大变化如从自然经济、计划经济转变到商品经济、市场经济时,诉讼文化也会相应地发生变化。当然这种变化不一定是完全同步的,经常会出现诉讼文化的滞后现象。第二,内容抽象性。诉讼文化作为观念性的范畴,通

---

① 程春明:《司法权及其配置:理论语境、中英式样及国际趋势》,中国法制出版社2009年版,第32页。
② [美]克里斯托弗·沃尔夫:《司法能动主义——自由的保障还是安全的威胁?》,黄金荣译,中国政法大学出版社2004年修订版,第5~6页。
③ 程春明:《司法权及其配置:理论语境、中英式样及国际趋势》,中国法制出版社2009年版,第27页。
④ 樊崇义:《诉讼原理》,法律出版社2004年版,第33页。
⑤ 樊崇义:《诉讼原理》,法律出版社2004年版,第30~33页。

第九章 西方民事诉讼立案受理制度的基本特征、设置理念

常隐含在诉讼现象和人们的诉讼行为当中,无法被直接感知。其本身也具有不确定性,通常无法由法律制度将其固定化。第三,民族性。这是诉讼文化最为显著的一个特征,其与特定的地域、历史时期、历史事件以及民族均有着密不可分的关系,即使在一国内,不同民族所持有的诉讼文化往往会有较大的差异。同一法治传统的不同国家,在诉讼文化上出现重大分歧的现象亦不在少数。第四,延续性。诉讼文化具有的历史传承性和惯性,是文化具有相对独立性的直接反映。任何国家的诉讼文化都不是短时期内突然形成的,他们都经历了漫长的历史积淀。

从结构上来看,诉讼文化通常由表层结构——诉讼法律心理、中层结构——诉讼法律认知以及深层结构——诉讼法律思想体系等三个层次构成。就三者的关系而言,诉讼法律思想体系较为集中地反映了国家意志和社会的主流意识形态,深刻地影响着一国诉讼法律的创制与司法实务活动,同时还对诉讼法律心理和诉讼法律认知发挥着导向和牵引的作用;而诉讼法律心理和诉讼法律认知则构成了诉讼文化的大众心理基础,为诉讼法律思想体系提供了丰富的资料和信息源,是一国诉讼文化水准的标尺。①。

(二)诉讼文化中的重叠共识

罗尔斯在政治哲学领域首次系统地提出了重叠共识的理念:在面对政治文化多元主义时,允许存在价值取向上的不同观点和立场,但是在态度上认可一种共同追求正义或者善的不懈努力,并由此进一步引申出持有不同价值观的不同主体共同遵守相同的既定的制度规范。"在这样的社会里,一种合乎理性的完备性学说无法确保社会统一的基础,也无法提供有关根本政治问题的公共理性内容。因此为了了解秩序良好的社会怎样才能达到统一和稳定,我们引进了政治自由主义的另一个基本理念,该理念与政治的正义理念相辅相成,它就是各种合乎理性的完备性学说达成重叠共识的理念。"②在构建一种正义理念并使其能够获得一种重叠共识时,我们不是屈服于现存的反理性,而是服从于理性多元论的事实。在此,重叠共识的理论工具能够很好地描述和解释西方的诉讼文化及其存在的价值差异。

西方诉讼文化的价值多元首先体现在对正义本身理解的多元性上,早在古希腊时期,法即与正义紧密联系在一起,历经中世纪神学思想、近代启蒙思想的洗礼,在现代、在今天仍然没有形成统一的思想,但是达成的最低限度重

---

① 樊崇义:《诉讼原理》,法律出版社2004年版,第35页。
② [美]约翰·罗尔斯:《政治自由主义》,万俊人译,译林出版社2001年版,第141页。

叠共识是诉讼的目的在于实现一般意义上的正义。其次,西方对诉讼文化的程序化价值达成了共识,但是对于程序本身的形式和意义的选择存在方法和路径的差异。再次,西方的诉讼文化从一开始就具有了原始宗教的仪式化和神秘化色彩,并将这种宗教色彩延续至今。然而,在不同国家的诉讼文化中,宗教化程度以及符号意义却不尽相同。最后,西方诉讼文化呈现出明显的开放性和不稳定性,外源诱发和不同法域融合的趋势亦非常显著,最大的区别在于不同国家开放和融合的范围和程度。

综上所述,西方各国的民事立案受理制度乃至民事诉讼法律制度,均是本国诉讼文化的直观反映。要深入理解和认识制度的生成过程及其成因,除了对其历史的考察外,诉讼文化的研究同样必不可少。同样法治传统的不同国家在民事诉讼制度上的差异问题,很大程度上均可归因为诉讼文化的差异。因此,诉讼文化可以成为解释西方民事立案受理制度的一个非常有力的工具。

第十章 我国民事诉讼立案受理制度的历史发展与演变

立案受理制度作为保障当事人诉权的重要制度,以及连接当事人诉讼权益与法院审判活动的首要制度,其设计是否合理、科学,直接关乎当事人的诉权保障、程序是否公正以及当事人的实体权利能否得到有效保障的问题。受历史传统、社会环境及立法水平的影响,我国传统的民事诉讼立案受理制度不仅表现出明显不同于两大法系各国普遍适用的特点,并且在制度运行过程中还出现了"立案难"等具有中国特色的问题。由于导致问题产生的原因是多方面的,为此,对中国民事诉讼立案受理制度问题的解决,应从历史传统、演变逻辑以及制度现状等诸多层面进行系统性的分析与研究。

第一节 中国古代民事诉讼的立案受理制度

一、西周时期的立案受理制度

历史地看,自西周时期起我国已有民事诉讼与刑事诉讼的初步划分。根据《周礼》的记载,刑事诉讼被称为"狱",民事诉讼被称为"讼"。与之相应,审理刑事案件被称为"断狱",而审理民事案件被称为"弊讼"。[①] 在已经出土的《曶鼎》、《亯攸从鼎》等西周时期的文物中,也以铭文的形式记载了有关诉讼、受理、裁判以及执行的全过程。其中,就民事诉讼而言,无论当事人属于大贵族、大官僚,还是普通民众,原被告双方当事人必须亲自到庭并缴纳相应的财

---

① 张晋藩:《中国民事诉讼制度史》,巴蜀书社1999年版,第1页。

物作为保证金,诉讼方能为司法机关所受理。① 例如,《周礼·秋官·司寇》规定,"以两造禁民讼,入束矢于朝,然后听之"。而如果司法机关应当受理而不予受理,则需要承担相应的法律惩处,即"攘狱者,遏讼者,以告而诛之"。

二、汉唐时期的立案受理制度

汉唐时期,有关民事、刑事的法律制度开始不断完善,相关诉讼制度和法律程序也更加规范。在这一时期,无论是刑事诉讼还是民事诉讼均奉行"不告不理"原则,法司断案均以当事人向官府呈交诉状或者提出指控为前提。在起诉形式上,当事人通常需要提交书面诉状。对于自己不能书写的,可雇人代书。并且,唐代法律对于诉状的格式与内容都有着严格的要求,通常要求当事人在诉状中载明当事人姓名、诉讼请求与理由、具状时间等内容。例如,据《唐律疏议·斗讼》记载:"诸告人罪,皆须明注年月,指陈实事,不得称疑。违者,笞五十。"②在收到诉状后,法司须对案件进行初步审查并进行批示,对于符合受理标准者予以立案。而如果存在应当受理而法官推诿不受的情形,法官将承担相应的责任。例如,《唐律疏议·斗讼律》规定:"非越诉,依令听理者,即为受。推抑而不受者,笞五十。"③不难看出,唐代民事诉讼立案制度已经较为规范,不仅明确了诉讼时间、起诉方式、起诉形式、审查方式等内容,而且对于法官违法不予受理案件的责任也进行了规定,对后世相关制度的发展具有借鉴作用。

三、宋代的立案受理制度

至宋代,唐代相关法律制度得到了较为完整的继承,仅在部分内容上进行了发展。就民事诉讼而言,宋代的民事案件也通常由纠纷发生地的官府审理,即"皆于事发之所推断"④。在诉讼主体上,民事诉讼的原告人必须是与本案有直接利害关系的人,法律禁止非直接关系人提出诉讼。如景德二年六月十三日诏:"诸色人自今讼不干己事,即决杖枷项令众十日。"⑤而在起诉形式上,

---

① 张晋藩:《中国民事诉讼制度史》,巴蜀书社1999年版,第5页、第15页。
② [唐]长孙无忌等:《唐律疏议》(卷二九)《断狱·依告状鞫狱》,刘俊文点校,中华书局1983年版,第444页。
③ [唐]长孙无忌等:《唐律疏议》(卷二九)《断狱·依告状鞫狱》,刘俊文点校,中华书局1983年版,第173页。
④ 屈超立:《宋代地方政府民事审判职能研究》,巴蜀书社2003年版,第62页。
⑤ 《宋会要辑稿》刑法三之十二。

当事人一般应向官府呈交书面诉状,诉状既可自书也可请人代书,如当事人难以书写甚至可以提交白纸进行起诉。如以书面诉状起诉,诉状中通常要记载原告与被告的姓名、年龄、住址、诉讼请求等事项,且应当据实陈述。例如,宋初规定在诉状中,"其所陈文书,或自己书,只于状后具言自书,或雇人书,亦于状后具写状人姓名、居住去处。如不识文字,及无人雇请,亦许通过白纸",且诉状"皆须注明年月,指陈实事不得称疑"。① 就案件受理而言,县衙负责接收诉状的官吏在接到当事人起诉后,将首先对原告的诉状进行审查,此即所谓的"开折"。对于明显不符合法律规定的诉状,其有权拒收或对原告进行劝阻。而对于符合条件的诉状,该官吏则将其呈交县令。县令经审查后认为符合起诉条件的,即可进行审理。需要说明的是,为了促进农业生产,宋代在诉讼时间和诉讼时限上进行了更为详细的规定。根据宋代法律的规定,除与农业生产无关的案子外,民事诉讼应当在每年的十月一日以后次年的正月三十日期间提起,并且所有案件必须在三月三十日之前审理完毕,除非在遇到蝗灾等灾情的情况下,审理期限方可暂时延长。例如,《宋刑统》中就规定:"所有论竞田宅、婚姻、债负之类,取十月一日以后,许官司受理,至正月三十日住接词状,三月三十日以前断遣须毕。如未毕,具停滞刑狱事由闻奏。如是交相侵夺及诸般词讼,但不干农人户者,所在官司随时受理断遣,不拘上件月日之限。"②

四、元代的立案受理制度

在元代,民事诉讼被称为"词讼",处理民事案件的机构主要为地方官府,且官府对于民事诉讼采取"不告不理"的原则。民事纠纷发生后,当事人可以向官府进行"告状"。而在诉讼资格方面,成年男子具有完全的告诉权,而妇女的告诉权逐渐被限制,而皇庆二年以后,则全面禁止妇女告状。如,《元典章》规定:"若果寡居无依,及虽有子男,别因他故妨碍,事须论诉者,不拘此例。"③为使民事诉讼的审理更加规范有效,革除泛词滥文之弊,元代在全国各地遍置书铺,由官府认定的书状人代写民事诉状。④ 并且,根据不同的纠纷类型,民事诉状的形式也存在差异。例如,《事林广记·写状法式》中保存了17种元代典型诉状格式,其涉及内容均属于民事案件范围。《事林广记·公理类》中也

---

① 《宋刑统》(卷廿四)《斗讼律·犯罪陈首》及《斗讼律·越诉》。
② 《宋刑统》(卷十三)《户婚律·婚田入务》。
③ 《元典章》(卷五三刑部十五)《禁治富户令干人代诉》。
④ 张晋藩:《中国民事诉讼制度史》,巴蜀书社1999年版,第1页。

保存了14种元代典型诉状形式,其中10种属于民事范围。① 通常而言,元代的民事诉状中应记载以下内容:告状人姓名、年龄、机关、身体状况,状告对象及诉讼事由,诉讼请求,有无证验,呈递诉状的司法机关,告状人所具甘结,告状时间等。② 例如,《元史》记载:"诸告人罪者,须注明年月,指陈事实,不得称疑。"③而为避免诉讼对于经济社会生活的影响,元代对于起诉时间实行"停务"制度,即非属于特殊类型案件,民事诉讼一般应当在当年的10月初至次年的2月底之间进行。例如,《元典章》规定:"年例除公私债负之外,婚姻、良贱、家财、田宅三月初一住接词状,十月初一日举行。若有文案者,不须审问追究及不关农田户计者,不妨随即受理归问。"④在受理民事案件时,官府要审查民事诉状是否符合法定格式要求、证验是否齐全等内容,若不符合要求则不予受理。不过,对于应当受理而不受理的情形,主管官吏也要受到相应的惩罚。此外,为了体现对于老年人等特殊群体的体恤,元朝对于老弱废疾的民事案件优先受理。根据《元典章》记载:"至元九年八月,中书兵刑部承奉由中书省判送御史台呈。陕西、四川道案察司申:该争告户婚、田宅、债负、驱良,差役之人于内有一等年老、笃废残疾人等据状陈诉。其官府哀怜此等之人,恐有冤抑,多为受理。"⑤

五、明代的立案受理制度

在明代,为保障民事诉讼的合法进行,法律规定了口头和书面两种诉讼形式。其中,口头起诉形式又称为"口告",主要适用于原告无法书写诉状的情形。为避免口诉造成内容遗漏,明代规定,原告口诉时审判机关应当将口诉内容记录清楚,该项工作一般由审判机关的专门人员管理负责。例如,《明会典》记载:"凡诉讼之人,有司置立口告文簿一扇,选设书状人吏一名。"⑥相较而言,通过书面的诉状形式进行起诉是明代较为通常的形式。书面诉状在当时称为"词状"、"本状",可以自己代书也可以雇人代写,而帮人写诉状的人为"代书人"。⑦ 不过,与宋代不同的是,明代不再在全国设置代写诉状的"书铺",而

---

① 胡兴东:《元代民事审判制度研究》,载《民族研究》2003年第1期。
② 张晋藩:《中国民事诉讼制度史》,巴蜀书社1999年版,第107页。
③ 《元史》(卷一○五)《刑法志·四诉讼》。
④ 《元典章》(卷五三)《刑部十五·诉讼·停务·年例停务月日》。
⑤ 《元典章》(卷五三)《刑部十五·诉讼·老疾合令代诉》。
⑥ 《明会典》(卷一七七)《刑部十九·问拟刑名》。
⑦ 张晋藩:《中国民事诉讼制度史》,巴蜀书社1999年版,第141页。

第十章 我国民事诉讼立案受理制度的历史发展与演变

由经官府备案的"官代书"承办书写呈词事务。一般而言,诉状中应当记载当事人信息、诉讼缘由、诉讼请求等内容,且内容必须真实有据,不得"添捏虚情"或"捏词妄诉",更不得"撼拾旁事",以免造成事态扩大。此外,对于代书诉状而言,除遵守前述规定外,还应载明代书人的信息,即"具要后开代书之人的确姓名、贯址、身役、住处明白"①。此外,为防止代书人教唆词讼,明律还规定了代书人责任,"凡教唆词讼,及为人作词状,增减情罪,诬告人者,与犯人同罪";"代人捏写本状……全诬十人以上者,具问发边卫充军"。②

为使民事诉讼不至于违背封建伦理纲常、生产生活和社会秩序,明代对民事诉讼的条件进行了限制:第一,原告人的资格条件。根据明代的法律,原告必须是与本案有直接利害关系的个人,即所谓的"干己事情"。第二,原告应当具有诉讼权利能力和行为能力。老人、儿童、病残人以及妇女等均属于无或者限制权利能力和行为能力人,只有在没有民事代理人的情况下才可作为原告,否则,将追究本应作为原告的有行为能力的家人的责任。不过,对于案件紧急的刑事案件及重大民事案件,老人、儿童等主体可不受原告资格限制,允许充当原告。另外,如果民事诉讼的原告为官吏时,可由家人代为出庭受审,但不得利用职权以"公文"形式起诉。

明代受理民事诉讼的机关有北京、南京两个中央刑部,还有各州府县和军卫等机关。其中,北京、南京两个中央刑部受理案件须经通政司或其他衙门"参送"。在受理民事案件时,各机关的长官应首先审查所告内容是否符合要求,对于所告内容全部不符合要求的不予立案;对于部分符合受理要求的,则对部分事项进行审理。例如,《明会典》规定:"若告二事以上,内一事该理者,只理一事。其不该理者,立案不行。"③此外,明律还根据原告起诉形式作区别受理,具体而言:对于口头起诉的,则由官府书状人吏代原告书写诉状,并审查是否应予受理。官府审查后,"如应受理者,即便附簿发付书状,随即施行。如不应受理者,亦须书写不受理缘由,明白附簿,官吏署押,以凭稽考。"④而对于书面起诉的,则首先审查口述内容与书状内容是否一致,再决定是否受理。对于口述内容与书状内容存在情节增减等不一致情形的,不予受理,并追究代书人责任。

---

① 张晋藩:《中国民事诉讼制度史》,巴蜀书社1999年版,第141页。
② 《明代律例汇编》(卷二二)《刑律五·诉讼》。
③ 《明会典》(卷一八〇)《刑部二二·南京刑部》。
④ 《明会典》(卷一七七)《刑部一九·问拟刑名》。

六、清代的立案受理制度

至清代,包括民事诉讼制度在内的法律制度在前朝的基础上有了进一步的发展。这一时期,原告起诉必须呈递符合程式要求的诉状,而且诉状已经有了正本和副本之分。一般而言,诉状应当符合以下要求:第一,书写格式和诉状字数的要求。据记载,清代诉状"状刊格眼三行,以一百四十四字为率"[①]。由于字数限定的要求,有些当事人在提交诉状之外,还会同时提交补充案情的"投状"。第二,诉状内容要求。诉状中应载明案发时间、案情梗概、被告姓名住址、告诉人及抱告、代书人姓名、住址以及告诉人签字画押等。第三,附随证据的要求。在涉及田园、房屋、坟墓、钱债、婚姻、承继以及行账等事项时,原告须随诉状提交契券、绘图、注说、婚阄书、行单等书证。第四,对于代书诉状的要求。对于不能自己书写诉状的,允许当事人雇人代书,但代书人应按照当事人的口述进行撰写,不得对起诉内容进行增减,且不得对告诉人进行教唆。而代书人一旦"教唆词讼,及为人作词状,增减情罪诬告人者,与犯人同罪"[②]。此外,由于清代将讼师视为"搬弄是非"之人,所以严禁讼师在民事诉讼中包揽词讼。

在民事案件的受理环节,清代州县衙门将综合考量律例和证据等因素,决定是否受理。而在受理时间上,也有明确的限定。例如,"每年自四月初一至七月三十日,时正农忙……其一应户婚、田土等细事,一概不准受理。自八月初一以后,方可听断。若农忙期内受理细事者,该督抚指名题参。"[③]"州县审理词讼,遇有两造俱属农民,关系丈量踏勘有妨耕作者,如在农忙期内,准其详明上司,照例展限至八月再行审断"[④]。此外,对于应当受理而不受理的民事诉讼的情形,《清律》规定了相应的责任。例如,凡"告……婚姻、田宅等事不受理者,各减犯人罪二等,并罪止杖八十",而"若(本衙门)追问词讼,以大小委(致有冤枉扰害),违者,随所告事理轻重以坐其罪"[⑤]。经审查决定受理时,州县官吏将在纸上批示:"准。传讯。"自此,案件始为官府所受理。

总体来看,我国古代法律制度中已经对民事诉讼立案受理制度有所涉及,

[①] 黄六鸿:《福惠全书》(卷十一),江苏广陵书社,2008年版,第2页。
[②] 《大清律例·刑律·教唆词讼》。
[③] 《大清律例·刑律·诉讼·告状不受理》。
[④] 《大清律例·刑律·诉讼·告状不受理》。
[⑤] 《大清律例·刑律·诉讼·告状不受理》。

第十章　我国民事诉讼立案受理制度的历史发展与演变

而随着朝代的更迭和法制的发展,民事诉讼立案受理制度愈发呈现出科学合理的特征,且其中的许多制度设计也为后世所继承和发展。不过,受制于"重刑轻民"、"重实体轻程序"的法制传统以及封建社会固有的政治体制、社会环境、伦理道德等因素的影响,我国古代的民事诉讼制度并不具有体系化特征,且在民事诉讼的起诉方式、起诉时间以及当事人资格等事项上存在诸多不合理之处。

第二节　中国近代民事诉讼的立案受理制度

一、清末时期的立案受理制度

随着1848年鸦片战争的爆发,闭关锁国的清政府面临着亡国的威胁。而随着资产阶级民主革命运动的高涨,清朝统治者内部的有志之士开始向西方学习"变法图强"的过程,清末法律改革也由此开始。这一时期,在沈家本、伍廷芳等人的主持参与下,清朝先后制定了《大清刑事民事诉讼法(草案)》(1906年)、《各级审判厅试办章程》(1907年)(以下简称《章程》)、《大清民事诉讼律草案》(1910年)等法律制度。其中,作为中国历史上第一部程序法,《大清刑事民事诉讼法(草案)》(以下简称《草案》)虽经制定,但由于当时清廷认为该《草案》与社会民情风俗等不相适应且可能造成司法不公,最终未予颁行实施。后来,清政府"法部在参考袁世凯主持修订的《天津府审判厅试办章程》和沈家本起草的《法院编制法(草案)》的基础上,编成《各级审判厅试办章程》,于光绪三十三年十月奏呈朝廷并获准试行"①。尽管从本质上看,该《章程》并非真正意义上的诉讼法,而是一部旨在调整法院组织关系的法规,但就其内容而言,该《章程》共计5章120条,其中第二章"审判通则"和第三章"诉讼"占了93条,具有鲜明的程序法特征。对于该法律文本,有学者评价认为,"此章程采四级三审制,略具《法院编制法》及《民刑诉讼法》大要,条文虽简,内容甚为完整"②。

虽然《各级审判厅试办章程》已经初具现代诉讼法的特征,但毕竟属于"应

---

① 刘玉华:《民国民事诉讼制度述论》,中国政法大学出版社2015年版,第27页。
② 谢振民:《中华民国立法史》(下册),中国政法大学出版社2000年版,第983页。

急性试行章程,制定粗略"①,而伴随着清末法律制度变革的深入,起草独立程序法的要求也日趋迫切。此时,清政府吸取了当时制定《大清刑事民事诉讼法(草案)》仿照英美法系而脱离中国现实的教训,吸收了日本法学家松冈正义等人另行起草民事诉讼法。最终,1910年12月,沈家本等人将起草的《大清刑事民事诉讼法(草案)》呈报清廷。从结构上看,《大清民事诉讼律(草案)》主要以日本1890年《民事诉讼法》为蓝本,内容上设置"审判衙门"、"当事人"、"普通诉讼程序"、"特别诉讼程序"等4编。虽然《大清民事诉讼律草案》因清朝灭亡而未及审议颁布,但是其无论是在立法技术和立法内容上,都充分汲取了资产阶级的立法成就,因而是一部立法水平较高的法律文本。

其中,在起诉受理制度上,相关内容主要规定于《大清民事诉讼律(草案)》(以下简称《草案》)"当事人"及"普通诉讼程序"两编。具体而言:第一,有关诉讼主体资格的规定。根据《草案》的规定,有权利能力的人具有当事人能力,但胎儿以其可享之权利为限享有当事人能力。除禁治产者外,能独立为其法律行为承担义务者,均具有诉讼能力。这就意味着包括老年人、妇女、胎儿、残疾人等在内的主体均可作为原告进行起诉。第二,起诉的形式要求。原告应当以书面形式起诉,诉状中应该载明:(1)当事人姓名、身份、职业及住址。如果当事人为法人,应载明其名称及住址。(2)代理人姓名、身份、职业及住址。(3)诉讼物。(4)一定之声明及其事实之要领。(5)对于相对人事实上主张的陈述。(6)证据方法或声叙方法。(7)对于相对人事实上主张的陈述。(8)附属文件及其件数。(9)审判衙门。其中,书状及附属文件的件数应当按照相对人的人数提交,并记载于审判衙门书记科。此外,如果原告在诉状中引用了其他书状,应当将其他书状的抄录本提交审判衙门书记科。与《各级审判厅试办章程》类似,《大清民事诉讼律(草案)》也无关于受理的规定。

二、民国时期的立案受理制度

伴随着1911年辛亥革命的爆发,清政府最终走向灭亡,中华民国随即建立。1912年3月,时任中华民国临时大总统的孙中山下令附条件暂时援用前清的法律制度,即:"现在民国法律未经议定颁布,所有从前施行之法律及新刑律,除与民国国体抵制各条,应失效力外,余均暂行援用,以资遵守。"②至1912年3月,袁世凯在北京就任中国民国临时大总统,开启了北洋政府时代。在其

---

① 刘玉华:《民国民事诉讼制度述论》,中国政法大学出版社2015年版,第29页。
② 谢振民:《中华民国立法史》,中国政法大学出版社2000年版,第54页。

第十章　我国民事诉讼立案受理制度的历史发展与演变

期间,北洋政府在前清修律成果的基础上进行修订,并于1922年颁布了《民事诉讼条例》。从体例和内容上看,《民事诉讼条例》包括总则、第一审程序、上诉审程序、抗告程序、再审程序、特别诉讼程序等,共计6编755条。作为中国历史上第一部由中央政府颁行的民事诉讼法律,《民事诉讼条例》在充分汲取《大清民事诉讼律(草案)》内容的同时,还借鉴了奥地利、匈牙利两国的民事诉讼法律制度,无论是从内容还是体例上看都更加科学全面,因而是一部较为成熟的民事诉讼法。

至1927年4月,南京国民政府成立,中国开始从军阀混战、政权林立的局面逐步走向形式的统一。而伴随着治外法权的收回南京国民政府也开始了大规模的立法活动。在继承北京政府《民事诉讼条例》(1922年)以及广州、武汉国民政府《民事诉讼律》(1921年)、《民事诉讼律实施条例施行细则》(1921年)等法律成果的基础上,南京国民政府自1928年开始着手制定《民事诉讼法》,且在1930年至1931年间分两次公布了《民事诉讼法》的部分内容,并明令该法自1932年5月20日起施行。不过,《民事诉讼法》实施后,因该法内容繁杂且不符合司法实际,而招致了包括政府顾问法国学者宝道等人的批评。① 1934年4月,司法行政部将对该法的修正意见与修改理由呈请行政院向立法院提出议案,最终修订的《民事诉讼法》于1935年7月1日实施。

相较于《民事诉讼条例》,1935年的《民事诉讼法》并未作较大幅度的变动,而是在前者的基础上进行了修改和完善,使其条目更加合理、措辞更为规范。就《民事诉讼法》所确定的立案受理制度而言,相关内容主要规定于"第四章诉讼程序"之中,主要包括:第一,有关起诉的要求。原告应以书面诉状的形式向法院提出起诉,诉状中应当记载当事人信息、法定代理人或诉讼代理人信息、诉讼标的、应为之声明或陈述、供证明或释明用的证据、附属文件及件数、法院以及年月日等事项。并且,无论是当事人还是代理人,均应在书状中签名。如不能自行签名,也可由他人代签,但当事人或代理人应在代签字处画押、盖章或按指印。此外,如果当事人在诉状中全部或部分引用了相关文书,应在起诉时同时提交该文书的原本或副本;而如果当事人在诉状中引用的文书或其他证物并非自己持有,则应当载明持有人姓名、住所或保管部门;如当事人书状中引用证人的,还应载明证人姓名及住所。对于书状及其他附属文件,当事人在提交法院的同时,还应根据对方当事人人数向法院书记科提交副本。对于当事人提交于法院的诉状附件,对方当事人可申请阅览。第二,有关

---

① 刘玉华:《民国民事诉讼制度述论》,中国政法大学出版社2015年版,第120页。

法院受理的规定。原告起诉后,法院将依职权对该起诉是否符合法定程式进行审查,符合法定程式要求的法院将予以受理;对于不符合法定程式的,审判长可命当事人在规定期间内补正,而对于居住在法院所在地的当事人,审判长应将有欠缺的诉状发还当事人并命其当场补正。对于在规定期间内补正后的诉状,则被视为自始符合法律规定。

三、新民主主义革命时期的立案受理制度

伴随着1919年"五四运动"的爆发,中国共产党领导的新民主主义革命由此开端。根据革命任务、政治任务以及历史使命的不同,学界通常将新民主主义革命时期划分为大革命时期(1919年—1927年)、土地革命战争时期(1927年—1937年)、抗日战争时期(1937年—1945年)以及解放战争时期(1945年—1949年)四个阶段。这一时期,中国共产党在艰苦的革命斗争中,不仅相继建立了政权组织,而且还制定了法律制度。其中,就民事诉讼领域而言,具有代表性的法律制度包括《闽西苏维埃政府布告——裁判条例》(1930年)、《中华苏维埃共和国司法程序》(1934年)、《陕甘宁边区民事诉讼条例草案》(1942年)、《苏中区处理诉讼案件暂行办法》(1944年)、《冀南区诉讼简易程序试行法》(1946年)等。不过,限于历史条件和社会环境等因素,这一时期的法律制度具有明显的阶级性、革命性特征,不少法律制度不仅在形式上未严格区分刑事诉讼、民事诉讼,而且在内容上也通常兼具政策、指示、法律等多重性质。

而就立案受理制度而言,不同的法律制度的相关规定也呈现出繁简不一的特点。例如,土地革命战争时期颁行的《闽西苏维埃政府布告——裁判条例》共计4章18条,而在起诉制度上仅用1条规定了当事人可以口头书面任一形式进行诉讼且无须交纳诉讼费。① 在抗日战争时期,随着中国共产党逐步在敌后战场建立若干解放区政权,边区立法也开始呈现活跃状态,相关的法律制度在立法技术上也有了较大的提升,涉及立案受理制度的规定也开始具有体系化特征。例如,《苏中区处理诉讼案件暂行办法》(以下简称《暂行办法》)共计9章86条,其中就在第三章以专章的形式规定了"起诉"制度。根据该《暂行办法》第15条的规定,"人民为维护权益,得向司法机关起诉"。在起诉形式上,《暂行办法》第17条规定,起诉不以书状为要件,当事人可以口头形

---

① 中国社会科学院法学研究所民法教研室民诉组等:《民事诉讼法参考资料》(第1辑),法律出版社1981年版,第150页。

式告诉并由司法机关记录在卷后进行审理。而就诉状或口头告诉记录需要记载的内容来看,主要包括:(1)原、被告及证人、关系人姓名、年龄、性别、籍贯、住址、职业;(2)事实与理由;(3)请求目的;(4)证人与证物;(5)曾否调解与调解之结果;(6)受理机关;(7)起诉年、月、日;(8)告诉人签名盖章或捺指印(左手二拇指);(9)代笔人或记录人签名盖章。并且,无论是对于口头起诉还是书状起诉,当前述记载事项有欠缺时,法院应随时通知当事人纠正,而不得拒不受理。此外,为区别于封建时期和国民政府的法律,《暂行办法》规定各级政府受理诉讼案件,不得收取诉讼费用。① 而在解放战争时期,民事诉讼制度基本沿袭了抗日战争时期的制度内容,并在某些事项上进行了修正、完善和发展。例如,根据《冀南区诉讼简易程序试行法》第23条的规定,民事诉讼暂不收诉讼费,但胜诉人因诉讼而蒙受损失的,可请求败诉人酌情赔偿。②

整体而言,相较于中国古代,这一时期的民事诉讼法律制度已经达到较高的水平,这不仅体现在立法体例更为科学、法律内容更为全面上,还表现在立法理念上更注重对当事人诉讼权利的保障。不过,由于这时期时局较为动荡,影响了法律制度的稳定实施,有些法律文本甚至未曾对外公布。并且,伴随着"西法东渐"的影响,该时期民事诉讼立法体例和立法内容主要是效仿德、奥等欧洲国家建立的,并未充分考量中国法律传统及民众法律素养,一度造成法律制度在实践运行中的"水土不服"。

第三节 中国现代民事诉讼的立案受理制度

一、中华人民共和国成立之初的立案受理制度

中华人民共和国成立之后,我国百业待兴,而民主法治建设也开始蹒跚起步。为与国民党时期的法律制度相区别,1949年初,中共中央发布《关于废除国民党的六法全书与确定解放区的司法原则的指示》,明确要求废除国民党的

---

① 中国社会科学院法学研究所民法教研室民诉组等:《民事诉讼法参考资料》(第1辑),法律出版社1981年版,第189~191页。

② 中国社会科学院法学研究所民法教研室民诉组等:《民事诉讼法参考资料》(第1辑),法律出版社1981年版,第238页。

"六法全书",人民司法工作将以新的法律为依据。而在新的法律制度未创设之前,司法工作应当以共产党政策、人民政府及解放军发布的各类纲领、法律、条例决议为依据。中华人民共和国成立后,为避免因废除国民党"六法全书"后造成"无法可依"的局面,立法机关及最高法院等先后制定了《中国人民法院组织法暂行大纲(草案初稿)》(1951年)、《中华人民共和国人民法院暂行组织条例》(1951年)、《中华人民共和国人民法院组织法》(1954年)、《中华人民共和国人民检察院组织法》(1954年)等法律制度,为我国法制建设的顺利开展奠定了基础。在此期间,除中央政府法制委员会制定的《中华人民共和国诉讼程序试行通则(草案)》(1950年)外,并无其他专门性的程序法律规范。而至于如何处理社会生活中的民事纠纷,根据1950年中央人民政府政务院发布的《关于加强人民司法工作的指示》要求,司法工作"一方面应尽量采取群众调解的办法以减少人民讼争,另一方面司法机关在工作中应力求贯彻群众路线,推行便利人民、联系人民和依靠人民的诉讼程序与各种审判制度"①。

事实上,除北京市、东北人民政府、湖南省等部分省市出台《北京市人民法院民事案件审判程序》(1955年)、《东北人民政府司法部关于诉讼程序的几个问题》(1950年)、《湖南省各级人民法院办理民刑事案件暂行办法》(1950年)等具有民事诉讼程序性质的法律文件外,在中华人民共和国成立后的较长时间内,司法机关对民事诉讼的处理主要以"调解"的形式进行。至1956年,最高人民法院印发《关于各级人民法院民事案件审判程序总结》(以下简称《总结》),将案件审理程序分为"案件的接受、审理案件前的准备工作、审理、裁判、上诉、再审、执行"等七个部分,并分别对各环节的具体工作程序进行说明。而有关立案受理制度的内容,主要规定于《总结》的"案件的接受"与"审理案件前的准备工作"两个部分。其中,"案件的接受"明确了原告的主体资格、起诉的形式、是否收取诉讼费、诉讼的代理、诉状格式、法院之间案件的移送等事项;而"审理案件前的准备工作"对法院审查起诉、调查和搜集证据、决定采取保全措施、试行调解、审理方法与步骤的确定等进行了规定。此后,最高人民法院对《总结》的内容进行了归纳梳理,制定出了《民事案件审判程序(草稿)》(1957年)。

---

① 中国社会科学院法学研究所民法教研室民诉组等:《民事诉讼法参考资料》(第2辑·第1分册),法律出版社1981年版,第390页。

第十章 我国民事诉讼立案受理制度的历史发展与演变

二、改革开放以来的立案受理制度

伴随着1978年第二次全国民事审判工作会议颁行《民事案件程序制度的规定(试行)》,我国的民事程序立法工作开始步入正轨。至1982年10月,《中华人民共和国民事诉讼法(试行)》(以下简称《民诉法试行》)作为新中国成立以来的首部民事诉讼法典正式施行。从内容上看,《民诉法试行》共计5编23章205条。其中,有关立案受理制度规定于"普通程序"一章中,内容涉及当事人的起诉条件、起诉形式、起诉状载明事项的具体内容以及法院对于当事人起诉的处理等内容。此后,我国民事司法实践的推进,我国对《民诉法试行》进行了修订和完善,并于1991年正式颁布了《中华人民共和国民事诉讼法》。而伴随着我国经济社会的发展和法制环境的变化,我国又于2007年和2012年对《民事诉讼法》进行了两次修订,并通过司法解释的形式对《民事诉讼法》的具体规定进行了细化,使其更具有操作性且能够适应不断变化发展的社会生活。

根据我国2012年修订后的《民事诉讼法》,现行民事诉讼立案受理制度主要包括以下内容:第一,关于起诉条件的规定。《民事诉讼法》第119条和第124条分别对当事人起诉的积极条件和消极条件进行了规定,内容包括原告应当与案件有直接利害关系、被告应当明确、相应的诉讼请求、案件事实及理由应当具体,且相关案件应属于法院的受案范围和管辖范围。此外,对于《民事诉讼法》第124条中列举的"属于行政诉讼范围"等7类情形,法院应当区分情况告知原告提起行政诉讼、向仲裁机构申请仲裁、向其他机关申请解决、向有管辖权的法院起诉、向法院申请再审,或作出不予受理决定。第二,有关诉状格式与内容的要求。《民事诉讼法》第120条规定,当事人一般应以书面诉状的形式进行诉讼,只有在书写诉状确有困难的情况下,方可以口头形式提出。就诉状记载事项来看,根据《民事诉讼法》第121条的规定,诉状中应当载明当事人姓名、年龄、职业、联系方式、住所以及案件事实、诉讼理由、证据来源、证人信息等。第三,关于法院受理的规定。根据《民事诉讼法》第123条的规定,对于当事人的起诉,法院在经过严格审查后,才能作出是否受理的决定。根据《民事诉讼法》及相关司法解释的规定,法院审查的事项主要包括以下内容:(1)主体资格的审查,即当事人是否享有诉讼权利和承担诉讼义务的能力,当事人是否适格的问题。(2)诉的法律关系的审查,即当事人到底是以什么法律关系起诉到法院的,如果当事人是以行政法律关系起诉到法院的,案件应以行政案件进行审理。(3)诉讼请求的审查,即原告是否具有诉的利益。(4)起诉证据的审查,即证明当事人是否拥有诉权、法院应予以管辖的证据。(5)管辖权的审查,即是否属于受诉法院管辖范围。而对于审查之后人民法院该如何处理,现行《民事诉讼法》第 123 条还规定了法院受理的程序规则,对于符合起诉条件的,法院应在 7 日内立案并通知当事人;不符合起诉条件的,也应在 7 日内裁定不予受理。

综上所述,中华人民共和国成立以来,我国的民事诉讼活动经历了较长时期的"无法可依"状态。但伴随着改革开放的提出,我国正式出台实施了法典化的《民事诉讼法》,以"立案审查制"为特征的立案受理制度由此确立。然而伴随着经济社会的发展和法治进程的推进,特别是当事人诉权保障观念的发展,原有"立案审查制"的问题不断显现出来,改革"立案审查制"成为民事诉讼程序改革中一项不得不进行的工作。

第十一章

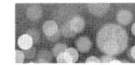中国民事诉讼立案受理制度改革研究

第一节 中国民事诉讼立案审查制度的问题

一、制度构造上的问题

所谓制度构造上的问题,指的是立案审查制在制度结构、内容以及受理条件上的问题。这种问题主要表现为将起诉条件与诉讼要件相混淆,从而不恰当地提高了起诉条件的问题。

所谓起诉条件,是指当事人起诉所必备的法定条件,欠缺该条件的当事人的起诉行为将被诉讼法律作否定的不适法评价,亦即当事人起诉行为不成立。[①] 而所谓的诉讼要件,则是指法院对本案实体权利义务争议问题继续进行审理并作出实体判决的要件,只有在具备实体法上规定的要件时,法院才能够据以作出实体判决或者称本案判决;否则,诉讼将会被驳回。[②] 在大陆法系国家的民事诉讼中,起诉条件与诉讼要件有着明显的区别,其中,起诉条件通常只要求原告向法院提交符合法律规定的诉状及附件材料,法院对此进行形式审查。若当事人起诉未满足法定的起诉条件,则起诉视为不合法,但一般情况下允许当事人对起诉材料进行补正。而对于诉讼要件而言,其需要法院在审理过程中对以下实体要件进行审查,包括当事人的主体资格、当事人的诉讼能力、当事人的诉之利益、诉讼是否属于重复诉讼、是否属于法院裁判范围以及是否属于法院管辖等。就我国立案审查的制度设计而言,无论是《民事诉讼法》第 119 条中的积极条件抑或是第 124 条中的消极条件均属于法院在起诉

---

① [日]中村英郎:《新民事诉讼法讲义》,陈刚等译,法律出版社 2001 年版,第 152 页。
② [德]罗森贝克:《证明责任论》,庄敬华译,中国法制出版社 2002 年版,第 406 页。

环节需要审查的范围,而就《民事诉讼法》第 124 条的规定来看,有关当事人是否适格、是否属于法院主管和受诉法院管辖、是否重复诉讼等问题在本质上理应属于诉讼要件范围,而不应列为起诉条件。

我国立案审查制将起诉条件与诉讼要件相混淆,其问题主要表现为:第一,将"正当当事人"作为起诉必要条件。根据我国《民事诉讼法》的要求,原告应当与案件有直接利害关系。按照法律的一般解释,所谓的"直接利害关系",是指请求法院保护的利益属于提起诉讼当事人自己的利益或其管理、支配的利益。① 这就意味着法官在起诉阶段将对原告是否享有实体权利进行审查,显然这将造成"未审先判"的问题。第二,将"证据"作为立案审查事项。我国《民事诉讼法》要求当事人在起诉时,应当载明证据、证据来源以及证人姓名、住所等信息,一旦法院认为当事人起诉状中载明的证据信息或证据不足,则将对案件不予受理。但事实上,充分、准确、关联的证据是原告获得胜诉的必然要件,并非起诉应否受理的条件,因而,以"实体法上的胜诉标准"衡量当事人起诉是否合法,无疑增加了当事人获得司法救济的难度。显然,立案审查制在起诉阶段既审查起诉条件又审查诉讼要件,不仅客观上不恰当地提高了当事人的起诉门槛,也增加了当事人的起诉难度。

二、受案范围上的问题

根据我国《民事诉讼法》的规定,只有当事人起诉符合法律规定的受案范围,起诉才有可能为法院所受理。就这一制度设计的初衷而言,法院受案范围的设置在于划定民事诉讼与其他纠纷解决机制的边界,并对无法纳入司法调整范围的社会纠纷进行过滤,防止当事人的滥诉,节约有限的司法资源。然而,以法院受案范围确定民事纠纷可诉性的做法不仅使得法院在此过程中享有较大的自由裁量权,而且在行政干预或其他因素的影响下,民事纠纷的受案范围也受到严重的限制,其表现如下。

首先,民事诉讼法有关"受案范围"的规定限制了纠纷解决的类型。我国《民事诉讼法》将法院的受案范围概括性地限定在涉及人身关系和财产关系的民事案件,这与大陆法系国家采取"诉之利益"标准尽可能拓宽民事纠纷可诉范围以及英美法系国家基本不对受案范围进行限定的做法相比,显得较为狭窄。在实践中,对于某些新型民事案件,法院往往以不属于民事诉讼受案范围为由对其不予受理。例如,2001 年最高人民法院就颁布《关于涉证券民事赔

---

① 田平安:《民事诉讼法原理》,厦门大学出版社 2012 年版,第 273 页。

偿案件暂不受理的通知》,该解释就以受当时立法和司法条件限制为由,对证券市场中内幕交易、欺诈、操纵市场等案件暂不受理。

其次,受行政干预影响,法院对特殊、敏感案件往往采取不予受理、暂不受理或拖延受理等方式处理。如在 2008 年发生的三鹿奶粉案件中,石家庄新华区法院就表示其已接到上级法院通知,且需要等待政府的赔偿方案,一度对当事人的起诉不予受理。而最高人民法院副院长沈德咏也曾要求,对于影响社会稳定、涉及面广的案件,法院应谨慎立案,以防因不当立案或不立案而引发或扩大矛盾,激发社会不稳定因素。①

再次,以"红头文件"形式将某类或某几类案件排除在法院受案范围之外。例如,2003 年 9 月,广西高院印发《广西壮族自治区高级人民法院关于当前暂不受理几类案件的通知》②,明确法院暂不受理房地产纠纷、集资纠纷、职工下岗、土地纠纷等 13 类案件。

最后,对某些案件在特定时期内不予受理。在实践中,还有一些普通类型的案件从法律规范上应属于法院立案范围,但法院基于办案压力以及节约司法资源的考虑,往往采取"诉讼搁置"的做法,对特定时期内提交的案件暂不予受理。通常这种情况往往发生在每年 11 月至 12 月等年末时期,某些法院基于结案比例、数据统计、年终总结等绩效考核因素的考虑,采取只收案不立案甚至不收案的方式人为地限制民事案件进入法院。例如,《南方周末》就曾报道,过去北京某区法院每年十月后,审判庭长就会向立案庭法官打招呼要求立案时对案件"把严点儿",原因是法院系统每年会在 12 月份统计当年的结案率,如果该期间新立案件过多会影响当年的结案率。③

三、当事人程序参与权的保障问题

所谓当事人的程序参与权,是指当事人所享有的以程序主体身份,依法参与其诉讼利益相关的各类诉讼活动,并通过自己的诉讼行为依法对案件的裁判结果产生实质性影响的诉讼权利。从类型上看,其包括程序知悉权、意见发表权、辩论权以及获得司法救济权等。在现代民事诉讼中,当事人作为诉讼程序主体,有权通过诉讼权利的行使影响诉讼程序的启动、进行以及中止、终结。

---

① 最高人民法院研究室:《人民法院五年改革纲要》,人民法院出版社 2000 年版,第 276~277 页。
② 参见"桂高法〔2003〕180 号"文件。
③ 冉金、慕鹤:《法院为何年底难立案》,载《南方周末》2011 年 12 月 15 日。

然而,在立案审查制的条件下,更多体现的是法官的意志和权力,当事人的程序参与权利保障明显不足。这种不足主要体现为法院对当事人的起诉采取依职权单方审查的模式,当事人双方均无从知晓审查的过程,也不享有发表意见的权利,而只能被动地等待法院的审查结果。显然,这种侵犯当事人程序参与权的审查模式,不仅违反了民事诉讼的正当程序原理,而且也为限制法院滥用审查权乃至剥夺当事人起诉权埋下了制度隐患。

事实上,从立案受理制度所应发挥的司法功能来看,首先应当是为当事人诉权的行使提供有力的制度保障。但在立案审查制的模式下,法院可以通过立案审查权力,将符合起诉条件的案件进行人为的限制或者排除,具体表现为:第一,拒绝受理案件,即:非基于法定事由,法院对当事人的起诉无故不予受理或者对当事人的起诉长期置之不理,且不给当事人任何不予受理的书面凭证或相应的解释。第二,人为制造"抽屉案"。前文所述的部分法院为追求结案率,在年底时往往采取"只收案不立案"的方式,造成当事人的诉讼无法得到及时的司法审判。第三,选择性立案。这主要表现为民事诉讼领域"有案不立、有诉不理、拖延立案、增设门槛"的"立案难"问题,背离了民事诉讼制度对正义理念的追求。可以看到,在立案审查制下,立案庭对当事人的起诉可以设置重重"壁垒",虽名义上是严防"滥诉",实质上是让审判棘手的案件胎死腹中。①

在民事诉讼中,立案是当事人进行诉讼的第一个环节和前提保障,然而由于立案审查制度的严苛设计,我国的一些法院在对公民起诉条件进行审查过程中设置多重条件,致使公民提起诉讼时面临众多难题,公平救济更是无从谈起。而在实践中,法院除了对法律规定的起诉条件进行审查外,还要受到涉诉信访、审判及绩效考核等多重压力的影响,对于一些矛盾突出、疑难复杂的案件通常在立案阶段不予立案,且通常以"不予受理裁定"将当事人拒之法院门外。尽管,在立案审查的制度实施过程中,我国也在不断推进司法体制改革,立审分离制度的确立、案件管理制度的改革均取得了一定的成效,但这些制度改革无论是在改革进路抑或是方向上均过多地在强调法院的司法管理理念,而不是站在当事人接近正义、诉权保障的角度来实施的,因此始终难以有效处理好实践中民事纠纷越来越多但当事人立案始终艰难的问题。②也正因为如

---

① 廖永安等:《民事诉讼制度专题实证研究》,中国人民大学出版社2016年版,第195页。

② 李喜凤:《论我国民事诉讼立案制度》,河南大学2010年硕士学位论文。

第十一章　中国民事诉讼立案受理制度改革研究

此,愈来愈难以满足人民群众日益增长的司法救济的需求。

第二节　现行立案登记改革的特点

由于立案审查制存在的上述问题,改革立案受理制度就成了历史的必然。为解决民众反映强烈的立案难问题,2014年《中共中央关于全面推进依法治国若干重大问题的决定》(以下简称《决定》)中,首次提出要"改革法院案件受理制度,变立案审查为立案登记制,对人民法院依法应该受理的案件,做到有案必立、有诉必理、保障当事人诉权"。这一规定充分体现了我们党在法治思维的指导下,运用法治方式来解决社会矛盾的决心与信心,对促进中国法治建设和人权保障具有里程碑的意义。随后,在2015年最高法院出台的《最高人民法院关于适用〈中华人民共和国民事诉讼法〉的解释》(以下简称《民诉法解释》)中,以"司法解释"的形式对立案登记制的实施进行了原则性规定,并且立案登记制也被作为法院"四五改革"的重要内容,写入《人民法院第四个五年改革纲要》。此后,为保障立案登记制度在我国的顺利实施,中央全面深化改革领导小组以及最高人民法院又相继出台《关于人民法院推行立案登记制改革的意见》(以下简称《意见》)和《关于人民法院登记立案若干问题的规定》(以下简称《规定》),对立案登记制的法律依据、实施要求、程序运作以及保障机制等进行了规定,并明确"立案登记制"的实施时间为2015年5月1日。由此,我国立案受理制度从"立案审查制"转为了"立案登记制"。

一、现行立案登记制的内涵及制度构成

从有关规定以及目前司法实践中各地法院实际操作的情况来看,现行的立案登记制具有以下一些特点。

(一)起诉形式及诉状规范方面的要求

为方便当事人充分行使诉权,我国立案登记制对起诉形式、诉状的格式及内容以及诉讼材料要求作出了明确的规定。就起诉形式而言,根据《规定》第3条第2款的要求,起诉原则上应以书面诉状的形式提起,而在当事人确有困难无法提交书面诉状的,其也可以口头形式起诉,此时法院应当将当事人口述内容记入笔录,并经当事人签字或盖章后具有与书面诉状同等的法律效力。而就诉状格式与内容而言,根据《规定》第3条第1款及第4条的要求,法院应

当为当事人起诉提供格式化的诉讼文书样本和诉讼指引。诉状中要明确记载原告、被告姓名(名称)、单位、住址(住所)、联系方式等信息,诉讼请求及事实理由、证据及证据来源等内容。案件有相关证人的,还应载明证人姓名、住所等信息。为确保当事人提交的诉状及其他诉讼材料符合法律规定,《规定》第6条还对诉状中具体事项的材料形式进行了明确。如当事人为自然人,其在起诉时应提交其身份证明复印件;若当事人为法人或其他组织的,则应提交营业执照或组织机构代码证的复印件以及法定代表人或主要负责人的相关身份证明文件。

(二)诉状及诉讼材料接收上的要求

在我国进行立案登记制实施之前,部分法院存在着"有案不立、有诉不理"的做法,严重影响了当事人诉权的合法行使。有鉴于此,《规定》第2条明确规定,法院应当对当事人的诉状一律接收,并向当事人出具标注收到诉状日期的书面凭证。诉状接收后,法院将分具体情况作出区别处理:(1)对于符合起诉条件的,应当当场立案。(2)对于不完全符合立案条件的诉状,法院应当履行阐明义务,以书面形式告知当事人在规定的期限内补充相关的材料。(3)对于当事人的起诉不符合法律规定,或经法院告知应当补充材料而当事人拒不补充而坚持起诉以及当事人补充材料后仍不符合法律规定的,法院将对其裁定不予受理。(4)对于在法定期间内难以判断当事人的起诉是否符合法律规定的,法院应当先行立案。

(三)起诉条件审查上的要求

按照有关规定,实行立案登记制并不意味着法院对起诉条件无须进行任何审查,我国立案登记制在强调当事人诉权保障、尽可能地消除诉讼障碍的同时,并没有否定法院在立案阶段的审查功能,但就审查的条件和范围来看,已明显有所限缩。根据立案登记制的要求,法院只需对当事人的起诉作形式审查,而不对当事人能否胜诉等实质要件进行判断,因而,诸如当事人提交的证据是否充分、诉讼理由是否明显不成立等要素不再是法院立案阶段的审查事项。此外,基于规制违法起诉、滥用诉权行为以及维护国家利益、社会公益的需要,法院除对起诉材料进行形式审查外,还需对相关起诉是否符合其受案范围进行审查,而如果案件属于《意见》第2项中"不予登记立案"情形以及《规定》第 10 条规定的情形,[1]那么法院将对当事人的起诉不予登记立案。申言之,在立案登记制下,起诉状符合法定形式条件只是立案的前提,案件能否为法院受理还需要符合"法院受案范围"等法律规定的要求。

(四)立案期间上的要求

所谓立案期间,是指法律规定的人民法院对当事人的起诉进行审查并最终作出立案与否决定的法定期间。根据《民事诉讼法》第 123 条和《民诉法解释》第 208 条的规定,对于起诉符合立案受理条件的,法院应在 7 日内予以立案。此外,为最大限度地保障当事人的诉权,根据《规定》第 8 条的规定,对于在法定期间内难以判断当事人的起诉是否符合法律规定的,法院应当先行立案。这一举措,也避免了法院以"难以查清当事人起诉是否符合法律规定"为由拒不立案或拖延立案。

(五)立案登记后有关案件处理上的要求

为保障已经立案的案件能够得到法院的及时审理,防止在司法实践中再次出现"抽屉案"等问题,《规定》第 12 条要求,法院立案庭在对案件完成立案登记后,应当及时移送至审判庭进行审理。此外,为不影响当事人诉权的正常行使,此次立案登记制改革还改变了原有民事诉讼立案受理制度一律"先交费后立案"的程序要求,明确规定具有缓交、减交或者免交诉讼费用情形的案件,可先办理立案登记事宜,再依法对诉讼费用问题进行处理。

(六)对违法滥诉制裁上的要求

近年来,诉讼参与人扰乱人民法院诉讼秩序的行为时有发生,且有关虚假诉讼、恶意诉讼、违法缠诉现象泛滥,且有逐年增加的趋势。为有效规制扰乱立案登记制实施的各类违法犯罪行为,推进诉讼诚信建设,《意见》第 5 项和《规定》第 16 条针对虚假诉讼、立案过程中的违法行为以及干扰立案秩序等行为规定了相应的民事责任、行政责任以及刑事责任等,以此为立案登记制的实施创造良好的司法环境。

---

[1] 《关于人民法院推行立案登记制改革的意见》第 2 项规定法院不予立案的情形包括:(1)违法起诉或者不符合法定起诉条件的;(2)诉讼已经终结的;(3)涉及危害国家主权和领土完整、危害国家安全、破坏国家统一和民族团结、破坏国家宗教政策的;(4)其他不属于人民法院主管的所诉事项。《最高人民法院关于人民法院登记立案若干问题的规定》第 10 条规定:"人民法院对下列起诉、自诉不予登记立案:(一)违法起诉或者不符合法律规定的;(二)涉及危害国家主权和领土完整的;(三)危害国家安全的;(四)破坏国家统一和民族团结的;(五)破坏国家宗教政策的;(六)所诉事项不属于人民法院主管的。"

（七）对法院立案监督上的要求

为保障立案登记制的顺利实施，《意见》《规定》等司法政策和司法解释还强化了对法院立案工作的监督。从监督类型上看，包括来自法院上下级之间的内部监督和来自人大、检察机关以及新闻媒体和人民群众的外部监督两种；在监督范围上，涵盖了包括违法不予立案、拖延立案、不予受理、驳回起诉等多种立案环节违法情形的监督；在监督渠道上，当事人认为法院立案行为不规范致使自身权益没有得到应有尊重和保护的，可以进行投诉，向相关部门提出意见建议、权利请求和司法救济；从监督程序上看，《规则》第13条规定，人民法院应当在受理投诉之日起15日内将查明结果反馈给当事人，之所以规定期间为15日，主要原因在于立案工作具有较强的时效性特点，查明反馈的时间不宜过长，否则将影响当事人诉权的正常行使。从对于违规人员的处理来看，《意见》第6项根据立案环节中审判人员的违法后果的严重程度，要求依法给予纪律处分，乃至追究刑事责任。

（八）其他制度上的要求

除了以上制度安排外，《规定》还对立案服务制度、多元化纠纷解决机制建设等提出了新要求。其中，立案服务制度要求人民法院提供网上立案、巡回立案、预约立案等诉讼服务，为当事人起诉提供便利化、多元性的渠道。而多元化纠纷解决机制建设，则在于为当事人的纠纷解决方式拓展渠道，赋予当事人选择人民调解、行政调解、行业调解、仲裁等多种方式解决争议的权利，同时也达到缓解法院司法审判工作压力的目的。

二、现行立案登记制的优势

相较于过去的立案审查制度，现行立案登记制所倡导"法院不得拒收当事人诉状"、"先行立案"等诉讼理念，无疑为民众长期诟病的"立案难"问题提供了明确的解决方案，有助于当事人便利地向法院提起诉讼。从整体上看，我国立案登记制度的制度优势主要表现为以下方面：

首先，在以往立案审查制的安排下，相关立案制度的设计受国家本位主义理念的影响，民事诉讼立法不仅多侧重于从审判权力的视角审视和评价当事人的起诉行为，以及法院对于案件的受理被视为国家管控社会的一种具体形式，而且在此理念下，当事人在民事诉讼中的活动也被认为应当服从作为国家权力具体行使者的法院的管控与安排。反映到立案受理制度当中，立法强调的是法院在案件受理环节的审查权限和主导作用，诉讼程序的开始基本上取决于法院的受理行为，而作为诉讼主体的当事人则只能被动地接受法院审查

第十一章 中国民事诉讼立案受理制度改革研究

后作出的决定。而在立案登记制度下,更加强调的是当事人对诉讼启动的主导权利,只要原告的起诉符合形式要件,法院就必须立案。据此,当事人可以依法"低门槛、无障碍"地获得民事司法救济,这在减少法院在立案时滥用自由裁量权的同时,也更好地保护了当事人的诉权。显然,立案登记制不再将当事人作为诉讼的"客体",而是将当事人作为程序主体,并为当事人程序权利的行使提供制度保障。

立案登记制施行后,全国各地法院也普遍设置了规范的诉讼格式和有关起诉程序的诉讼指引,使得当事人对起诉要求和立案流程有了更加清晰的认识,这在客观上有助于当事人便利地完成起诉事项。尤其是对于当事人起诉材料不完整的情况,法律明确了法院的"一次性"告知义务,使得当事人有机会和时间对起诉材料进行补充,避免了立案审查制下"当事人起诉材料不充分法院便拒绝受理"的情况发生。就此而言,立案登记制所体现的对当事人诉权的尊重与立案审查制所体现的职权主义及管控理念不仅存在明显的差异,其在制度理念上也更具民主性以及顺应了当事人诉权保障的需要。

其次,在以往的立案审查制度安排下,法院在立案受理环节将起诉条件与诉讼要件混淆,除了对当事人的起诉材料进行形式审查外,还要对当事人的实体法资格以及起诉证据等进行审查。而立法对于应当如何审查涉及诉讼要件的事项以及审查到何种程度等均没有规定,致使各地法院对于起诉事项的审查标准不一。在司法实践中基于各地法官知识储备和法律素养的不同,各地法院对同类案件的处理结果也存在差异。换言之,立案审查制不仅对当事人起诉设置了较高的条件,而且由于审查事项较多且尺度、标准未予明确,使得在实践中过度审查、无序审查问题极为突出。而在立案登记制模式下,法院仅对当事人的起诉进行形式审查,不仅做到了将诉讼条件与诉讼要件适度分离,即:只要当事人的起诉状符合法律规定,法院就一律收案,而相关起诉是否符合《民事诉讼法》规定的起诉条件,法院将在收案后审查决定。由此,可以说立案登记制在充分保障当事人诉权的基础上进行案件的筛查和过滤,不仅有利于破除实质审查、过度审查、人为设置障碍等问题,从而逐步实现法院对符合法定条件的起诉做到有案必立、有诉必理,其审查方式也较立案审查制科学。

再次,从目前立案登记制的程序设计而言,兼顾了对当事人诉权的保障和方便司法操作两个方面的问题。其表现在于:第一,在受案范围上,只要不属于《意见》第 2 条第 5 款以及《规定》第 10 条规定的限制性情形,当事人均可将案件诉至法院,据此,法院不能再以"红头文件"的形式或者以"需要等待政府的处理结果"为由,人为地将原本属于民事诉讼受案范围的案件人为地排除在外,从而使各类民事纠纷都能便利地进入司法救济程序。第二,在立案程序上《意见》、《规定》等规定了"当场立案"、"先行立案"以及部分案件的"先立案后交费"等制度措施,使得当事人起诉更加便利和高效,民事纠纷也将不会因法官审查能力不足或当事人无力承担诉讼费用等问题的存在而被排除在司法救济之外。第三,立案登记制的实施,还将对法院内部机构事项的划分产生影响。在立案登记制模式下,立案庭将主要对当事人的起诉作形式审查,而将当事人诉讼是否具有诉讼要件则在立案后交由业务庭审查,这既符合我国当前进行的"以审判为中心"的诉讼制度改革,从民事诉讼程序设置的角度上看,也更为科学、合理。

最后,在我国,立案登记制的特点不仅仅体现为自身的合理设计,还体现为国家为确保立案登记制的顺利施行,制定了诸多的保障制度。例如,为了确保立案登记制的顺畅实施,《规定》为法院设定了立案服务的义务。立案登记制实施后,许多地方逐渐强化诉讼服务能力建设,建立了诉讼服务大厅、配置了导诉工作人员、开通网络立案平台以及及时回应当事人诉讼问题等措施,为当事人起诉搭建智能化、便捷化、多元化的诉讼服务平台,方便当事人办理各项诉讼事务。又如,为了保障立案登记制不受到违法滥诉行为的影响,《规定》倡导依法诉讼、诚信诉讼理念,并针对性地对虚假诉讼、扰乱立案工作秩序以及审判人员在立案工作中徇私枉法、滥用职权等行为明确了法律责任,这些激励及惩戒措施的设立,为立案登记制的有效运行提供了制度保障。此外,为有效解决案件登记制实施后案件急剧增长的现实与司法资源有限性之间的矛盾,《规定》和《意见》还倡导当事人通过调解、仲裁、和解等非诉方式解决纠纷,并通过完善多元化纠纷解决机制,为当事人纠纷解决提供多种渠道的同时,也通过案件的分流缓解法院的诉讼压力。

第三节 现行立案受理制度的问题与完善研究

客观而言,目前实施的"立案登记制"作为对过去立案审查制度的改革,不仅是起诉条件便利化和审查方式形式化的制度设置,以及为当事人诉权的行使提供了有力的制度保障,回应了司法实践中民众长期诟病的"起诉难"问题,同时也顺应了世界各国以"接近正义"为主题的司法改革潮流。为此,有学者

第十一章 中国民事诉讼立案受理制度改革研究

认为"这项改革更为根本的积极意义在于使受理阶段就开始从实质内容上限制当事人诉权的种种'理由'或'土政策'失去正当性,从而基本上解消了导致'告状难'的大多数'关卡'"①。

但同时也应当看到,从我国立案登记制的性质与类型上看,我国目前实行的立案登记制与现代英美法系与大陆法系各国实行的立案登记制是有所不同的。换言之,如果从立案登记制度基本类型的角度上看,实际上存在着两种不同类型的立案登记制。一种是以现代英美法系与大陆法系各国实行的"绝对的立案登记制",另一种是我国目前实行的"相对的立案登记制"。这两种立案登记制在立案登记机构的设置、人员的特征、立案登记的性质、制度构造及其内容上是有所不同的。

从登记机构设置的角度上看,现代英美法系与大陆法系各国负责立案登记的机构通常是法院的"书记室","书记室"在性质上属于司法行政管理机构②;从"书记室"工作人员即负责立案登记工作人员的情况来看,从事立案登记的人员都是书记员,即从事司法管理的人员并非审判人员;从权限上看,只要原告起诉提交了符合法律规定形式的诉状即可获得立案,不设任何门槛;而我国目前实行的"立案登记制",虽然要求法院不得拒绝接收当事人符合法律规定的起诉状,但是,不仅在立案管理机构的设置上、人员的性质上有所不同,而且对于起诉仍然要进行实质性的审查,即起诉必须符合法律的规定以及属于法院主管的范围,因而,我国的"立案登记制"就基本性质而言,实际上属于立案受理的程序性改革,很难说是对于立案受理制度上的全面改革。即在立案受理程序上,对于当事人符合法律规定的起诉,法院不能再像过去那样人为地设置其他法外条件,只要符合法律规定都应当受理,因而相较于现代英美法系与大陆法系各国实行的"立案登记制",无论在制度设置、立法理念以及制度构造等方面仍然存在诸多差异。之所以出现这种情况,我们认为与下述两个方面的问题存在直接的联系。

---

① 王亚新:《立案登记制改革:成效、问题及对策——基于对三地法院调研的思考》,载《法治研究》2017年第5期。
② 在英美法以及大陆法系的大多数国家中,民事案件的受理大多是由法院的"书记室"负责,法院的"书记室"在性质上不是法院的行政管理机构,从事案件接受的书记员属于司法行政工作人员。

一、现行立案登记制度本身的问题

(一)法律制度与司法政策未能有效衔接

我国现行《民事诉讼法》修改于 2012 年 8 月,其并未对立案受理制度进行修改,而是保留了立案审查制的相关内容。此后,无论是首次提出立案登记制的 2014 年的《决定》,还是 2015 年的最高法院《民诉法解释》以及中央全面深化改革委员会办公室《意见》、最高法院《规定》,虽然先后对立案登记制进行了或详或略的规定,但是由于作为立案制度基本法律依据的《民事诉讼法》修改实施在前,而且其中依然实行的立案审查制的规定,使得立案登记制在施行过程中必然面临司法解释、司法政策与民事诉讼基本法律的冲突。对此,最高人民法院副院长江必新也指出,虽然我国已经实行立案登记制,但是人民法院在立案受理问题上仍需审查当事人起诉条件,审查内容包括两个部分:"其一,对起诉状的形式审查……;其二,对起诉要件的实质审查……不符合起诉实质要件的,人民法院应当作出不予受理或者驳回起诉的裁定。"①

正是由于《民诉法解释》《意见》和《规定》的具体规定不得违背《民事诉讼法》的规定,使得"立案登记制"在实践中难有根本性的制度突破。事实上,在现有的立案登记制模式下,虽然法院会对当事人符合起诉条件的诉状一律接收,但是"接收"并不意味着案件的受理,因为法院仍需对当事人的起诉条件进行审查,并决定是否受理案件。例如,根据《民诉法解释》的规定,对符合《民事诉讼法》第 119 条规定且不属于第 124 条限制情形的案件,法院应当予以当场立案;而如果难以当场确定是否符合起诉条件的,也会对案件材料予以接受,并出具相应的接收凭证。由此可以看出,不仅在立案登记制下案件的受理依然受《民事诉讼法》中起诉条件的制约;而且对案件材料的接收绝不等于对案件的受理。为此,学理上有观点认为,立案登记制在我国实际上仅具有象征性的意义,我国民事诉讼登记立案的条件仍未发生根本性的改变。

从《意见》及《规定》来看也存在同样的问题。根据《规定》第 10 条的规定,人民法院对于违法起诉或者不符合法律规定等诉讼依旧可以不予登记立案。其中所谓的"不符合法律规定"显然包括《民事诉讼法》第 119 条和第 124 条的内容。因此,在立案登记制模式下,有关起诉条件的设置只是在表面上降低了案件进入法院的门槛,但实质上并没有多大的改变。换言之,《规定》中对登记

---

① 江必新:《新民诉法解释法义精要与实务指引(上)》,法律出版社 2015 年版,第 474 页。

立案制度的创新难以真正实现该项制度推出的本意,也难以从实质上改变固有立案审查制度下的"路径依赖"。

(二)诉状事项繁杂化制约当事人诉权的行使

在现代民事诉讼中,无论是大陆法系国家还是英美法系国家,起诉状不仅具有起诉功能,同时担负着促进争点整理以为庭审进行准备的功能。然而,由于民事诉讼不仅涉及当事人、诉讼请求、事实与理由等要素,还涉及诉讼代理、管辖权等事项,如果将所有诉讼信息完全记载于起诉状之中,不仅在客观上对当事人的诉讼能力提出了过高的要求,而且也不利于法院及时地对案件进行审查。为此,各国民事诉讼法一般只要求当事人在起诉状中记载起诉所必需的事项,而其他事项则属于当事人选择提交的范畴。例如,大陆法系国家的日本就将民事起诉状进行了必要记载事项和任意记载事项的区分。其中,必备记载事项是构成审理判决的必要事项,是诉讼的必备要件,主要包括当事人及法定代理人信息、请求的旨趣及原因等内容;而任意记载事项则主要包括支持当事人诉讼请求的具体事实、理由以及证据、原告或其代理人的邮政编码、电话号码等。二者的区别在于,欠缺必要记载事项的起诉状则被视为起诉不适法,不产生起诉效果,但任意记载事项欠缺的起诉状则被视为适法。① 可以看到,起诉状中必备记载事项的有无决定着诉讼的合法性,而任意记载事项则起到辅助法院固定争点、加快推动诉讼进程等作用,该类事项的缺失并不影响起诉的合法性。

反观我国,无论是实行"立案审查制"的2012年《民事诉讼法》,还是规定"立案登记制"的2015年《民诉法解释》和最高法院《规定》,均未对起诉状的内容做必要记载事项和任意记载事项的区分,其均要求起诉状中明确原、被告双方当事人的信息、诉讼请求、事实理由、证据和证据来源、证人姓名和住所等事项,而这种要求显然加重了作为原告的诉讼负担。以被告的信息为例,随着现代社会中人口流动的加速,确定被告的工作单位及住所等信息并非易事,况且伴随着网络侵权等新型案件的不断涌现,原告甚至只能确定被告的网名而无法确定其真实姓名,显然,对于此类案件严格要求当事人在起诉时确定如此繁杂的信息,无助于保障当事人便利行使诉权,同时,这也混淆了诉讼条件与起诉要件的区别。此外,我国民事诉讼法要求当事人在起诉状中应当阐明诉讼请求所依据的"理由",这不但违背了"法官知法"的原理,也与我国民事诉讼当

---

① [日]中村英郎:《新民事诉讼法讲义》,陈刚等译,法律出版社2001年版,第146~147页。

事人法律知识储备不足以及律师代理比例偏低的现实不符。因而,起诉状内容记载事项的繁杂化,实际上为当事人便利起诉增加了诸多难度。

(三)配套制度不健全为滥诉留下了空间

所谓"诉权滥用",是指当事人违反诚实信用原则的要求,恶意行使诉权的行为。理论上,诉权滥用通常与虚假诉讼等概念相联系,但需要说明的是,诉权滥用的本质是一种权利滥用行为,其表现为当事人虽然享有诉权,但是在诉讼过程中滥用该权利,提出不合理的诉讼请求或故意为诉讼进程的顺利推进设置障碍。这也是滥用诉权与虚假诉讼等概念相区别的本质特征。在实践中,常见的滥用诉权主要表现为恶意诉讼①、无理缠诉②等类型。毋庸置疑,在现代社会中诉权保障作为人权保障的具体内容已为大多数国家所确立,但国家保障当事人在发生民事纠纷时享有诉诸司法的权利,并不意味着当事人可以滥用该权利损害国家利益、社会公益或他人利益。然而现实是,伴随着我国立案登记制的实施,实践中频繁出现了"赵薇瞪我案"、"林妙可微博未回复案"等"奇葩诉讼"③案件。此类案件的发生,固然与当事人主观上滥用诉权有直接关联,但同时也必须看到,现行立案登记制配套制度的缺失,一定程度上也为此类案件的发生留下了制度漏洞。

通过考察有关立案登记制的法律规定和司法政策,可以发现虽然《意见》及《规定》均意识到在保障当事人诉权的同时,应当对不适宜诉讼的情况进行"过滤",但是问题是相关规定将主要精力放在对虚假诉讼这一原本当事人就不享有诉权的情形的规制上,④而对享有诉权而滥用诉权的行为如何界定和

---

① 恶意诉讼是指当事人为了达到某种不正当的目的或者追求某种利益而故意颠倒黑白、隐瞒、伪造重要事实甚至无中生有,借此以受害人的身份以合法的形式提出恶意的诉讼,然后要求法院予以维权并且给对方当事人造成损害的诉讼行为。

② 无理缠诉主要是指在诉讼实务当中,一些诉讼当事人明知自己缺少正当且充足的理由,在实际缺少合法可信的事实证据的情况下,却仍然为了满足自己的一些无理、过分的要求而提起诉讼,且久诉不息故意影响另一方诉讼当事人正常生活、浪费司法资源、严重侵犯和藐视司法权威的诉讼行为。

③ "奇葩诉讼"是指起诉事项于法无据、于理不通,甚至让人感觉荒谬,缺乏法律依据的诉讼行为。

④ 例如,《意见》明确提出,要"依法惩治虚假诉讼。当事人之间恶意串通,或者冒充他人提起诉讼,企图通过诉讼、调解等方式侵害他人合法权益的,人民法院应当驳回其请求,并予以罚款、拘留;构成犯罪的,依法追究刑事责任"。《规定》亦明确,"对干扰立案秩序、虚假诉讼的,根据民事诉讼法、行政诉讼法有关规定予以罚款、拘留;构成犯罪的,依法追究刑事责任"。

第十一章　中国民事诉讼立案受理制度改革研究

规制并未作出规定,这就使得司法实践在处理上存在合乎诉讼法理却违背法律规定的尴尬局面。例如,针对实践中出现的"赵薇瞪我案"、"林妙可微博未回复案"等案件,实务部门通常将其界定为诉权滥用并以裁定不予受理的形式进行处理。基于司法资源有限性的现实和规制诉权滥用理论,法院进行如此界定和处理本无可厚非,但问题是就立案登记制的具体规定而言,只要起诉符合法定要求法院就应当对案件予以受理。换言之,无论是正常的民事纠纷还是"奇葩诉讼",只要当事人的诉讼符合形式要件,法院即应当予以受理,至于当事人的诉讼请求是否应当得到法律保护则属于"实质审查"的内容,法院只能在对案件进行审理后方能作出裁决,否则将有可能损害当事人的诉权,甚至使原有的"立案难"问题死灰复燃。因此,基于司法资源的有限性和诚信诉讼原则的要求,法律应当对恶意诉讼、无理缠诉等行为作出明确的界定,并通过设置科学合理的规制措施和法律责任,实现对此类诉讼的过滤和对相关权利人的权益保护。

二、导致目前立案登记制问题的原因

(一)法律制度方面的原因

1.中国民事立案登记制的目标定位缺少宪法支撑

宪法是国家的根本大法,也是司法的终极性以及司法权威的依据与保障,虽然最高人民法院在对于民事立案登记的理解与适用上,公开表明指导思想在于切实保障当事人的诉权,从制度上根本解决"立案难"问题,并对于不收材料、不予答复、不出具法律文书的问题,以及追究有案不立、拖延立案、人为控制立案、"年底不立案"、干扰依法立案等违法行为的规制作出了明确的规定。① 但是,从制度的逻辑角度上看,更多体现的是现实的倒逼,而并非制度的自觉发展。从宏观的法治构建来看,由于司法最终解决原则以及诉权保障目前尚未写入我国宪法②,"切实保障当事人诉权"实际上缺少国家根本大法

---

① 沈德咏:《最高人民法院民事诉讼法司法解释理解与适用(上)》,人民法院出版社2015年版,第554~556页。解决"立案难"的关键性举措——最高人民法院负责人就《关于人民法院推行立案登记制改革的意见》答记者问,新华网 http://news.xinhuanet.com/legal/2015-04/15/c_1114977687.htm,下载日期:2015年8月11日。

② "诉权入宪"是世界主要法治发达国家的通行做法,最具代表性的当属法国。我国民诉学者自上世纪末以来积极引入这一理论,然而立法基于诸多现实因素的考虑一直未纳入修宪的议程,从目前的社会发展形势来看,从宪法的高度将诉权确立为公民基本的救济权,是丰富和完善我国人权法律体系亟待完成之作业。

的依据,而这一缺憾也使得包括民事立案登记在内的一系列保障当事人诉权的目标定位,缺乏最高效力法律的支撑。

2.制度设置仍然在一定程度上忽视当事人程序参与权利

前文已述,按照当事人程序参与的原则,国家在有关民事诉讼程序法律制度的设置上,应当为当事人正当地行使诉讼权利提供相应的制度保障措施,使其能够自主地参与民事诉讼进程,知晓程序运行的具体情况,并对涉及自身权益的诉讼事项发表意见,以此维护自身权益并约束审判权的行使。基于保障当事人程序参与权原则,国家应当为当事人诉讼权利的行使,扫清具有体制性、机制性的障碍。然而,考察我国实行的立案登记制可以看到,虽然现行的立案登记制较过去的立案审查制已有很大的不同,但是,这种不同应当说较大程度上是形式上的不同,即这种不同主要表现为形式上的差异。从制度设置与构建的角度上看,并不具有实质性的意义。事实上,无论是立案审查制的"肯定"还是"否定"两种处理方式,还是立案登记制下的"肯定"、"否定"以及"待定"三种处理方式,其性质上都是法院单方依职权对当事人的起诉进行的处理,换言之,就起诉阶段而言并未赋予当事人程序参与权,也未充分"听取"当事人的意见。

例如,根据《民诉法解释》第 208 条第 2 款以及《规定》第 2 条第 2 款、第 3 款的规定,对当事人起诉难以判断是否符合起诉条件的,法院应当作出以下处理:首先,对于当场难以判断是否符合立案受理条件且在收案后 7 日内仍然无法判断的,应当先行立案。其次,对于当场审查后发现当事人起诉材料不完整的,法院应当对当事人进行释明,告知当事人应当补充哪些材料以及在相应的期限内完成起诉材料补充。最后,对于法官告知当事人应补充材料而当事人未补充,或当事人补充材料后经审查认为不符合立案受理条件的,则不予立案。据此可见,在我国现行起诉条件要求较为繁杂的情况下,如当事人未根据法院要求补充相应材料或者当事人以既有材料坚持起诉的情况下,法院依然可单方作出不予受理的裁定。显然,在现行立案登记制模式下对当事人起诉设置"待定"选项,并未从根本上改变对当事人程序参与权的漠视,甚至在这种法院单方审查模式下,在实践中仍然可能会出现因审判人员误判等因素造成新型"立案难"的问题。①

---

① 曲昇霞:《论民事诉讼登记立案的文本之"困"与实践之"繁"》,载《法律科学》2016 年第 3 期。

3.不合理、不科学的绩效考评机制影响立案登记的实施

长期以来,作为司法管理机制的重要组成部分,以量化指标为主的法院绩效考评机制对于激励各级法院各类人员完成工作任务,提升工作业绩发挥了重要的作用。但是这种片面追求效率的制度设计,违背了司法规律,造成了与司法公正价值的紧张关系。① 作为法官最为关注的年度结案率,成为法院年底不收案、不立案的直接原因之一。虽然最高人民法院于2014年12月23日宣布取消对全国各高级法院的考核排名,并要求各高级法院取消本地区不合理的考核指标。② 2015年1月21日,中央政法委宣布取消各级政法机关包括结案率在内的一系列不合理的考核指标。③ 尽管如此,仍有相当一部分地方法院尚未对原有的考核指标体系作出调整,结案率也仍然能见诸对法院审判工作的各类宣传报道中。可以说,要在全国范围内彻底取消结案率等不合理的考核指标,尚需一段时间的调整,而如若不代之以科学的、符合司法规律的评价机制,则结案率等量化指标极有可能以其他名目出现,影响立案登记制的实施。

4.多元化纠纷解决机制配置格局有待优化

在立案受理问题上,我国民事司法实践曾长期存在"有诉不理、有案不立"等侵犯当事人诉权的现象。而伴随着立案登记制的实施,公众能够更为便利地接近司法,当事人诉权也得到了较好的保障。但就法律制度的设置目的而言,其虽然要求法院对于当事人的起诉材料一律接收,但是绝非鼓励民众将所有民事纠纷一律诉至法院。换言之,基于司法资源的有限性以及司法裁决的固有特点,当事人将所有民事纠纷均交由法院解决,既超出了法院的承载能力,也未必使民事纠纷得到全面、有效、彻底的解决。因为根据制度经济学的基本原理,"诉讼动力过度"与"诉讼动力不足"均会阻碍诉讼效益的最优化,诉讼方式的采用应得到合理的调控。④ 事实上,"司法最终解决"原则一方面是指对于当事人提起的诉讼,法院均不得拒绝裁判;而另一方面,该原则也可以

---

① 龙宗智:《影响司法公正及司法公信力的现实因素及其对策》,载《当代法学》2015年第3期。
② 《最高人民法院召开党组会议决定取消对全国各高级人民法院考核排名》,载《人民法院报》2014年12月27日。
③ 中央政法委:《取消有罪判决率、结案率等考核指标》,中国新闻网 http://www.chinanews.com/fz/2015/01-21/6991423.shtml,下载时间:2015年11月5日。
④ 熊丙万、周院生:《诉讼效益的经济分析框架——以当事人诉讼动力的调节机制为中心》,载《制度经济学研究》2015年第4期。

解读为法院在纠纷解决过程中应当扮演着"终结者"的角色,即:法院应当是纠纷解决的"最后一道防线",而非"唯一途径"。因此,国家在为民事诉讼立案受理疏通"通道"的同时,还应该积极为包括仲裁、调解、和解等非诉纠纷解决制度的广泛施行提供相应的制度支持和措施保障。

事实上,即使是实行立案登记制的英美法系国家和大陆法系大多数国家,也并非将所有纠纷通通纳入司法审理范畴,而是通过和解、调解、仲裁等替代性解决机制(ADR机制)对案件进行过滤,最终进入法院的案件数量实际上仅占为数较小的比例。反观我国,虽然我国向来就有"东方经验"之称的调解以及和解、仲裁等多元纠纷解决机制,但是受制于法律效力问题较低以及调审关系不清等因素的影响,"有事找法院讨说法"依然是大多数民众面对解决纠纷的第一选择。这种诉讼心态和方式选择,一方面,使得我国诉讼案件近年来呈现持续增长的态势,法院"人少案多"的矛盾日益突出;另一方面,对于当事人而言,尽管法院已经在立案环节接收了起诉,但随着起诉程序的后移,当事人往往在交纳诉讼费用、提供证据材料、接受调查询问后得到的却是"一纸裁定驳回"的判决,这将使得对立案登记制度寄予厚望的当事人在遭遇起诉驳回后对法院产生更大的不满和失望,加剧了当事人和法院的紧张关系。有鉴于此,我国在依托立案登记制度来对当事人诉权加以保障的同时,还应当加快多元化纠纷解决机制的建构,激活诉讼途径与非诉途径的良性互动机制,最终实现民事纠纷的依法、及时、有效解决。

(二)社会环境方面的原因

1.当事人的诚信诉讼观念有待提高

诚实信用是民事实体法的一项基本原则,亦是当事人合法参与民事诉讼程序,进行"理性诉讼"的重要保障。所谓诚实诉讼理念,是指当事人在民事诉讼过程中,应当诚信地实施诉讼行为和实施诉讼活动,而一旦当事人在此过程中未遵循诚信原则,法院将对当事人的相关诉讼行为作出否定性评价。[①] 从我国民事诉讼立案受理制度的历史发展中可以看到,有关诚信诉讼的理念在不同时期的制度设计中均有所体现,如《唐律疏议·斗讼》明确要求,"指陈实事,不得称疑",《明会典》亦强调,诉状书写不可"添捏虚情"或"捏词妄诉",更不得"撼拾旁事"等等。而随着现代民事诉讼立案受理制度的发展,各国相继在立案制度设计中不断推进诚信理念的规则化,明确当事人在起诉过程中的真实陈述义务。如《德国民事诉讼法》第138条第1款就要求当事人应当对案

---

① 熊跃敏、吴泽勇:《民事诉讼中的诚信原则探究》,载《河北法学》2000年第4期。

件事实情况作真实而完全的陈述。美国为保证当事人基于真实事实和善意而起诉,要求律师或当事人在民事起诉状上签名,并以诚实进行诉讼,否则将承担恶意诉讼的法律责任。① 由此可见,当事人的诚信诉讼观念对于民事诉讼立案登记制度的正确推进至关重要,它具有从当事人诉讼观念以及内在诉讼意识的角度,规范当事人起诉行为、规制当事人滥用诉权的基本功能。

就我国而言,2012年的《民事诉讼法》第13条虽然明确规定了诚实信用原则,并且设置第三人撤销之诉、证据失权制度以及罚款拘留等强制措施,对违反该原则的行为进行救济和规制。在立案登记制度中,最高法院《规定》第16条也规定,人民法院应当在立案登记制度实施过程中,推进诚信诉讼建设。不过无论是《民事诉讼法》还是最高法院的《规定》,均侧重于从事后救济或者制裁的角度对当事人违反诚信诉讼原则的行为进行处理,对于如何从源头上发现当事人违反诚信原则的诉讼行为并适时进行过滤,法律并无具体的规定。不仅如此,就实行立案登记制以来的情况来看,当事人诚信诉讼观念不高,恶意诉讼、虚假诉讼泛滥,已经较大程度上成为影响我国立案登记制顺利进行的重要因素。

2. 社会法治环境有待改善

毫无疑问,我国立案登记制的实施,对于保障公民诉权、防止法院滥用审判权等具有重要的作用。然而,立案登记制并非"单兵突进"的制度体系,需要包括破除"司法地方保护主义"、增加法官数量和提升法官素质以及减少对司法的不当干预等制度环境在内的整体法治环境的进步。然而,在我国的长期司法实践中,法院审判权往往受制于地方决策以及司法政策影响,也在客观上造成了法院在立案受理问题上并不完全具有自主性。例如,就司法权与行政权的关系来看,虽然人民法院的司法权已是权力共同体中的重要组成部分,但是在立法、行政与司法三权一体化的构造中,司法权的行使仍然在很大程度上要受到行政权力的影响。事实上,过去"起诉难"问题的发生,某种程度上是因为我国在相当长的时期内处于社会发展转型时期,法治建设对"政策性"治理的依赖性较强,一些超越法律规定的司法政策性规范普遍存在于司法领域并为司法实践所遵守,从而带来了"政策代替法律"的问题。② 这也使得法院在面临重大、复杂、敏感案件时,往往迫于地方党政机关的指示、政策的压力,选

---

① 蔡虹、李棠洁:《民事立案登记制度之反思——写在立案登记制度实施之后》,载《湖南社会科学》2016年第1期。

② 张卫平:《起诉难:一个中国司法问题的思索》,载《法学研究》2009年第6期。

择拒绝受理、暂不受理或者拖延受理案件,限制乃至剥夺当事人的诉权。

立案登记制实施以后,这些类型的案件依然大量存在,即便是这些案件能够顺利进入立案受理的范围,但在受理之后会不会受到法外权力的干预,仍然值得警惕。此外,伴随着2014年启动的司法体制改革的推进,尤其是员额制改革的全面推行,法院虽然在一定程度上实现了办案力量的精英化,但是由于具有办案资格的法官数量较之以前大量减少,法院如何应对立案登记制实施后急剧增长的案件数量,依然有待于司法实践的进一步观察。不难看出,立案登记制虽然在我国已经全面实施,但是欲达到较好的司法效果,尚需包括司法体制、法官素质、当事人的诚信诉讼观念,以及其他配套制度等法治环境建设的整体推进。

三、现行立案受理制度完善研究

我国的立案受理制度作为适应社会民事权利救济需要而进行的改革,从出台立案登记制的背景来看,不仅政治性导向较为明显,作为政治体制改革组成部分司法改革重要突破口的特征也十分明确,而且从改革本身的意义来讲,立案登记制的出台作为我国民事诉讼走向司法文明、司法民主的重要标志之一,其意义也是十分巨大的。可以说,现行民事诉讼中采用的"立案登记制"是有其合理性的,即适应了当前我国公民法律素养尚未普遍提高、社会纠纷解决机制尚不够完善、司法权威性和终局性尚未完全确立的社会现实。但客观地以及从比较研究的角度上看,也必须承认当前的"立案登记制"的确存在着不完善之处。换言之,由于我国推出立案登记制的理论研究以及制度设计及其相关制度准备不足,与现代西方国家的立案登记制还存在一定的距离,为此,我们认为从发展的角度上看,要进一步完善我国民事立案受理制度不能仅仅局限于部门法领域,应当从更高的角度从发,即从宪政和司法体制的全局出发来把握与认识。

首先,在认识观念上要正视庞德所提醒的,"中国的法律家不要无限度地追求立法层次上的西化,而必须发展法律的解释和应用技术,使新的法律制度适应社会现实,成为地道的中国法律"①的忠告,虽然应当借鉴具有亲缘性的大陆法系国家的有关经验,但是不应当仅仅是对域外制度的移植,更应该从"中国问题"和"中国语境"的角度进行制度上的改造与完善。

其次,从宏观角度上看,虽然民事诉讼受理制度是民事诉讼的"入口"和开

---

① 季卫东:《法律与选择》,载《中外法学》1993年第4期。

第十一章 中国民事诉讼立案受理制度改革研究

端,但是对于程序的设计和运行而言"牵一发而动全身"。为此,对中国民事立案登记制的完善不应当是"头痛医头,脚痛医脚"式的局部调整,即仅仅是民事立案程序制度的改革完善,而应当是从中国当下法治实践的全局出发,调动各方面积极因素进行联动的、渐进式改革,以正在进行的司法改革为契机,在对相关问题都进行研究的基础上,探索出整体的"一揽子"解决方案。

最后,从微观角度来看,在民事立案登记制度的完善中,不仅要解决民事案件的"入口"问题,还要解决"出口"问题;不仅要解决案件的开端问题,还要解决案件的过程问题;不仅要解决有关技术问题,还要解决保障问题;不仅要解决具体的操作问题,还要解决有关的监督问题。即只有具备了全局观念的民事诉讼立案登记改革以及具有可操作性的制度设置,才可能使得立案登记制的实施更加彻底和更加有效,从而真正、全面地实现对当事人诉权的保障。